批判的思考と市民リテラシー

楠見 孝・道田泰司 編

教育、メディア、社会を変える21世紀型スキル

Critical thinking and civic literacy

誠信書房

まえがき

　本書の目的は，批判的思考と市民リテラシーが，21世紀の市民が直面する
さまざまな問題の解決のためにどのような役割を果たしているかを，心理
学，哲学，情報学などの分野から検討することにあります。具体的な問題と
しては，裁判，人口，選挙，東日本大震災，リスク，医療などを取り上げま
す。そして，これらの問題を解決する際に，市民はマスメディアやインター
ネットなどから情報を集め，それが信頼できるかどうかを批判的思考を用い
て判断し，行動決定することが理想です。しかし，こうしたことが，いつも
そして皆ができるとは限りません。

　批判的思考は，21世紀に生きる市民に必要とされる21世紀型スキルの中
核にある思考の方法の一つです。そして，市民生活に必要な知識と読解・コ
ミュニケーション能力である市民リテラシーを支えています。したがって，
生徒・学生の批判的思考力，さらに21世紀型スキルの育成を通して，市民
リテラシーを育むことが重要な課題です。こうした育成は，教育を変えるだ
けでなく，メディアに対する見方や情報発信の仕方を変え，社会をより良い
方向に変革することにつながると考えています。

批判的思考とは

　批判的思考（クリティカルシンキング）は，「相手を非難する思考」と誤解
されることがあります。「批判」という言葉は，相手を攻撃する否定的なイ
メージがもたれているからです。しかし，批判的思考において大切なこと
は，第一に，相手の発言に耳を傾け，証拠や論理，感情を的確に理解，解釈
すること，第二に，相手の考えだけでなく，自分の考えに誤りや偏りがない
かを振り返ることにあります。したがって，相手の発言に耳を傾けずに攻撃
したり，揚げ足を取ることは批判的な思考と正反対のことがらです。

　批判的思考は近年，小中高の教育において，考える力の育成が重視される

なかで注目されるようになりました。一方，大学においてはそれ以前から，とくに初年次教育では学問を学ぶために必要なスキルの土台として，批判的思考の育成が重視されています。専門教育においても，専門分野の固有の思考方法やスキルの中核として育成されるようになってきました。そして，卒業時に身につけておくべき学士力における汎用的スキルの一つとして位置づけられています。さらに，職業生活においては，社会人基礎力における考える力として，論理的‐批判的に思考し行動することが重視されています。そのほか批判的思考は，日常生活でテレビを見る，広告に接する，インターネットで情報を集める，決定するときなどにおいて働いています。批判的思考は，情報を鵜呑みにせず立ち止まって考えることによって，学習，研究，職業，市民生活などにおけるさまざまな活動を支える，汎用的（ジェネリック）なスキルといえます。

市民リテラシーとは

　市民リテラシーとは，市民として，生活に必要な情報を獲得し発信するコミュニケーション能力を指します。これは，科学，メディア，法律，経済，リスク，健康などの市民として関わるさまざまな領域のリテラシーの総体であり，批判的思考によって支えられています。市民リテラシーをもった市民とは，批判的思考能力と態度をもち，生活に必要な情報を正しく読み取り，人に正確に伝え，考えの違う人の意見に耳を傾けつつ，適切に行動する人です。そして，責任感をもって自律的に社会に関わり，倫理的・道徳的判断を行い，社会的問題を解決する，市民性（シティズンシップ）をもつ人です。こうした市民性が発揮される場面として，本書では，裁判員としての役割を果たしたり（第1章），選挙のときに熟慮したうえで投票したり（第10章），放射能汚染をはじめとするリスク（第11章）やインターネット（第13，14章）の情報を判断したりする事例を取り上げています。

本書の構成

　本書の内容は，大きく三つに分かれます。

　第Ⅰ部「批判的思考と市民リテラシーの基盤」では，批判的思考と市民リ

テラシーの基盤について，心理学（第1章），哲学（第2章），哲学と神経科学（第3章）の分野から，第1章は基礎事項を，第2，3章は近年の理論的展開を解説します。

　第1章「市民のための批判的思考力と市民リテラシーの育成」（楠見）では，イントロダクションとして，批判的思考と市民リテラシーの関係について裁判を例に取り上げて説明し，両者が個人と社会の幸福のために必要であることを述べます。第2章「批判的思考の情動論的転回」（信原）では，批判的思考は情動を排した理性的思考であるという従来の考え方ではなく，知的徳によって形成される適度な情動を基礎とした理性的思考であることを論じています。ここで知的徳に位置づけられている「開かれた心」などは，批判的思考態度としても位置づけることができます。第3章「言語なしの推論とその神経基盤：ミニマリスト・アプローチからの分析」（小口・坂上）では，言語をもたない動物などの思考を，命題的表象を用いない技能的思考としてミニマムにとらえる分析哲学の考え方に基づいて考察しています。そして，言語なしの推論の神経基盤を神経生理学実験によって明らかにし，言語を用いる批判的思考もこうした非言語的思考に支えられていること，さらに，批判的思考の神経基盤を解明するまでのステップを示しています。

　第Ⅱ部「批判的思考と市民リテラシーの教育」では，批判的思考と市民リテラシーを育成する教育方法について，大学（第4〜7章）と小学校（第8章）における実践例を取り上げます。

　第4章「批判的思考力としての質問力育成」（道田）では，批判的思考の中でも，大学の専門教育に入る前に身につける必要がある質問力の育成に関わる4年間の実践と話し合いの質的分析，第5章「大学初年次における批判的思考力の育成：共通教育の授業による事例紹介を中心として」（沖林）では，複数の大学における初年次の取り組みの実例，第6章「リサーチリテラシーとその向上を支える批判的思考」（林・山田）では，専門教育に入ってから重要になる研究の基礎力としてのリサーチリテラシー育成の実践，第7章「文化，言語と批判的思考の育成」（Manalo, Sheppard, 木下）では，批判的思考教育に及ぼす文化や言語の影響を英語による教育実践に基づいて論じます。そして，第8章「音楽教育における批判的思考」（平山）では，従来あまり批

判的思考教育の実践がなかった小学校の音楽教育について紹介しています。

第Ⅲ部「社会における批判的思考と市民リテラシー」では，批判的思考によって支えられている市民リテラシーに関わるテーマとして，私たち市民が現在直面している問題を事例として取り上げます。

第9章「新しい市民リテラシーとしての人口学リテラシー」（子安）では，少子高齢化などの人口問題の理解に関わる人口学リテラシーの測定手法とその結果が述べられ，第10章「批判的思考と意思決定：投票行動を例に」（三浦）では，投票行動に批判的思考態度が及ぼす影響を2回の国政選挙に基づいて論じています。第11章「批判的思考と科学コミュニケーション：東日本大震災後の一般の人々による探求活動」（原）では，東日本大震災による放射能リスクに関する科学コミュニケーションを取り上げて，批判的思考を身につけた市民による探究共同体の理論を提起しています。第12章「コミュニケーションにおける信頼感」（小倉）では，医療コミュニケーションを例に取り上げて，専門的知識と批判的思考をベースとしたコミュニケーション能力と相互信頼感が重要であることを指摘しています。第13章「群衆の批判的思考と情報システム」（田中）では，「批判する人，される人」という対立を越えて，「共助」としての批判的思考をいかに成立させ，ネット上の集合知をいかに成立させるか，さらに，第14章「ネット情報の信頼性判断の技術的支援」（乾）では，市民による医療やリスクに関する情報の信頼性判断を支援する関連情報提示システムを用いた拡張思考環境の構築について検討しています。

本書は，文部科学省科学研究費補助金基盤研究（A）23243071（代表：楠見孝）の「21世紀市民のための高次リテラシーと批判的思考力のアセスメントと育成」の成果として出版するものです。2015年に出版した『ワードマップ　批判的思考』（新曜社）が，キーワード形式で解説を行ったのに対して，本書は，5年間のオリジナルな研究の成果をまとめたものになります。したがって，本書の読者としては，批判的思考と市民リテラシー，21世紀型スキルについての最前線の知識を求めている方々，たとえば，大学生，小中高大などの教員，研究者，職業人の方々を考えています。また，各章は独立した

論考のため，編集段階における用語の統一は必要最小限にしています。

　本科学研究費のプロジェクトがスタートしたのは，2011 年 4 月の東日本大震災直後でした。そこで，複数のメンバー（楠見・三浦・小倉，原，田中，乾ら）が，原子力発電所の事故に伴う放射能リスクに関するコミュニケーションにおいて，市民がどのように批判的思考を働かせるかなどをテーマとして，継続的に研究をすすめ，本書にその一部が紹介されています（第 1，11，13，14 章）。そこから得た示唆は，市民が批判的思考に基づいて情報を読み解くことの大切さ，インターネットによる情報の影響力，そして適切な情報提供による支援の必要性でした。

　本書を通して，市民一人一人が批判的思考と市民リテラシーをもつようになること，そのためには，それらを育てる教育，そして市民を取り巻くメディアや社会が変わる必要があることをお伝えすることができればと考えています。さらに，本書を手がかりにして，読者の皆さんが，批判的思考と市民リテラシーに基づいて，日々の問題，そして社会の問題を協同して解決し，それが幸せな人生とよりよい社会を築くことにつながることを願っています。

　最後に，出版・編集にあたっては，誠信書房の松山由理子，中澤美穂の各氏にお世話になりましたことお礼申し上げます。

　　2016 年 5 月 5 日

　　　　　　　　　　　　　　　　　　　　編者を代表して　**楠 見　孝**

目　次

まえがき　*i*

第Ⅰ部　批判的思考と市民リテラシーの基盤

第1章　市民のための批判的思考力と市民リテラシーの育成 —— 2

第1節　批判的思考とは —— 2
- 1．批判的思考のプロセス：裁判を例にして………3
- 2．批判的思考を支える態度と知識………7

第2節　高次リテラシーとは —— 9
- 1．高次リテラシーの内容………9
- 2．高次リテラシーにおけるテクノロジー活用………9
- 3．市民リテラシー………10

第3節　今なぜ批判的思考と市民リテラシーの教育が必要なのか —— 11
- 1．リスクに立ち向かう市民のためのリスクリテラシー………11
- 2．働く人のための21世紀型スキル………12
- 3．学習者のための批判的思考力………13
- 4．大学教育における心理学リテラシーと批判的思考力の育成………15

第4節　まとめ：個人と社会の幸福のための批判的思考と市民リテラシー —— 16

第2章　批判的思考の情動論的転回 —— 20

第1節　理性主義的な批判的思考 —— 20

目　次　*vii*

　　1．思考，理性，情動･･20
　　2．理性と情動の区別に対応する区別･･･････････････････････････23
第2節　理性主義への批判 ───────────── 25
　　1．道徳的思考における情動の不可欠性･････････････････････････25
　　2．理性主義からの応答とその批判･････････････････････････････26
第3節　情動論的転回 ──────────────── 28
　　1．情動的評価と理性的評価･･･････････････････････････････････28
　　2．VM 患者の意思決定障害･･･････････････････････････････････29
第4節　知的徳と適度な情動 ──────────── 31
　　1．知的徳･･･31
　　2．適度な情動･･31
　　3．知的徳と情動の関係･･･････････････････････････････････････32
　　4．知的徳と批判的思考･･･････････････････････････････････････33

第3章　言語なしの推論とその神経基盤：
　　　ミニマリスト・アプローチからの分析 ────── 35
第1節　推論とは何か：言語的推論と非言語的推論 ─────── 35
第2節　ミニマリスト・アプローチ ──────────── 37
　　1．ミニマリスト・アプローチの背景･･･････････････････････････37
　　2．命題的思考と技能的思考･･･････････････････････････････････39
　　3．命題的態度なしの心理学的説明･････････････････････････････40
第3節　非言語的推論の分析 ───────────── 42
　　1．ミニマリスト・アプローチから見た推論･･･････････････････････42
　　2．非言語的推論とカテゴリー化能力･･･････････････････････････47
第4節　言語なしの推論とその神経基盤 ──────── 49
　　1．報酬推論課題･･･50
　　2．LPFC と線条体における報酬予測･･･････････････････････････50
　　3．推移的推論と選言的推論･･･････････････････････････････････52
　　4．LPFC とカテゴリー化････････････････････････････････････53
第5節　結論 ─────────────────── 55

第Ⅱ部　批判的思考と市民リテラシーの教育

第4章　批判的思考力としての質問力育成 ————— 60

第1節　大学生に必要な批判的思考 ————— 60
　1．批判的思考教育を考えるための三つの視点 ················60
　2．日本の大学生の現状 ··62
第2節　質問力を育成する教育 ————— 63
第3節　質問作成時の学習者間インタラクション ————— 65
　1．予備的検討 ··65
　2．方法 ···67
　3．研究過程 ···67
　4．総合考察 ···71

第5章　大学初年次における批判的思考力の育成：
　　　　共通教育の授業による事例紹介を中心として ——— 74

第1節　大学初年次教育における批判的思考教育への注目 — 75
第2節　初年次教育における批判的思考育成の実践 ————— 75
第3節　理系学部における取り組み ————— 81
第4節　効果検証がなされている批判的思考力育成実践 ——— 82
第5節　おわりに ————— 86

第6章　リサーチリテラシーとその向上を支える
　　　　批判的思考 ————— 89

第1節　リサーチリテラシーとその背景 ————— 89
　1．研究の基礎力としてのリサーチリテラシー ··············89
　2．批判的思考のスキルと態度 ··91
第2節　リサーチリテラシーの教育実践 ————— 92
　1．集中形式の授業での批判的思考態度の検討 ···············92
　2．半期の授業での批判的思考力の育成と批判的思考態度の検討 ······95

第3節　まとめ —————————————————————————— 99

第7章　文化，言語と批判的思考の育成 ———————— 103

第1節　はじめに ————————————————————————— 103

第2節　文化は批判的思考にどう影響するか ——————————— 104

　　1.「文化的自己観」と「自己制御モード」の影響……………………104

　　2. 考える力があるとは？ ……………………………………………106

第3節　言語は批判的思考にどう影響するか ——————————— 107

　　1. 言語構造の影響…………………………………………………………107

　　2. 言語能力の影響…………………………………………………………108

　　3. 調査結果から見えてきたこと ………………………………………109

第4節　批判的思考の学習・教育 ————————————————— 110

　　1. スキル学習・教育プロセス…………………………………………110

　　2. スキル学習・教育の効果……………………………………………112

第5節　まとめ ——————————————————————————— 114

第8章　音楽教育における批判的思考 ————————— 119

第1節　音楽と批判的思考がどのように関わるか ———————— 119

　　1. 音楽活動における批判的思考のプロセス…………………………119

　　2. 音楽活動における批判的思考の認知的な側面……………………120

　　3. 音楽活動における批判的思考の態度………………………………122

第2節　音楽教育と批判的思考 —————————————————— 123

　　1. 諸外国における音楽教育と批判的思考……………………………123

　　2. 日本の学校教育における音楽教育…………………………………124

　　3. どのような活動で育まれうるか ……………………………………126

第3節　音楽教育を通じての批判的思考育成の実践例 —————— 127

　　1. 第4学年音楽科における授業実践……………………………………127

　　2. 指導のポイント………………………………………………………131

第4節　まとめ ——————————————————————————— 133

第Ⅲ部　社会における批判的思考と市民リテラシー

第9章　新しい市民リテラシーとしての人口学リテラシー ── 136

第1節　人口学リテラシーとは ── 136

第2節　人口学リテラシーの測定 ── 141

　1．第一研究 ── 142

　2．第二研究 ── 145

第3節　おわりに ── 151

第10章　批判的思考と意思決定：投票行動を例に ── 153

第1節　はじめに ── 153

第2節　投票行動と批判的思考態度 ── 153

　1．投票という社会的選択 ── 153

　2．オンライン調査 ── 155

　3．結果と考察 ── 157

第3節　スイング・ボート ── 160

　1．スイング・ボートと投票先の記憶 ── 161

　2．オンライン調査 ── 163

第4節　まとめ ── 168

第11章　批判的思考と科学コミュニケーション：東日本大震災後の一般の人々による探求活動 ── 170

第1節　はじめに ── 170

第2節　東日本大震災後の科学技術への信頼の失墜 ── 172

第3節　トランス・サイエンス的問題としての東日本大震災 ── 174

　1．日本学術会議報告書 ── 174

　2．トランス・サイエンス理論 ── 176

目　次　*xi*

　　3．トランス・サイエンス理論の問題点·················· 178
第4節　探求共同体と科学コミュニケーション ─────── 180
　　1．批判的思考と科学コミュニケーション·················· 180
　　2．探求共同体理論·············· 182
第5節　まとめ ────────────────── 183

第12章　コミュニケーションにおける信頼感 ───── 186
第1節　はじめに ───────────────── 186
第2節　表層的情報からのアプローチ ────────── 187
　　1．言語情報を基盤とした患者–医者間コミュニケーション研究····· 187
　　2．非言語情報を基盤とした患者–医者間コミュニケーション研究·· 188
　　3．長期コミュニティ内のコミュニケーション変遷と信頼感形成···· 189
　　4．表層的情報を用いたコミュニケーションにおける信頼感········ 195
第3節　深層的情報からのアプローチ ────────── 197
　　1．信頼感形成とコミュニケーションとの関係·············· 197
　　2．コミュニケーションにおける相互信頼感形成過程·········· 197
　　3．合意形成・相互信頼感の機能要素と信頼感構築過程の
　　　　共関心モデル·············· 199
　　4．合意形成・相互信頼感の機能要素を用いた分析·············· 199
　　5．深層的情報を用いたコミュニケーションにおける信頼感········ 201
第4節　高次リテラシーとしてのコミュニケーションに
　　　　おける信頼感 ─────────────── 201

第13章　群衆の批判的思考と情報システム ─────── 204
第1節　これまでの批判的思考研究の諸問題 ─────── 204
　　1．教育的アプローチの限界··················205
　　2．個人内変化の問題·············205
　　3．個人主義的バイアス··················207
　　4．批判的に考える他者の存在··················208

第2節 「共助」としての批判的思考 ──────── 208

　1．抑制要因のある環境において ……………………………209

　2．教育プロセスにおいて …………………………………210

　3．「批判する人，される人」という対立構造を超えて ………211

第3節 群衆の批判的思考と情報システム ──────── 212

　1．ネット集合知 …………………………………………… 212

　2．新しい情報システムのリスク …………………………214

　3．批判的思考研究の展望 …………………………………215

第14章 ネット情報の信頼性判断の技術的支援 ─── 217

第1節 ネット情報の価値と信頼性 ──────────── 217

第2節 ネット情報の信頼性の推定 ──────────── 218

　1．クラウドソーシング ……………………………………218

　2．情報信頼性の自動推定 …………………………………220

第3節 ネット情報の内容分析と組織化 ─────────── 221

　1．情報や意見の内容分析 …………………………………222

　2．情報の「裏」をとる支援 ………………………………224

　3．信頼性分析の支援環境へ ………………………………225

第4節 まとめ ──────────────────── 229

あとがき　233

人名索引　235

事項索引　237

第Ⅰ部

批判的思考と市民リテラシーの基盤

第1章　市民のための批判的思考力と
　　　　市民リテラシーの育成

●楠見　孝●

　本章では，イントロダクションとして，市民生活において必要な情報を読み解き行動するための，批判的思考と市民リテラシーとは何かを，裁判を例に取り上げて検討する。

　判断のエキスパートである裁判官は，錯綜した事実から真実を見いだし，公平な判断を下す，高度な批判的思考力を必要とする職業である。一方，市民も，司法改革によって，裁判員として裁判に参加することになった。そこでは，市民は自らの経験に基づいて，事実を見抜き，公正な判断をする，批判的思考力や市民のリテラシーが求められている。

第1節　批判的思考とは

　批判的思考（critical thinking）は，「相手を非難する思考」ではない。「批判」という言葉から，相手を攻撃する否定的なイメージを持たれることもある。しかし，批判的思考において大切なことは，第一に，相手の発言に耳を傾け，証拠や論理，感情を的確に解釈すること，第二に，自分の考えに誤りや偏りがないかを振り返ることである。したがって，相手の発言に耳を傾けずに攻撃することは，批判的な思考と正反対の事柄である。

　ここで，批判的思考を定義しよう。批判的思考とは，第一に，証拠に基づく論理的で偏りのない思考である。第二に，自分の思考過程を意識的に吟味する，省察的（reflective）で熟慮的な思考である。そして，第三に，より良い思考を行うために目標や文脈に応じて実行される，目標指向的な思考である。たとえば，学習者や研究者は，批判的に読む，聞く（情報収集），話す（討論やプレゼンテーション），書く（レポートや論文）ことを行っている。

これらは，学問・研究のために必要なコミュニケーション能力（学問・研究リテラシー）を支えるスキルである（楠見，2011）。したがって，大学の初年次教育，さらに専門基礎教育で重視されている（第4，5，6章参照）。また，日常生活や職業生活においては，テレビを見る，広告に接する，インターネットで情報を集める，決定するときなどに，批判的思考は働いている。情報を鵜呑みにせず立ち止まって考える批判的思考は，市民としての生活に必要なリテラシー（第2節参照）を支えている。このように批判的思考は，学業，職業など幅広い場面で働く汎用（ジェネリック）スキルでもある。さらに，市民の社会参加としては，投票行動（第10章参照）や裁判員裁判がある。投票や裁判においては，批判的に根拠を吟味して，偏りのない判断を行うことが重要である。

1．批判的思考のプロセス：裁判を例にして

批判的思考のプロセスは，図1-1に示すように，以下の四つの段階を考えることができる（楠見，2015a）。ここでは，裁判における裁判官や裁判員の思考プロセスの具体例に基づいて説明する[1]。

（1）　情報を明確化する

明確化とは，報道，発言，書籍などの主張と，それを支える根拠を正しくとらえることである。裁判においては，裁判官や裁判員は，当事者の主張や事実が真実かどうかの認定場面で，それぞれの発言や書面を正確に理解する段階である。すなわち，①問題点や争点に焦点を当てて整理をする。②当事者の主張とそれを支える証拠（理由）を同定する。③論理（証拠と主張）の構造などを分析する。④明確化するための質問をする（例：主張は何か，証拠は何か）。ここでは，発言がうまくできない当事者を促したり，かみ合わない主張の原因を解明したり，当事者が何を求めているのか，その背後にある感情や信念も含めて理解することが大切である。

＊1　裁判官の思考過程の具体例は，2014年度と2015年度の司法研修所判事補基礎研究会での意見交換等を踏まえ，筆者が考えたものである。

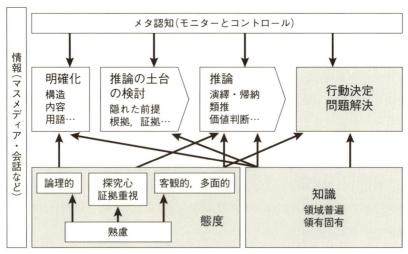

図1-1 批判的思考のプロセス（楠見，2015a, p.19を著者一部改変）

（2） 推論をするための土台を検討する

　推論の土台の検討とは，(1)で明確化した情報について，第一に，隠れた前提を明らかにすること。第二に，信頼できる証拠に基づいているかを検討すること。第三は，科学的事実や結果を評価することである。裁判の場合には，当事者の主張，被告の供述，証拠，科学的鑑定の事実，判例などの情報を分析することである。

　第一の隠れた前提を見抜くためには，証拠と主張に飛躍はないか，どのような事実の前提，証拠があれば議論が成り立つか，どのような価値観を持っていれば議論が成り立つかを検討することになる。

　第二の情報や証拠の信用性を判断するためには，間違いや嘘はないか，裏づけはあるか，異なる情報源間で一致しているか，情報の信頼性を左右するような利害関係はないかが，問いのポイントである。

　ここで注意しなければならないのが，確証（confirmation）バイアスである。これは，十分な証拠に基づかないで一つの仮説を早く立ててしまい，仮説を反証する証拠を無視する傾向である。たとえば，見込み捜査は，この被疑者は犯人であるという思い込みが，反証する証拠（例：アリバイ）を軽

視・無視してしまうことによって起こる。被告に有利な証拠が，捜査資料には出てこないことも十分にありうる。したがって，捜査担当者は，信用性を高める積極的情報だけでなく，消極的情報を探索することが必要である。また，裁判官自身も，一方の主張に基づくストーリーだけでなく，対立する側の主張に基づくストーリーについても検証する必要がある。

第三の科学的事実や結果を評価する場合には，確立された手続きを取っているか，サンプルは十分か，適切か，再現性はあるかの問いが大切である。その結果が，有名な専門家，鑑定者によるものだから信じるのではなく，手続きと内容に基づいて判断する必要がある。また，科学ですべてが解明されないこと，測定結果には誤差と不確実性があること，答えが一つでなく専門家間で不一致があることも，科学リテラシーとして知っておく必要がある。なお，DNA鑑定によって誰のものかが分かったとしても，そこから何を認定し，次に述べる推論を正確にできるかが重要であり，ここにエラーが入ることもありうる。

（3） 推論をする

推論とは，根拠となる情報から正しい結論を導くことである。主なものには，帰納，演繹，価値判断がある。

A．帰納　　帰納における判断は，複数の証拠に基づいて結論を導く，一般化のプロセスである。これは大きく三つのステップに分けることができる。

①証拠獲得では，証拠を偏りなく，多面的に，多数集めることが重要である。主張を確証する情報だけでなく，反証情報を探索することが大切である。しかし，人は，少数事例や偏った事例から，過剰一般化することがある。

②仮説形成は，証拠に基づいて一般化を行い，仮説を形成するステップである。裁判においては，裁判官が，当事者の主張や証拠に基づいて心証を形成するプロセスである。裁判において重要な事実認定は，「過去の出来事の痕跡（証拠）からある事実が存在するかどうかを推測する作用」（石井，2005）であり，帰納推論である。有効な仮説とは，蓋然性が高くなければならない。

③の仮説検証では，仮説に基づく結論を証拠に基づいて評価し，仮説を保持するか，修正するか，棄却して新しい仮説を形成するかを決める。ある主

張を取り入れるかどうかを判断する場合は，プラス（肯定）とマイナス（否定）の根拠の数，根拠の強さの両方を比較することが重要である。帰納推論は，絶対に正しいかどうかの保証はない。裁判で求められるのは，合理的な疑いを入れる余地がない程度の証明である。

B．演繹　　第二は，演繹（三段論法など）の判断である。以下の法的三段論法はその一例である。大前提にある要件①と効果②は，法律の条文に当たる。

① 法律要件事実（人を殺した者）
　　　　↓
② 法的効果（死刑または無期もしくは5年以上の懲役）
③ 認定された事実は①に含まれる（例：人工呼吸器の管を外したことは①に含まれる）
∴③という事実があれば②である（例：人工呼吸器の管を外した者は②である）

　しかし，こうした帰納や演繹によって，自ずと結論が明らかになるわけではない。ときには，論理的に正しい複数の結論がある場合もある。また，経験の少ない裁判官は，犯罪や紛争などの事案を，表面的に条文や判例を当てはめて結論を導いてしまわないよう，留意する必要がある。そのときに重要なステップが，次に述べる価値判断である。

C．価値判断　　第三の価値判断は，背景事実，結果，バランス，価値などを考慮に入れて，偏りのない判断を行うことである。裁判官は，判断を支える価値観は普遍的か，説得力を持つかを吟味する。また，法律制定当時のそして現在の社会的経済的背景，法律制定の目的などを知り，目の前の事実関係のみならず法律が目指す社会のあり方，社会に与える影響，歴史的意味について熟考し，決断が正しいのか繰り返し検討して最終的な判断にたどり着く。

（4） 意思決定や問題解決をする

最後の段階では，(1)から(3)のプロセスに基づいて結論を導き，置かれた状況を踏まえて行動決定を行い，問題を解決する。さらに，こうした批判的思考に基づく結論や自分の主張を他者に伝えるためには，結論や考えを明確に表現し，相手の感情や信念に配慮しつつ伝える，という相手を説得するためのコミュニケーションのスキルが重要である。

とくに，議論や共同問題解決などにおいては，他者との相互作用が，(1)から(4)の認知プロセスそれぞれで関わる。他者からのフィードバックは，省察を促し，自らの偏見や誤りを修正することにつながる。また，認知プロセスをモニターし，コントロールするメタ認知は，批判的思考を行うかどうかの判断から始まり，思考プロセスにおける明確化，そして思考の結果を実行するかどうかの判断（田中・楠見，2007）の各プロセスにおいて働いている。

たとえば裁判官であれば，判決文の草稿を書いたうえで全体を考慮したり，自分が当事者であったらどのような批判をするか，その批判に耐えられるかを検討する。その際には，他の裁判官との議論や合議を行う。そして，最終的な判決文では，当事者が納得できるように，判断過程を述べたり，解決策を示すことを目指している。

2．批判的思考を支える態度と知識

（1） 批判的思考態度

前項で述べた批判的思考の各プロセスは，時間がかかり認知的努力が必要なため，意識的に使おうとする態度を持っていないと，必要な状況であっても批判的思考が実行されないことがある（田中・楠見，2007）。とくに，衝動的に判断したり，先入観にとらわれたり，権威や多数意見に服従しやすい人は，批判的思考を行いにくいと考えられる。このようなことから，批判的思考態度の個人差を測定する研究が行われてきた。

平山・楠見（2004）は，カリフォルニア批判的思考傾向性尺度（CCTDI: California Critical Thinking Disposition Inventory）（Facione & Facione, 1992）

とそれに基づく日本の研究を参考にして，批判的思考態度尺度を作成し，その後改定を重ねてきた（楠見・平山，2013）。それは，次の4因子の項目群からなる。①論理的に考えようとすること（例：誰もが納得できるような，論理的な説明をしようとする），②証拠に基づいて考えようとすること（例：判断を下す際は，できるだけ多くの事実や証拠を調べる），③多くの情報を探究しようとすること（例：いろいろな考え方の人と接して，多くのことを学びたい），④偏見や先入観にとらわれず，客観的に考えようとすること（例：物事を決めるときには，客観的な態度を心がける）。そして，これらすべてに関わる熟慮をすることがある（例：何かを決めるとき，時間をかけて慎重に考えるほうだ）（図1-1）。

批判的思考態度について，1,000人の市民を対象に実施した裁判員制度に関する調査（楠見・上市，2015）では，省察（例：自分の行動が結果にどう影響するかを考えている）や意思決定における自己統制（例：自分の感情をうまくコントロールできる）の尺度と，高い正の相関（それぞれ .67，.56）があった。また，批判的思考態度の得点が高い人は，裁判員としての能力の自信項目群（例：発言や証拠から真実を見抜いたうえで判断すること）との正相関（.45）があった。

また，投票行動に関しては，批判的思考態度が，政治リテラシーと熟慮的な投票行動にも影響を及ぼしていた（第10章参照）。さらに，消費者を対象にした調査では，批判的思考態度は科学リテラシーや食品のリスクリテラシーを高め，適切な食品リスク判断に結びついていた（楠見・平山，2013）。

（2）　批判的思考を支える知識

批判的思考は，領域普遍と領域固有の知識によって支えられている（図1-1）。領域普遍知識は，前項の批判的思考のステップを支える方法に関する，汎用的知識である。特定の分野の知識ではなく，議論の明確化（例：事実と意見の区別の仕方），推論（例：演繹と帰納など），意思決定などの方法（例：消去法）に関する知識である。

一方，領域固有知識は，前項で述べた推論の土台となる情報信頼性を評価したり，推論するための，個別領域の知識である。内容を理解し評価するた

めの，社会的，科学技術的知識である。たとえば，金融，医療，原子力発電などに関する裁判においては，当該領域の知識がないと，問題の明確化や事実の認定を間違えたり，価値判断を誤る危険がある。

　第2節では，これらの複数の領域知識を，批判的思考のスキルや態度を土台として活用するための能力である，高次のリテラシーについて述べる。

第2節　高次リテラシーとは

　リテラシーとは，狭義には，母語の読み書き（識字）やコミュニケーション能力を指す。このリテラシーを土台として，私たちは能力を拡大している。たとえば，機能的リテラシーは，母語の読み書き能力を土台として，計算能力などの職業訓練に必要な能力を含む概念である。機能的リテラシーは，生活，学習，職業などにおいて，目標に応じて活動ができる水準の基礎能力である。したがって，批判的思考の関与は小さい。

1．高次リテラシーの内容

　高次リテラシーとは，機能的リテラシーを土台にした，領域知識と批判的思考に基づく読解やコミュニケーションの能力のことである。この領域の内容的知識には，科学，経済，法律などがある。それぞれ，○○リテラシーと呼ばれている。たとえば，科学リテラシーには，第一に基本的な科学用語や概念の理解，第二は科学的な方法や過程の理解，そして，第三は科学政策に関する問題の理解を支える知識が必要である。さらに，その知識を生かして，現実の世界で適切なコミュニケーションや意思決定をできることが大切である。科学的方法論を基盤とするリテラシーには，他に，健康リテラシー（楠見，印刷中），神経科学リテラシー（永岑・楠見，2010），リスクリテラシー（楠見，2012c）などがある。

2．高次リテラシーにおけるテクノロジー活用

　高次リテラシーは，テクノロジーの利活用に関する知識（テクノロジーリテラシー）による区分ができる。メディア，コンピュータ，インターネット，

ICT などのリテラシーである（楠見，2010）。これらは，情報の媒体（メディア）に関わるテクノロジーの進歩によって，それを利用するために必要になってきた新しいリテラシーである。ここでは，テクノロジーを利用する操作的リテラシー（能力）だけでなく，情報を分析・評価し，行動する批判的思考が重要である。たとえばテレビ番組は，受け手が送り手の構成した順序に従って最初から直線的に読解・視聴する，送り手主導の受動的な情報媒体である。メディアリテラシーは，こうした情報を正しく理解するための批判的思考が，大きな役割を果たしている。それに対してインターネットは，受け手主導の媒体であり，受け手が情報を検索し，読み進め方（ナビゲート）の順序を能動的に決定する。ここでは，受け手がインターネットリテラシーによって情報を根拠に基づいて評価し，それを正確に発信するための批判的思考の重要性が増している。

3．市民リテラシー

　誰のためのリテラシーかという視点では，市民のためのリテラシー（第9章参照）や，学生や研究者のための学問リテラシー，そしてリサーチ（研究）リテラシー（第6章参照）がある。ここではまず，市民リテラシーに焦点を当てる。

　市民に必要な能力としての市民リテラシーは，図1-2が示すように，批判的思考のスキルと態度，知識を土台として，市民生活に必要な科学，経済，法律，健康などの領域のリテラシーと，メディア・ネットなどのテクノロジーに関するリテラシーからなる。市民リテラシーは，生活の必要に応じて身につけた個別のリテラシーと批判的思考に基づく，読解能力・コミュニケーション能力である。これらを基盤にして，市民は生活に必要な情報を獲得し，人に伝え，適切な行動をとる。

　市民リテラシーの教育は，市民性（citizenship）教育の中核にあり，市民がリテラシーを身につけて自律的に社会に関わり，問題解決，倫理的・道徳的判断，投票，裁判員としての司法参加ができるようになることを目指す。たとえば，裁判員は，とくに法律の専門知識を持つ必要はない。裁判員として必要な法律の知識は，裁判の場で提供される。ここで求められているの

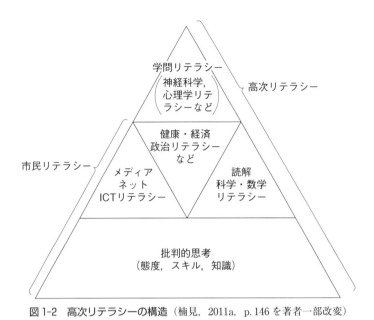

図 1-2 高次リテラシーの構造（楠見，2011a, p.146 を著者一部改変）

は，市民が生活のなかで培った市民リテラシーに基づく判断であり，個別領域を超えた普遍的な批判的思考が，重要な役割を果たしている。

第3節　今なぜ批判的思考と市民リテラシーの教育が必要なのか

ここでは，批判的思考とリテラシー教育の必要性について，三つの観点から述べていく。

1．リスクに立ち向かう市民のためのリスクリテラシー

第一に，市民は東日本大震災，それに伴う原発事故をはじめ，さまざまなリスクに直面している。リスクは，社会的なリスクと，個人的なリスクに大別できる。さらに，それぞれ，身体的リスク（感染症など），金銭的リスク（金融危機，破産など），人生におけるリスク（失業など）に分けることができる（上市・楠見，1998）。リスクに直面している市民は，批判的思考とそれに

裏打ちされたリスクリテラシーを用いて，テレビや新聞をはじめ，インター
ネット，家族，友人などを通して，さまざまなリスクに関する情報のなかか
ら信頼できる情報を判断して，行動をする必要がある。とくに東日本大震災
以後，低線量の放射能による健康影響に関しては，批判的思考と知識によっ
てリスクに立ち向かい，リスクを減らす適切な行動をし，科学的根拠のない
偏見をなくすことが必要である。また，今後の日本のエネルギー問題を考え
る際にも，一人ひとりがさまざまな情報を批判的に吟味して判断することが
大切である。

　三浦・楠見・小倉（2016）は，東日本大震災の原発事故による放射線リス
ク情報の理解に，批判的思考態度がどのように影響するかについて，被災
県，首都圏，関西圏の計1,752人の市民を対象に，震災半年後から3年後ま
で4回のネット調査を行った。その結果，批判的思考態度はメディアリテラ
シーを向上させることを通して，知識や自発的で能動的な情報収集を促進
し，リスク対処行動に影響を及ぼしていた（東日本大震災については第11，
13，14章も参照）。

2．働く人のための21世紀型スキル

　第二は，働く人に，批判的思考を中核とする汎用的スキルが求められてい
る点である。急速に変化する社会や経済の状況に対処し，革新を生み出すた
めには，単なる知識だけではなく批判的思考能力を中核とした，論理的思考
力，コミュニケーション能力を持つ人物が求められるようになってきている。
　「大学生が卒業までに最低限身につけなければならない能力」としての学
士力の位置づけは，その表れでもある。学士力には，①知識・理解，②汎用
的スキル（論理的思考力，コミュニケーションスキル，情報リテラシーな
ど），③態度・志向性，④統合的な学習経験と創造的思考力の，四つが挙げ
られている（中央教育審議会，2008）。批判的思考は，汎用的スキルの中核とな
り，他の三つにも関わる。また，経済産業省（2007）は，「職場や地域社会で
多様な人々と仕事をしていくために必要な基礎的な力」である社会人基礎力
として，三つの能力（考え抜く力，前に踏み出す力，チームで働く力）を挙
げている。このなかで，考え抜く力には，課題発見力，計画力，創造力を挙

げている。これらは，学士力と重なる部分があるが，より実践的な課題解決に重点が置かれている。

　さらに，国際的な教育プロジェクト ATC21S（Assessment and Teaching of 21st Century Skills Project）が提唱しているのが，21 世紀型スキルである（Griffin, McGaw, & Care, 2012）。これは，21 世紀の市民が持つ情報コミュニケーション技術の進歩に対応した，普遍的なリテラシーである。ここで挙げられているのは大別すると以下の 4 カテゴリのスキルである。

　① 思考の方法——創造性と革新性，批判的思考・問題解決・意思決定，学び方の学習・メタ認知
　② 仕事の方法——コミュニケーションと協調
　③ 仕事のためのツール——情報リテラシー，情報コミュニケーション技術（ICT）リテラシー
　④ 市民生活——地域そして地球規模の市民性，人生とキャリア発達，異文化理解と適応能力を含む個人的責任および社会的責任

　ここで，21 世紀の社会という文脈で重視されているのは，①思考の方法としての批判的思考や問題解決スキルである。そして，これらの思考方法を基盤として，仕事の場においては，②コミュニケーション能力と，③テクノロジーリテラシーが求められている。市民生活においては，④ローカルそしてグローバルな市民性が求められている。ここでは，異なる文化・価値観を持つ他者を理解し，協調する能力が求められている。さらに，内容的な知識である語学，芸術，数学，経済学，科学，地理，歴史，政治などに基づいて，批判的に思考し，効果的にコミュニケーションすることを重視している。

　また，働く人が批判的思考態度を持つことは，仕事の経験を省察して，経験から学習する態度を促進する。それは，実践的知識の獲得を通して熟達者になるための土台になっている（楠見, 2012a）。

3．学習者のための批判的思考力

　第三は，大学だけでなく，小中高校における学習者に，批判的思考が求め

られるようになった点である。これまで，大学の入学者に対する導入教育の一環として，ライティング，リーディング，プレゼンテーションなどのアカデミックリテラシー教育において，批判的思考教育が行われるようになってきた。これはアメリカで盛んであり，日本においても始まりつつある（たとえば，楠見・田中・平山，2012）。さらに，単なるアカデミックスキル教育だけではなく，専門教育（とくに看護教育など）においても，高度な専門知識やスキルと批判的思考力を持った専門家の育成が，重視されるようになってきている（楠見，2015b）。ここでは，4年間を通した体系的な育成が重視されるようになってきた。

一方，小中高生に対しても，社会の変化に対応できるように，「すべての子どもに，課題解決のために自ら考え判断・行動できる社会を生き抜く力の育成」が，日本再生のための鍵ととらえられている（文部科学省，2012）。そこでは，考える力（クリティカルシンキング）やコミュニケーション能力などの育成に，焦点が当てられている。さらに，国立教育政策研究所（2013）は，次の学習指導要領の改訂に向けて，教育目標の構想のための枠組みとして「21世紀型能力」を提起している。ここでは，「思考力」を支える「基礎力」と，現実世界で思考力を発揮する「実践力」の三層構造において，論理的・批判的思考力は「思考力」に，問題解決・発見力，創造力，メタ認知，適応的学習力とともに位置づけられている。

小学校から大学までの批判的思考教育を，体系的に行うためには，児童・生徒の批判的思考態度や批判的学習スキルが，学年によってどのように発達するか，どのような学習活動が影響を及ぼすのかを明らかにする必要がある。さらに，批判的思考の教授法（楠見・田中・平山，2012），教材（楠見・子安・道田・林・平山，2010），測定ツールの開発（平山・田中・河﨑・楠見，2010；楠見・子安・道田・林・平山・田中，2010；楠見・村瀬・武田，2016）も進めていく必要がある。

これまでの批判的思考教育の研究で明らかになったことは，第一に，批判的思考能力と批判的思考態度は，学歴・教育年数と正の相関があった。とくに，批判的思考能力テストの成績は，高校生よりも大学生が高かった。さらに，大学の学年と弱い相関があった。また，批判的思考に関わる授業を受講

第1章　市民のための批判的思考力と市民リテラシーの育成　　*15*

した学生はそうでない学生よりも，能力テストの得点は有意に高かった。ま
た，高校生・大学生とも入学偏差値と，所属する生徒・学生の能力テスト得
点の相関があった（楠見・子安・道田・林・平山・田中，2010）。さらに，大学生の
批判的思考のゼミで，授業前と授業後では，批判的思考能力テスト得点の有
意な上昇が見られた（楠見・田中・平山，2012）。また，批判的思考態度尺度に
関しては，批判的思考力の育成を行っている高校における調査では，学年に
よる尺度得点の向上が見られた（Kusumi，2019）。

4．大学教育における心理学リテラシーと批判的思考力の育成

　批判的思考教育の重要性のひとつとして，人は思考において誤りを犯しや
すいため，それを修正する必要があることが主張されてきた。アメリカで
は，1950 年代後半頃から日常生活における議論を扱う非形式論理学が盛ん
になり，その流れを汲む，誤謬アプローチに基づく批判的思考教育がある。
そこでは，議論の形式的誤謬（仮言的三段論法における後件肯定，前件否定
など）や，非形式的誤謬（過剰一般化，因果関係の逆転など）を分類して，
これらの誤りを犯さないような教育が行われてきた。

　こうした誤謬については，思考心理学においても，古くから形式的・非形
式的誤謬に関するデータを蓄積しており，認知心理学，社会心理学では，直
観的ヒューリスティックや，信念やステレオタイプによるバイアスに関する
データも蓄積している。そして，こうした誤謬やバイアスのデータを示した
うえで，これらを克服する処方的な視点で書かれた教科書とその日本版
（Zechmeister & Johnson，1992／宮元ら訳，1996/1997）は，日本における批判的思
考の教育に大きな影響を及ぼした。

　アメリカでは，心理学教育に批判的思考を導入することが積極的に行わ
れ，教科書だけでなく専門書も複数出版されている。そこでは，人の情報処
理能力に限界があり，記憶，思考，意思決定，社会的認知に誤りやバイアス
が生じうることを実証的に示し，体系的に説明をしている。これらを学生が
学ぶことは，日常生活における認知のエラーやバイアスに自覚的になり，そ
れらを修正することに結びつく。そのほか，心理学を通して学ぶ科学的方法
論や，文章の理解や産出，リスク認知，コミュニケーションや流言などのト

ピックも，批判的思考に基づく日常生活の実践に役立つと考える（楠見，2015a）。

日本心理学会の教育研究委員会調査小委員会は，市民，教員を対象にした調査において，心理学リテラシーと批判的思考態度の関連も調べている（楠見，2018）。そのなかで，批判的思考態度得点は学歴が高いほど高く，また，心理学の学習歴があるほど高くなる傾向があった。これらのことからも，批判的に考える市民を育てるうえで，大学で学ぶこと，そして心理学教育を通して，批判的思考力を身につけることが一つの方法として考えられる。

第4節　まとめ：個人と社会の幸福のための批判的思考と市民リテラシー

本章の第1節では，情報を読み解き，判断するための批判的思考について市民参画が求められている，裁判を例に取り上げて述べた。第2節では，市民に必要な高次のリテラシーとは何かを述べた。第3節では，四つの観点から批判的思考や市民リテラシーの教育の目的を論じたが，これらの最終的な目的は，良き市民を育てることである。

ここで考える良き市民のひとつのかたちは，批判的思考能力と態度，さらに，学校や社会生活を通して必要なリテラシーを身につけることである。これらを土台として，生活に必要な情報を正しく読み取り，人に正確に伝え，考えの違う人の意見に耳を傾けつつ適切に行動する。そして，責任感を持って自律的に社会に関わり，倫理的・道徳的判断を行い，社会的問題を解決する市民性を持つことである。このように個人が批判的に考えることによって，人生のなかで次々と直面する個人的，社会的問題において，より良い決定を積み重ねて幸福な人生を歩み，より良い社会を築くことができると考える。

市民や大学生を対象に実施した複数の調査では，批判的思考態度（平山・楠見，2004）は幸福感とは直接相関はないが，行動を起こし持続する移行モード傾向を通して，幸福感を高めていた（楠見，2012b）。また，がんとアトピー性皮膚炎の患者と家族1,089人に調査したところ，批判的思考態度は，病気へ

の適応（例：病気についてくよくよと考えない，良くなると信じている）とは正相関が見られた。また，パス解析の結果は，批判的思考の態度が科学リテラシーを高め，病気の知識，食生活の知識を高め，その結果として病気への適応尺度得点を高めていた（楠見・三浦・小倉，2009）。

　とくに，大学・大学院における批判的思考教育の目的は，批判的に考えるリーダーや専門家を育成することでもある。リーダーや専門家はとくに，市民性と批判的思考に支えられた専門的知識やコミュニケーション能力，そしてリーダーシップを持つことが求められている。さらに，現状を省察したうえで将来に目を向け，ビジョンを立て，人々と協力して，対立や社会の問題を解決することが重要である。

　しかし，個人レベルでも社会レベルでも，批判的思考を実行することが難しいことは事実である（第1節2⑴参照）。とくに，日本の社会では，目上の人や仲間に批判的思考に基づく発言をしにくい（第7，13章参照）。そうしたなかで必要なことは，まずは身近な家族，学校，職場，地域，インターネットといったコミュニティにおいて，じっくり考え，対話ができる場をつくることである。そのためには，証拠に基づく情報を広く集め，人に正確に伝え，人の意見に耳を傾けることが重要である。こうしたコミュニティは，社会的問題解決の実践の場でもある。自分の住むコミュニティにおける意見や利害関係の対立は，相手の感情や信念，価値観も配慮したうえで対話をして，相手も自分も納得できるような解決を導くことが目標である。とくに，自分の持つ信念だけを正しいと判断してしまう認知バイアスを自覚し，多角的な視点で物事を見ることによって，異なる価値観や視点を理解する姿勢が大事である。

　批判的に考える良き市民が，人生そして社会の問題，さらには国を超えたグローバルな問題を他者と協同して解決し，幸せな人生とより良い社会，世界を築くことができるようになることは，ひとつの理想である。そのために，研究者や教育者が，批判的思考と市民リテラシーに関する研究と教育において果たす役割は大きいと考えている。

■文献

中央教育審議会（2008）．学士課程教育の構築に向けて（答申）中央教育審議会

Facione, P. A. & Facione, N. C.（1992）．*The California Critical Thinking Disposition Inventory（CCTDI）*. Millbrae, CA: The California Academic Press.

Griffin, P., McGaw, B., & Care, E.（2012）．*Assessmet and teaching of 21st century skills.* Dordrecht, NY: Springer.（三宅なほみ（監訳）（2014）．21世紀型スキル──学びと評価の新たなかたち　北大路書房）

平山るみ・楠見　孝（2004）．批判的思考態度が結論導出プロセスに及ぼす影響──証拠評価と結論導出課題を用いての検討　教育心理学研究，**52**(2)，186-198.

平山るみ・田中優子・河﨑美保・楠見　孝（2010）．日本語版批判的思考能力尺度の構成と性質の検討──コーネル批判的思考テスト・レベルZを用いて　日本教育工学会論文誌，**33**，441-448.

石井一正（2005）．刑事事実認定入門［第2版］　判例タイムズ社

経済産業省（2007）．「課題解解決型授業における社会的基礎力の育成・評価に関する調査─既卒者育成型─」報告書　経済産業省

国立教育政策研究所（2013）．社会の変化に対応する資質や能力を育成する教育課程編成の基本原理　教育課程の編成に関する基礎的研究報告書5　国立教育政策研究所

楠見　孝（2010）．批判的思考と高次リテラシー　楠見　孝（編）思考と言語　現代の認知心理学3　北大路書房　pp. 134-160.

楠見　孝（2011）．批判的思考とは──市民リテラシーとジェネリックスキルの獲得　楠見　孝・子安増生・道田泰司（編）批判的思考力を育む──学士力と社会人基礎力の基盤形成　有斐閣　pp. 2-24.

楠見　孝（2012a）．実践知と熟達者とは　金井嘉宏・楠見　孝（編）実践知──エキスパートの知性　有斐閣　pp. 3-30.

楠見　孝（2012b）．幸福感と意思決定──決定スタイルと自己制御モードの文化差　心理学評論，**55**(1)，114-130.

楠見　孝（2012c）．科学リテラシーとリスクリテラシー　日本リスク研究学会誌，**23**(1)，29-36.

楠見　孝（2015a）．心理学と批判的思考　楠見　孝・道田泰司（編）批判的思考──21世紀を生きぬくリテラシーの基盤　新曜社　pp. 18-23.

楠見　孝（2015b）．教育におけるクリティカルシンキング──看護過程に基づく検討　看護診断，**20**(1)，33-38.

楠見　孝（編）（2018）．心理学って何だろうか？──四千人の調査から見える期待と現実　誠信書房

Kusumi, T.（2019）．Cultivation of a critical thinking disposition and inquiry skills among high school students. In E. Manalo（Ed.）*Deeper learning, dialogic learning, and critical thinking: Research-based strategies for the classroom.* Routledge pp. 299-320.

楠見　孝（印刷中）．健康リテラシーとは何か──健康・医療情報を読み解く力　原田悦子（編）よりよい医療を支える心理学　誠信書房

楠見　孝・平山るみ（2013）．食品リスク認知を支えるリスクリテラシーの構造──批判

的思考と科学リテラシーに基づく検討　日本リスク研究学会誌，**23**(3)，1-8.

楠見　孝・子安増生・道田泰司・林　創・平山るみ（2010）．クリティカルシンキング
　　——情報を吟味・理解する力を鍛える　ベネッセ

楠見　孝・子安増生・道田泰司・林　創・平山るみ・田中優子（2010）．ジェネリックス
　　キルとしての批判的思考力テストの開発——大学偏差値，批判的学習態度，授業履修
　　との関連性の検討　日本教育心理学会第52回総会発表論文集　p.661.

楠見　孝・三浦麻子・小倉加奈代（2009）．がん・アトピー性皮膚炎患者・家族のイン
　　ターネット行動（1）——批判的思考が情報信頼性評価と病気への適応に及ぼす効果
　　日本社会心理学会第50回大会発表論文集　pp.244-245.

楠見　孝・村瀬公胤・武田明典（2016）．小学校高学年・中学生の批判的思考態度の測
　　定：認知的熟慮性-衝動性，認知された学習コンピテンス，教育プログラムとの関係
　　日本教育工学会論文誌，**40**(1)，33-44.

楠見　孝・田中優子・平山るみ（2012）．批判的思考力を育成する大学初年次教育の実践
　　と評価　認知科学，**19**(1)，69-82.

楠見　孝・上市秀雄（2015）．裁判員裁判における裁判官，自己，他者の能力認知の規定要
　　因——裁判員裁判制度の認知（1）　日本心理学会第79回大会発表論文集　2PM-095.

三浦麻子・楠見　孝・小倉加奈代（2016）．福島第一原発事故による放射線災害地域の食
　　品に対する態度を規定する要因——4波パネル調査による検討．社会心理学研究，**32**
　　(1)，10-21.

文部科学省（2012）．社会の期待に応える教育改革の推進　国家戦略会議関係資料　文部
　　科学省

永岑光恵・楠見　孝（2010）．脳神経科学リテラシーをどう評価するか——教育評価用の
　　質問紙作成の試み　科学技術コミュニケーション，**7**，119-132.

田中優子・楠見　孝（2007）．批判的思考プロセスにおけるメタ認知の役割　心理学評論，
　　50(3)，259-269.

上市秀雄・楠見　孝（1998）．パーソナリティ・認知・状況要因がリスクテイキング行動
　　に及ぼす効果　心理学研究，**69**(2)，81-88.

Zechmeister, E. B. & Johnson, J. E.（1992）．*Critical thinking: A functional approach.*
　　Pacific Grove, CA: Brooks/Cole.（宮元博章・道田泰司・谷口高士・菊池　聡（訳）
　　（1996/1997）．クリティカルシンキング［入門篇・実践篇］　北大路書房）

第2章　批判的思考の情動論的転回

●信原幸弘●

　クールでスマートに，情動を排して沈着冷静に考える。これが批判的思考の基本的なイメージだろう。カッカして熱くなったり，悲しみに打ちひしがれたりしていると，思考が情動に流されて批判的に物事を考えることができなくなる，というわけだ。しかし，本当にそうであろうか。たしかに情動が批判的思考を妨げたり，歪めたりすることはある。それは否定のしようがない。しかし，常にそうなのだろうか。適度な情動があるからこそ，批判的な思考ができるということはないのか。いや，さらに，批判的思考を行うためには，じつは必ず適度な情動が必要なのではあるまいか。情動が強すぎたり弱すぎたりすると，情動は批判的思考を妨げるが，情動が適度であれば批判的思考に貢献するし，実際，適度な情動抜きには批判的思考は成り立たないのではないか。

　以下では，批判的思考を純粋に理性的な思考としてとらえる「理性主義」を排して，批判的思考には適度な情動が不可欠だとする見方への転回，すなわち情動論的転回を試みたいと思う。

第1節　理性主義的な批判的思考

1．思考，理性，情動

（1）　思考

　そもそも思考とは何か。また，理性，情動とは何だろうか。まず，思考，理性，情動が何であり，それらがどう関係するかを見ることにより，理性主義が考える批判的思考，すなわち情動を排した純粋に理性的な思考がどのよ

うなものであるかを，ある程度，明確にしておきたい。

　私たちがふだん思考と呼んでいるものは，かなり範囲が広く，また相当雑多である。最も典型的なのは，おそらく言葉を使って考えるというかたちの思考であろう。今日の昼飯は何にしようか，かつ丼にするか，あるいは軽く蕎麦にするか。こうして一人でつぶやきながら，あるいは頭の中でぶつぶつ言いながら，考える。また，他の人とあれこれ話し合いながら，一緒に考える。しかし，このような言語的な思考は，さらに二つのタイプに分けることができる。一つは，文の内容の論理的な関係に即して推論的に展開される思考であり，もう一つは，文の内容の連想的な関係に即して自由奔放に展開される思考である。

　しかし，思考には言葉を用いたものだけではなく，イメージを用いたものもある。脳裏に立体図形を思い浮かべながら，線を引いたり，球を描いたりして，幾何学の問題を解く。あるいは，あのとき他の道を進んでいれば，どんな人生になっただろうかと，ありえたであろう別の人生をいろいろ思い浮かべてみる。言葉やイメージを用いて行う思考は，ふつう意識的な思考であるが，そうではなく無意識的な思考もありうる。つまり，意識的には何も考えていないが，それでも何か考えているといえるような思考である。なかなか解けなかった問題が，何日かたってふと解けることがある。その間，とくに何かを意識的に考えていたわけではない。しかし，まったく何も考えていなかったとすれば，解けるはずはないだろう。そうだとすれば，無意識的に考えていたに違いない。こうして，無意識的に思考していたからこそ，答えが浮かんだのだとされるのである。

　思考には，このように言語的思考（推論的思考と連想的思考），イメージ思考，無意識的思考があるが，これらは決してそれぞれ別個に生じるというわけではない。むしろふつう，それらは一体となって互いに絡み合いながら生じる。言葉を用いて推論的に思考しているときにも，いろいろな連想が働くし，さまざまなイメージが浮かぶ。また，それらの根底には，おそらく膨大な無意識的思考が渦巻いているに違いない。思考はいくつかのタイプに分けられるものの，それらはふつう一体となって生じるのであり，どれかが単独で生じるということはまずない。

（2） 理性

　次に理性であるが，理性は物事の間の理由関係を見定め，それに基づいて物事を体系化し，秩序立てる働きをするものである。ある前提から何らかの結論を導き出す論理的な推論は理性の典型的な働きであるが，それは，前提が結論にとって論理的に妥当な理由になっていることを見定め，そのことに基づいて前提から結論を導き出すものである。また，論理的な推論に限らず，一般に合理的な推論や思考といわれるものも，文と文の間の理由関係を見定め，それに基づいてある文から別の文を導き出していくものである。理性はこのような合理的な推論や思考を行うことによって，物事をその理由関係に基づいて体系化し秩序立てていく。

（3） 情動

　最後に情動であるが，情動は状況の価値的な認識，身体的反応，感じ，表情，行為の動機づけなど，多様な側面を含むため，どの側面を本質的なものと見るかによって，さまざまな情動説が唱えられている（その概観として，服部〈2014〉，信原〈2014〉を参照）。ここではそれらを逐一，検討している余裕はないので，それらのなかで最も適切だと著者には思われる説，すなわちプリンツの「身体的評価説」（Prinz, 2004）を採用しておくことにする。この説は，有名なダマシオ（Damasio, 1994）の「ソマティック・マーカー仮説」を引き継ぐものであるが，情動を状況に応じて引き起こされた身体的反応ととらえ，その身体的反応が状況の価値的なあり方を表していると説く。

　たとえば，地震で家が揺れ出して恐怖を覚えるとき，心臓の鼓動が高まり，皮膚には汗がにじむが，このような身体的反応は恐怖の情動によって引き起こされた反応というより，それ自体が恐怖の情動であり，状況が危険であること，すなわち家が崩れて大怪我をするかもしれないことを表している。地震が起きたとき，身体的反応に先立って，まず恐怖が起こり，その恐怖が状況の危険さを表しているのではない。そうではなく，身体的反応がただちに起こり，その身体的反応が状況の危険さを表しているのである。この身体的反応を感受したものが，恐怖の感じである。恐怖の感じを恐怖の情動

とするなら，恐怖の情動は身体的反応によって起こることになるが，そうで
はなく，身体的反応がすでに恐怖の情動なのである。私たちの身体は，危険
な状況に遭遇すると，それにしかるべく反応するようにできており，それゆ
え身体的反応はたんなる反応ではなく，状況の危険さを表す評価的な反応な
のである。

　もちろん，状況が危険だと判断し，それによって恐怖の情動が湧いてくる
こともある。地震が生じたとき，ただちには恐怖を覚えなかったが，この地
震はきっと揺れが激しくなりとても危険だと判断したら，急に恐くなってく
る。しかし，このようなときでも，危険だという判断がそのまま恐怖である
わけではなく，恐怖はその判断によって引き起こされた身体的反応のほうで
ある。身体的反応がなければ，ただ危険だという判断があるだけで，恐怖の
情動はない。つまり，理性的に形成される冷静で知的な判断があるだけであ
る。恐怖が生じるためには，身体的反応がなければならない。そしてその身
体的反応が恐怖そのものであり，判断によってすでに状況の危険さは表され
ているが，身体的反応はあらためてその危険性を別の仕方で表すのである。
つまり，判断が状況の危険さを知的に表すのに対し，身体的反応はそれを身
体的に（すなわち情動的に）表すのである。

２．理性と情動の区別に対応する区別

　思考，理性，情動についてここまで簡単に見てきたが，理性主義では，批
判的思考はもっぱら理性による思考であり，情動はそのような批判的思考を
妨げるものとされる。理性による思考は，文の間の理由関係に基づく推論的
な思考であり，文の内容に関連するイメージによって助けられることもある
が，基本的には言語的な思考である。情動は連想的な思考を促したり，不適
切なイメージを喚起したりすることにより，そのような理性的思考を妨げる
ものとされる。情動は身体的反応というかたちで，理性的な判断とは異なる
独自な様式で，状況の価値的なあり方を評価すると考えられるのだが，その
ような情動の独自な評価も理性的な思考の邪魔になるだけであり，それに寄
与することはないとされるのである。

（1） システム1とシステム2

理性と情動を峻別する見方は日常的にも深く根づいており，哲学的にも古くから見られる。近年では，心理学におけるシステム1とシステム2の区別（Kahneman, 2011）や，認知科学における古典的計算主義とコネクショニズムの対立（信原，2000）なども，理性と情動の区別に呼応するものと見なすことができる。心理学の二重処理説では，私たちの心の働きは，システム1とシステム2という二つの異なる処理過程から成り立っているとされる。システム1は直観的で速いが，ヒューリスティックスによるかなり雑な認知処理を行う。それに対して，システム2は熟慮的で遅いが，論理的に厳密な処理を行う。システム1は情動的であり，システム2は理性的だといえる。

（2） 古典的計算主義とコネクショニズム

また，認知科学では，コンピュータのように，構文論的な構造を持つ心的表象を，その構造にしたがって論理的に変形するのが人間の認知だとする古典的計算主義と，脳のように，ニューロン群の興奮パターンであるような心的表象を，連想的に変形するのが人間の認知だとするコネクショニズムが対立してきた。だが，この論争はどちらかが正しいというようなものではなく，むしろ人間の認知には，古典的計算主義が正しいような処理過程と，コネクショニズムが正しいような処理過程の両方がある，というのが本当のところであろう。そして，古典的計算主義的な処理過程はおおまかに理性に対応し，コネクショニズム的な処理過程は情動に対応するといえる。

（3） 理性主義

人間の認知がシステム1とシステム2，あるいは古典的計算主義とコネクショニズムの二つの過程から成るとすると，これら二つの過程は相互にどのような関係にあるのだろうか。それらはまったく独立なのだろうか。それとも，ある程度の相互作用があるのだろうか。また，相互作用があるとしても，協力的な相互作用なのか，それとも妨害的なものなのか。

情動を理性の妨げと見る理性主義のもとでは，システム1はシステム2の

処理を妨げ，コネクショニズム的な過程は古典的計算主義的な過程を妨げるということになる。情動に対応するシステム1やコネクショニズム的な過程は，自分の考えに都合のよい証拠だけを考慮する確証バイアスのような，さまざまな認知バイアスにまみれている。理性に対応するシステム2や古典的計算主義的な過程は，そのようなシステム1やコネクショニズム的過程からの悪しき影響を排除してこそ，本来の正しい認知処理が行える。そしてそれが，批判的思考にほかならない。

　理性主義は批判的思考を，このようにシステム1やコネクショニズム的過程からの悪しき情動的影響を排して，もっぱらシステム2や古典計算主義的過程によって行われる純粋に理性的な思考としてとらえる。システム1と2，あるいは古典的計算主義とコネクショニズムの区別からは，理性主義をこのような立場として理解することができよう。

第2節　理性主義への批判

　理性主義は情動を批判的思考の妨げとしてのみとらえるが，情動が批判的思考を助けるということはないのだろうか。いや，さらに，情動がなければ，じつは批判的思考も成り立たないということはないのだろうか。理性主義的な見方に対しては，情動の重要性を訴えるいくつかの注目すべき批判がなされている（Bevan, 2009; Ciurria, 2012; Vaidya, 2013）。

1．道徳的思考における情動の不可欠性

　ここでは，一例として，キューリア（Ciurria, M.）の批判を見ておこう。キューリアは，優れた道徳的思考には情動が不可欠だと主張する（Ciurria, 2012）。彼女はマーク・トウェインの『ハックルベリー・フィンの冒険』の話を取り上げて，議論を展開する。この小説のなかで，主人公のハックは，友人の黒人奴隷であるジムの逃亡を助ける。ハックは，奴隷はあくまでも奴隷主に返すべきであり，したがってジムを彼の主人に返すべきだと理性的には考えるが，それでも哀れなジムへの同情から，ジムの逃亡を助けようと決意する。

26　第Ⅰ部　批判的思考と市民リテラシーの基盤

　キューリアはこの話を少し変えて，もし次のようだとしたら，どうであろうかと問う。ハックは，奴隷制は間違っており，ジムを主人に返すべきでないと理性的に考えて，ジムを助けようと決意するが，ジムへの同情はまったく感じない。つまり，ジムを助けようという決意はもっぱら理性的な考察によってなされたのであり，情動はいっさい関係していない。

　さらにキューリアは，元の話に別の変形を加えて，なおいっそうの考察を促す。ハックは，奴隷制は間違っており，ジムを主人に返すべきでないと理性的に考えるだけではなく，それとともにジムに深く同情する。そして，この理性的な考察と情動の双方から，ジムを助けようという決意がなされるのである。

　元の話とその二つの変形のうち，どのハックの思考が道徳的に最も優れているだろうか。私たちはおそらく第二の変形，すなわち理性と情動の双方からジムを助けようと決意するハックの思考が，最も優れていると感じるだろう。そして，理性的な考察だけから助けようと決意する第一の変形のハックの思考よりも，理性的には助けるべきでないと判断しながらも，同情から助けるべきだと決意する元の話のハックの思考のほうが，道徳的には優れていると感じるだろう。実際，キューリアもそう主張する。もしそうだとすれば，優れた道徳的思考には，理性的な思考だけではなく，適切な情動も必要だということになるだろう。理性的な思考が適切な情動に支えられてこそ，優れた道徳的思考になるのである。

2．理性主義からの応答とその批判

　このような見方に対して，理性主義の側からは，道徳的思考と批判的思考は区別されるべきであり，批判的思考としては理性的な思考だけで十分ではないかという反論がなされるかもしれない。ジムへの同情を欠く第一の変形でも，ハックの思考は十分批判的である。たしかに，道徳的思考としては情動に支えられた理性的思考のほうが優れているかもしれないが，道徳的思考における批判的な側面に関しては，適切な理性的思考があればそれで十分であり，情動の支えはいっさい不要である。たとえ情動が理性的思考を妨げず，むしろそれと整合するとしても，理性的思考は情動抜きにそれ自体で批

判的思考として，十分でありうるのである。

　このような理性主義からの反論は，沈着冷静な思考という批判的思考の日常的なイメージとも合致していて，なかなか説得力があるように感じられるだろう。しかし，情動抜きの道徳的思考が，はたして十分な批判的思考でありうるだろうか。情動は誤りやすいとはいえ，またそれゆえ認知バイアスの原因にもなりやすいとはいえ，情動が状況の価値的なあり方を正しくとらえることも少なくない。

　ある骨董屋に初めて入って，その主人と話をしていると，どうも胡散臭い感じがして不安を覚える。話の内容や仕草にとくに不自然なところはなく，信用できないことを示すはっきりした証拠は見当たらない。むしろ信用できる証拠こそ見られる。したがって，理性的に考えれば，その主人は信用できると判断せざるをえない。しかし，不安の情動はその主人が信用できないことを示している。このようなとき，理性的判断のほうが間違っていて，情動のほうが真実を告げているということが往々にしてある（Tappolet, 2003；Döring, 2013）。そうだとすれば，正しい思考を行うためには，たんに理性的に思考するだけではなく，情動も十分考慮に入れて思考する必要があるのではないだろうか。そして情動のほうが正しい場合は，情動に合致するように理性的思考を修正すべきではなかろうか。批判的思考は，情動を排するのではなく，情動をも考慮に入れた理性的思考であるべきだと思われる。

　元々のハックの話では，ハックはジムを奴隷主に返すべきだと理性的には判断するが，ジムへの同情から，彼の逃亡を助けようとする。このとき，情動のほうが正しいとすれば，理性はそれを受け入れて判断を修正すべきである。そうすることができないとすれば，それは十分な批判的思考とはいえない。いくら理性的には綿密に思考したとしても，情動の声に耳を傾けないのであれば，批判的思考としては不十分である。批判的思考は，理性と情動の協働作業として，可能なかぎり良い思考を目指すものでなければならないのである。

第3節　情動論的転回

　批判的思考の見方を情動論的に転回して，情動にも耳を傾ける理性的思考として批判的思考をとらえるとすると，そのような見方のもとでは，厳密にいって情動と理性はどのような関係にあることになるのだろうか。情動は理性的思考に対して，たんに補助的な役割を果たすにすぎないのだろうか。それとも，情動は理性的思考の基盤となり，情動なくして理性的思考はありえないというような根本的な役割を果たすのだろうか。

1．情動的評価と理性的評価

　ここで鍵を握るのは，事物の価値評価である。情動は事物の価値評価（身体的評価）を含み，価値評価に関して理性とは別の源泉となる。たしかに，理性による価値評価もむろん可能である。日本人として日本の国の莫大な借金にとくに恐怖を感じないとしても，日本が財政的に危機的だと理性的に判断することはできる。情動による価値評価が及ばないような事柄に関して，理性的な価値判断ができるということは，批判的思考にとって非常に重要なことである。

　しかし，私たち人間においては，理性的な価値判断は情動的な価値評価に基づくことが多い。ヘビを見ても，恐怖を感じなければ，ヘビを危険だとは理性的に判断しないだろうが，恐怖を感じれば，危険だと判断する。もちろん，ヘビに恐怖を感じても，ヘビが危険でないことを示す明らかな証拠があれば，理性的には危険だとは判断しない。たとえば，ヘビは檻の中にいて噛まれることはありえないということが分かれば，理性的にはヘビを危険でないと判断するだろう。たとえヘビに対する恐怖がなくならないとしても，そうである。しかし，このような明白な反対証拠がなければ，理性は情動の示す価値評価を受け入れて，それと合致した価値判断を行うであろう。

　人間の価値評価においては情動がその主要な源泉となり，理性は特別な事情がなければ，情動による評価をそのまま受け入れ，特別な事情があれば，適当な修正を加えて価値判断を行う。このように情動的な価値評価は，理性

的な価値判断の基盤になっていると考えられる。

　私たちの思考は，物事の事実的なあり方を認識しようとする，純粋に理論的な思考の場合もあるが，むしろ日常的には，何をするかを決めるために関連する事柄を比較考量する実践的な思考の場合のほうがほとんどである。したがって，批判的思考も実践的思考の場合がほとんどである。そして，実践的思考には物事の価値評価が中心的な役割を果たすので，ほとんどの批判的思考においては，物事の価値評価が中心的役割を果たすことになる。そうだとすれば，価値評価の主要な源泉であり，理性的な価値評価の基盤ともなる情動は，ほとんどの批判的思考において中心的な役割を担うことになるといえよう。

2．VM 患者の意思決定障害

（1）　情動の希薄化による価値把握の不全

　このことを如実に示すのが，ダマシオ（Damasio, 1994）が詳細に研究したVM 患者である。VM 患者は，脳の前頭前野の腹内側部（VMPFC）を損傷しており，そのため情動が非常に乏しい。自分に関係する深刻な話をしていても，まるで他人の話であるかのようにじつに淡々としている。しかし，知能にはまったく問題がないように見える。常識的な知識は十分備えているし，ふつうの計算も楽々とできる。道徳的な善悪も含めて，一般に物事の価値についても健常者と同じくらいよく知っており，知識としては申し分ない。しかし，現実の場面で，自分の実際の問題として何かを決めようとすると，なかなか決められない。たとえば，次の来院日をいつにするかを決めるのでさえ，あれこれとどうでもよい些事にこだわり，延々と考え続ける。そうでいながら，この日にしましょうと医師が言うと，あっさりそれを受け入れる。VM 患者はなかなか自分では意思決定ができないのである。

　このような VM 患者の意思決定の障害は，情動の希薄化により，実践的思考をうまく行えないことに起因すると考えられる。何をするかを決定するためには，関連する物事の価値を把握し，それらの価値を比較考量して，何をするのが最善か（つまり，どの行為が最大の価値を実現するか）を判断しな

けxればならない。したがって，このような実践的思考を行うためには，現実の場面で物事の価値を把握することが決定的に重要となる。しかし，情動が希薄だと，物事に対してあまり情動を感じないため，その価値を把握することが極めて困難になる。VM患者は次の来院日を決めようとするとき，この日は見たいテレビ番組があるとか，あの日は友人と会う約束があるとか，いろいろなことを考えるのだろうが，それらに対してとても嫌だとか，まあいいか，といった情動を抱くことがない。そのため，それらがどれくらい重要なのかを容易に把握することができない。したがって，それらの価値を比較考量して，どの行為が最善かを判断することが非常に困難である。こうして彼らは，次の来院日を決めるというようなごく簡単なことでさえ，いつ果てるともしれない実践的思考を，延々と行い続けるのである。

（2） 情動の希薄化による関連性把握の不全

　しかし，VM患者が情動の希薄化によって意思決定に障害を示す理由として，物事の価値を容易に把握できないということのほかに，もう一つ重要な理由が考えられる。それは，彼らが情動の希薄化により，物事の関連性を容易に把握できないであろうと思われる点である。実践的思考をうまく行うためには，何でもかんでもすべて比較考量するというのではなく，今，自分が抱えている問題に関連する物事に絞って，比較考量を行わなければならない。

　次の来院日を決めるのに，今後の株価や国の将来といった無関係なことまで考慮していては，いっこうに埒があかない。しかし，今の問題にどんな物事が関連するかを素早く見抜くためには，情動が必要だと思われる。今の問題に関連する物事は興味深いものとして際立って立ち現れ，そうでない物事は背景に退くか，あるいはいっさい意識にのぼらない。こうして興味という情動によって，物事の関連性が容易に把握できると考えられる。しかし，情動が希薄化したVM患者は，今の自分の問題に関連する物事にも興味を覚えることがなく，したがってそのような物事が際立って立ち現れることがない。それゆえ，彼らは関連のないごく些末なことまで考慮して，無駄に時間を費やしてしまうのである。目下の課題に関連する事柄をいかに迅速に見いだすかという問題は，フレーム問題と呼ばれるが，要するにVM患者は情動

の希薄化のために，フレーム問題に悩まされているのである（フレーム問題については，信原〈2000〉を参照）。

　情動は物事の関連性も含めて，物事の価値を直観的に把握する。理性はそのような情動による価値把握に依拠してのみ，有効な思考を行うことができる。情動による価値把握がなければ，VM患者のように延々と考え続けるばかりで，いっこうに結論に至ることができない。情動の基盤なき理性的思考は，要するにハムレット状態（かのハムレットのように，思索するばかりでなかなか決断がつかない状態）に陥るのである。そうだとすれば，批判的思考において，情動が単なる補助的な役割ではなく，中心的な役割を果たすことは明らかであろう。

第4節　知的徳と適度な情動

1．知的徳
　情動が批判的思考において重要な役割を果たすことは，知的徳の考察からも十分うかがえる。知的徳とは，倫理的な徳が，倫理的な善（つまり善い行為）の実現に役立つような能力や性格であるのに対し，知的な善（つまり知識）の獲得に役立つような能力や性格のことである。たとえば，反対意見にも謙虚に耳を傾ける「開かれた心」や，旺盛な「探求心」，真理の追究のためにあえて危険を冒す「知的勇気」，困難な思索を最後までやり遂げる「粘り強さ」，などである。批判的思考は，自分の思考の正しさを根本から批判的に問い直すような高度な思考であるから，当然，細部へのこだわりや粘り強さ，開かれた心，知的勇気などを要する。批判的思考はまさに，知的徳の発揮によってなされる思考だといえる。

2．適度な情動
　知的徳の中核にあるのは適度な情動である。倫理的な徳に関するアリストテレス（2014）の中庸の考えによれば，倫理的徳に関係する情動は両極端ではなく，その中間の適度なものでなければならない。たとえば，勇気の徳は危険に対する恐怖の情動と関係するが，恐怖が強すぎると臆病となり，逆に

弱すぎると蛮勇となる。勇気の徳であるためには，その中間の大きさでなければならない。つまり，状況の危険の大きさを正しく反映した，適度な大きさでなければならない。それと同様に，知的徳に関係する情動も，両極端ではなく，その中間の適度なものでなければならない。細部へのこだわりは細部への興味と関係するが，そのような興味が強すぎるとただの詮索好きとなり，弱すぎると無関心となる。知的徳であるためには，その中間の適度な大きさでなければならない。

3．知的徳と情動の関係

　ゴルディ（Goldie, 2004）はまさに，知的徳を適度な情動に関わるものとしてとらえている。彼はまず，情動を価値の知覚ととらえる。これはプリンツ（Prinz, 2004）の身体的評価説に通ずるとらえ方である。視覚や聴覚などの通常の知覚が，物事の事実的なあり方を知覚的にとらえるように，情動は物事の価値的なあり方を知覚的にとらえる。そして情動が適度であれば，それは物事の価値を正しく表し，適度でなければ誤って表す。したがって，情動が適度な場合，私たちは情動が表す価値をそのまま受け入れて，価値判断を行えばよいが，そうでない場合は，そうでないことを感知して情動を鵜呑みにせず，それを補正して正しい価値判断を行う必要がある。ゴルディ（Goldie, 2004）によれば，知的徳とは状況にふさわしい適度な情動を形成する能力であり，かつ，何らかの事情で適度でない情動が形成されてしまった場合には，それを感知して，情動を鵜呑みにしないようにさせる能力である。

　たとえば，開かれた心は，反対意見にも関心を持って耳を傾けることを可能にするが，反対意見への関心が強すぎると，どうでもよい反対意見にまで耳を傾けることになり，いっこうに収拾がつかなくなる。VM 患者のハムレット状態のように，いつまでたっても結論を得ることができない。しかし，反対意見への関心が弱すぎると，考慮すべき重要な反対意見に関心を抱かず，それを無視して偏狭な結論に陥ることになる。

　開かれた心が知的徳であるためには，反対意見への適度な関心が必要である。つまり，考慮すべき重要な反対意見には関心を抱き，どうでもよい反対意見には関心を抱かないような適度な関心である。知的徳として開かれた心

を持つ人は，反対意見に対してそのような適度な関心を持ち，関心を抱く反対意見についてはそれを考慮すべき重要な意見だと判断し，そうでない反対意見については考慮する必要のないどうでもよい意見だと判断する。そして相手のレトリックがじつに巧みだといったような事情で，実際はどうでもよい反対意見に関心を抱いてしまったら，そのことを感知して，関心の情動を鵜呑みにせず，その反対意見をどうでもよいものとして正しく判断する。逆に，実際は重要な反対意見に関心を抱かなかったとしたら，そのことを感知して，その反対意見を重要なものとして判断する。

4．知的徳と批判的思考

批判的思考が知的徳の発揮によってなされる思考であり，知的徳が適度な情動に関わるとすれば，結局，批判的思考は適度な情動によって可能になるといえる。たしかに，適度でない情動が形成されても，知的徳によってそれを補正することは可能だが，情動があまりにも度外れであったり，あるいはあまりにも多くの場合に適度でなかったりすると，補正は困難になり，正しい価値判断を行うことがほとんど不可能になる。

これは知覚の場合と同様である。知覚があまりにもひどく誤っていたり，あまりにもしばしば間違っていたりすれば，正しい信念を形成することがほとんど不可能になる。正しい信念を形成するためには，おおむね正しい知覚が必要である。これと同様に，正しい価値判断を行うためには，おおむね適度な情動が必要である。そうだとすると，批判的思考にはおおむね適度な情動が必要だということになる。私たちにとって批判的思考が困難なのは，理性的思考が困難だからということもむろんあるが，それよりもむしろ，その基盤となる適度な情動を持つことが非常に困難だからである。

以上，本章で見てきたように，批判的思考は，理性主義がいうような情動を排した純粋に理性的な思考ではなく，適度な情動を基礎とする理性的な思考である。そもそも，情動を排した純粋に理性的な思考など，私たち人間には不可能である。人間の思考として可能なのは，物事の価値を知覚的にとらえる情動によって支えられた，理性的思考である。適度な情動は，物事の価値を正しくとらえる。そして，そのような適度な情動を形成する能力や性格

が，知的徳である。批判的思考は，知的徳によって形成される適度な情動を基盤として，その土台のうえで理性的思考を展開することによって，はじめて可能となるのである。

■文献

アリストテレス／神崎繁訳（2014）．ニコマコス倫理学　新版アリストテレス全集 15　岩波書店

Bevan, R. (2009). Expanding rationality: The relation between epistemic virtue and critical thinking. *Educational Theory*, **59**, 167-179.

Ciurria, M. (2012). Critical thinking in moral argumentation contexts: A virtue ethical approach. *Informal Logic*, **32**, 242-258.

Damasio, A. R. (1994). Descartes' error: Emotion, reason, and the human brain. New York: Putnam.（田中三彦（訳）（2010）．デカルトの誤り——情動，理性，人間の脳　筑摩書房）

Döring, S. A. (2013). Emotion, autonomy, and weakness of will. In M. Kühler & N. Jelinek (Eds.), *Autonomy and the self*. Dordrecht: Springer. pp. 173-190.

Goldie, P. (2004). Emotion, reason, and virtue. In D. Evans & P. Cruse (Eds.), *Emotion, evolution, and rationality*. Oxford: Oxford University Press. pp. 249-267.

服部裕幸（2014）．情動の本性　信原幸弘・太田紘史（編）　シリーズ 新・心の哲学 3（情動篇）　勁草書房

Kahneman, D. (2011). *Thinking, fast and slow*. New York: Farrar, Straus and Giroux.（村井章子訳（2012）．ファスト＆スロー——あなたの意思はどのように決まるか［上・下］　早川書房）

信原幸弘（2000）．考える脳・考えない脳　講談社

信原幸弘（2014）．よみがえる情動の哲学　信原幸弘・太田紘史（編）　シリーズ 新・心の哲学 3（情動篇）　勁草書房

Prinz, J. J. (2004) *Gut reactions: A perceptual theory of emotion*. Oxford: Oxford University Press.

Tappolet, C. (2003). Emotions and the intelligibility of akratic action. In S. Stroud & C. Tappolet (Eds.), *Weakness of will and practical irrationality*. Oxford: Oxford University Press. pp. 97-120.

Vaidya, A. J. (2013) Epistemic responsibility and critical thinking. *Mataphilosophy*, **44**, 533-56.

第3章 言語なしの推論とその神経基盤：
ミニマリスト・アプローチからの分析

● 小口峰樹・坂上雅道 ●

第1節 推論とは何か：言語的推論と非言語的推論

批判的思考について語られる際，そこに含まれる思考ないしは推論は，しばしば「論証」をモデルとした仕方で理解される。ここでの論証とは，一群の前提から何らかの論理規則に基づいて結論を導くことである。前提となるのは何らかの文の集合であり，結論も別の文から構成される。こうした理解においては，推論を行うことができるのはそれらの文の内容を心的に把握することができる生物，つまりは言語を持つ人間のみであるということになる。その結果，言語を持たない動物や言語習得以前の幼児に対しては，推論を行う能力が否定される。

思考や推論をこのように言語保有者にのみ限定する見方は，西洋哲学において長い伝統を有している。しかし，動物行動学や発達心理学における諸研究は，言語を持たない動物や言語習得以前の幼児であっても推論能力を持つ，ということを支持する証拠を次々に提出している。たとえば，生後3カ月程度の幼児であっても，物理的対象の構造や力学についてある程度の理解を持ち，複数の対象が相互作用するときにどのように振る舞うかについて，予測を立てることができる。そして，こうした予測が外れたときには，「驚き」（予測が当たった場合と比較した注視時間の増加）を示す (Krøjgaard, 2004; Pylyshin, 2007; Murai, Tanaka, & Sakagami, 2011)。動物行動学においても，さまざまな動物種で，それらの動物が単なる生得的な解発機構や連合学習の結果では説明のできない仕方で，問題解決を行うことができるということが示されている (Watanabe & Huber, 2006)。このことは，推論がどのような本性を持

つかを理解するためには，単に論証ベースないしは言語ベースでそれをとらえるだけでは不十分であるということを示唆している。

　こうした示唆は，批判的思考の本性や実践について考察を進めるうえでも重要である。思考や推論を論証ベースの枠組みでとらえた場合，批判的思考の失敗はまずもって論証における失敗として，つまりは誤謬推理として理解されることになる。この場合，批判的思考を発揮することは，誤った論理規則の適用を避け，正しい論理規則に基づいた妥当な論証を構成することに存するということになる。しかしながら，認知心理学におけるもろもろの推論研究は，われわれが日常的に行う推論が，論証を構成するときのような逐次的・言語ベース的なものであるよりは，はるかに並列的・多様相的なものであるということを示している（Thagard, 2011, p. 154）。

　論証の構成は，統語論的に相互作用可能な要素（言語記号や論理記号）を用いて，複数の前提を逐次的にたどりながら結論を導く，といった仕方で行われる。それに対して，日常的に推論が行われるとき，脳内ではさまざまな情報が並列的かつ同時的に処理されており，感覚イメージや情動のような非言語的なものを含むさまざまな表象が利用されている。意識のなかで言語を用いて逐次的に行われるのはこうした推論プロセスのごく一部にすぎない。こうした視点から見れば，批判的思考のモデルとして，言語を用いて妥当な論証を構成することのみを念頭に置くのは視野狭窄である。むしろそのモデルは，適切な思考パターンに基づいて，何であれ必要な表象媒体を用いながら，信頼のできる信念や効果的な意思決定をもたらすことへと拡張されるべきであろう。同様に，批判的思考の誤りをもたらす源泉も，誤謬推理には限定されない。むしろ，そうした源泉として考慮に加えられるべきは，思考パターンに歪みをもたらすさまざまな認知バイアスやヒューリスティクスの存在であり（Kahneman, 2011; 太田・小口, 2014），また，過度の動機づけや不合理な情動の存在である[*1]。

　以上から示唆されるのは，批判的思考の実践においては，単にいかに誤謬推理を避けるかを習得するだけではなく，思考パターンの歪みをいかに排除

---

*1　批判的思考と情動の関わりに関しては，第2章を参照。

第3章　言語なしの推論とその神経基盤：　　*37*

するかを訓練することも，同様に重要であるということである。

　しかしながら，推論を言語ベースではない仕方で理解しようとしたとき，それはどのようなものとしてとらえられるべきなのだろうか。言語ベースの枠組みにおいては，合理的な推論とは，まずもって適切な論理規則に従ってなされる推論を指す。しかし，推論が言語に限られない多様相的なものとして遂行されるとすれば，そこにおける合理性はどのように理解されうるのだろうか。言語なしの推論には，はたして「論理」が成立しうるのだろうか。また，言語なしの推論が可能であるとして，それはどのようなメカニズムによって遂行されるのだろうか。

　こうした問いを主題として，本章は以下のように展開される。まず第2節では，言語なしの思考をとらえるために，分析哲学の分野で提唱されている「ミニマリスト・アプローチ」という見方を概説する。第3節では，ミニマリスト・アプローチから，どのように非言語的な推論における論理性を理解することができるかを検討する。とくに，そこではカテゴリー化能力が重要な鍵を握っているという指摘を行う。第4節では，筆者らが推論課題を用いて行ってきた神経生理学の実験研究を紹介し，以上の議論と接合することで，推論の神経基盤に関してどのような含意が得られるのかを検討する。

第2節　ミニマリスト・アプローチ

1．ミニマリスト・アプローチの背景

　分析哲学の分野では，思考を主題として考察が行われるとき，二つの立場が主に用いられてきた。一つ目のアプローチは分析哲学の祖であるフレーゲ (Frege, F. L. G.) によるものであり，思考の内容を「文の意義（Sinn）」としてとらえるものである。二つ目のアプローチは認知哲学の第一人者であるフォーダー (Fodor, 1975) によるものであり，思考を「思考の言語（language of thought)」と呼ばれる，内的な表象システムにおける記号操作としてとらえるものである。「pと信じる」「pと欲求する」「pと意図する」といったように，命題pに対して特定の態度をとることで成立する心的状態のことを命題的態度と呼ぶが，これらのアプローチはいずれも，思考を命題的態度の内

容として解釈するという点で類似している。

　ミニマリスト・アプローチの提唱者であるベルムデス（Bermúdez, J. L.）によれば，これらの伝統的な枠組みを，言語を持たない動物や言語習得以前の幼児における思考へと拡張しようとすると，そこにはともに認識論上の困難が生じる（Bermúdez, 2003, pp. 19-21; pp. 27-31）。

　動物行動学や発達心理学において，思考や推論といった道具立てが導入される目的のひとつは，生得的な解発機構や連合学習による機械論的な説明だけでは不十分な場面で，対象となる動物や幼児の行動に対して説明を与えることである。言語を持つ人間の場合，その行動に対する心理学的説明は「信念-欲求モデル」（より一般的には，命題的態度モデル）に基づいて行われる。たとえば，ある人物が冷蔵庫に手を伸ばしているのを見たとき，私たちはしばしば，「彼女は炭酸水を飲みたいと欲していて，冷蔵庫の中にはそれが入っていると信じているんだ」といったように，当該の人物が持つ信念や欲求（あるいはその他の命題的態度）に訴えることで，その行動に説明を与える。つまり，当該の信念と欲求の組み合わせは，被説明対象となる行動を必然化するのである。フレーゲやフォーダーの枠組みはともに，思考を命題的態度の内容としてとらえるものであり，したがって，それらを言語なしの思考へと拡張しようとするとき，動物や幼児の行動に対する説明はこの命題的態度心理学に基づいて行われることになる。

　しかし，ベルムデスによれば，いずれの枠組みも動物や幼児に特定の命題的態度を帰属するための適切な認識論的手がかりを欠いている[*2]。それゆえ，ベルムデスの指摘が正しいとすれば，いずれの枠組みも言語なしの思考をとらえるためには不十分であるということになる。ベルムデスのミニマリスト・アプローチは，これらの伝統的な枠組みに対する代案として，動物や幼児における「言語なき思考」をとらえるために提出されたものである。

＊2　こうした批判の内実を十分に取り上げる余裕はないが，要点を簡潔にまとめれば，フレーゲの枠組みの場合には，命題的態度の内容を帰属する手がかりとなる「主張（assertion）」などの発話行為を，動物や幼児が遂行しえないがゆえに，フォーダーの枠組みの場合には，命題的態度を帰属するために必要な「思考の言語」の統語論と意味論の確定という作業が，原理的な問題を抱えているがゆえに，ともに拡張に際して認識上の困難が生じることになる。

２．命題的思考と技能的思考

　ミニマリスト・アプローチを理解するための鍵となるのが，「命題的思考（thinking-that）」と「技能的思考（thinking-how）」の区別である（Bermúdez, 2003, p. 36）[*3]。命題的思考とは，言語を用いた論証のように，命題的に分節化された表象を用いて行われる思考である。フレーゲやフォーダーの枠組みにおける思考活動は，こうした命題的思考として行われる。それに対し，技能的思考とは，命題化された表象を用いることなく行われ，技能あるいはスキルとして記述するほうが自然であるような思考のことである。部屋を模様替えするときに，ベッドの隙間にチェストを置けるかどうかを，（計測に基づく比較を通じてではなく）視覚的想像を利用して考える場合や，友人がある場面でどのように振る舞うかを，（過去の行動パターンからの推測によってではなく）その人の立場に身を置いてシミュレートすることによって考える場合などが，そうした技能的思考の例である。ベルムデスの戦略は，動物や幼児における言語なしの思考を，こうした技能的思考としてミニマルに，すなわち，動物や幼児を過度に知性化（擬人化）することなく，それらの示す行動から問題なく帰属可能な能力の範囲内で解釈していく，というものである。

　命題的思考と技能的思考は，いくつかの点において対照的な特徴を有している。第一に，命題的思考が，言語のように命題的に分節化された表象を用いて行われるのに対して，技能的思考は，命題的な構造を持たないと通常考えられている，知覚イメージや身体イメージのような表象を用いて行われる[*4]。また，技能的思考は，現在の活動や状況から切り離されたかたちでは，十全に行使することができない。技能的思考は，現在知覚している対象が持つ運動可能性（その対象がどのような作用に対して，どのように振る舞う

[*3]　この区別はライル（Ryle, 1949）による「命題知（know-that）」と「技能知（know-how）」の区別を念頭に置いたものである。

[*4]　ただし，知覚表象は言語表象と同様に命題的構造を持つと考える論者も存在する（小口，2011）。その場合，知覚表象と言語表象の違いは命題的な構造の有無ではなく，たとえば統語論的構造の有無に存することになる（小口，2014，p. 1026）。

か）や，行為可能性（当該の動物がどのような行為を通じて，その対象とどのように相互作用しうるか）を把握し，それに応じて感覚的な想像や身体的な技能を発揮することで行われる。これに対して命題的思考は，そうした状況への繋縛を免れた仕方でも行使可能である。たとえば，理論物理学者は，たとえ運転中でも宇宙の創成について考察を展開することができる。これと関連した特徴として，技能的思考はその本質として実践的であるという性格を持つ。技能的思考は，当該の動物が現在行っている活動に統合されたかたちで，その活動の目的を達成するために行使される。反対に，命題的思考は，（理論物理学者の場合のように）理論的な問題を解決するためにも行使されうる。

　ここで，以下の点に注意が必要である。それは，上記の諸特徴による対比は，命題的思考と技能的思考を厳然と二分するものではない，という点である。たとえば，私たちは言語的に思考を行うときにも，感覚的想像の助けを借りてそれを展開することがある。また，「これ」や「あれ」といった指標詞を使用した思考は，たとえ言語を用いたものであっても，それが指示する対象と知覚的な関わりを持たなければ行使しえない。さらには，ある程度高度な知性を備えた動物であれば，たとえ言語を習得していないとしても，内的思考過程（現在の文脈とは関係ない事柄について思いをめぐらすこと）のようなものを持ちうる（渡邊, 2012）。

　こうした点に鑑みるならば，上記の諸特徴は，命題的思考の典型例が一方の極へ，技能的思考の典型例が他方の極へというかたちで，それぞれの思考の例がそれに沿って分布をなす，多次元のスペクトラムを構成すると考えるべきであろう。それでもなお，命題的思考と技能的思考は，こうしたスペクトラム上で対照的なクラスターをなすものとして区別されうる。

3. 命題的態度なしの心理学的説明

　では，ミニマリスト・アプローチにおいて，動物や幼児の行動に対する心理学的説明はどのように与えられるのだろうか。命題的態度モデルに基づく行為の説明には，基本的に三つの構成要素が関わる。第一に，意図的な行為の動因となるのが，しかじかの対象やしかじかの状態に対する欲求である

（「爽快な気分になりたい」）。第二に，そうした欲求がどうしたら充足されるかに関する道具的な信念，すなわち欲求が充足されるための手段を与える信念が，必要とされる（「炭酸水を飲めば爽快な気分になれる」）。第三に，こうした道具的な信念を「実地に移す」ための，環境についての諸信念（一群の背景的信念）が必要とされる（「炭酸水は冷蔵庫の中で冷えている」「冷蔵庫は隣のキッチンにある」「冷蔵庫の中の炭酸水は私の所有物である」等々）。これら三つの要素が組み合わされることで，当該の行為に対する十分な心理学的説明が与えられる。これに対してベルムデスは，動物や幼児の行動に対する心理学的説明を与えるために，信念と欲求に相当する要素を，命題的態度ではないものへと置き換えるという戦略をとる（Bermúdez, 2003, pp. 46-51）。

　ミニマリスト・アプローチにおいては，欲求を実現するための道具的情報は，環境について当該の動物が現在有する知覚の内容の一部として与えられる。たとえば，私の欲求が炭酸水を飲みたいというものであり，手を伸ばせば届く距離に，炭酸水のような泡立つ液体の入ったグラスがあるのが見えているとすれば，私は「手を伸ばせば炭酸水が飲める」という道具的信念に依存せずとも，手を伸ばすという当該の欲求を満たす行為をすることができる。実際，私たちはしばしば，知覚に含まれる行為可能性にいわば導かれるように，信念を媒介することなく意図的な行為を遂行することがある。こうした場合，知覚とは別の道具的信念に訴える必要はなくなる。

　ここでの「行為可能性を与える知覚」という考えを理解するためには，ギブソン（Gibson, 1979）によるアフォーダンス（affordance）概念に訴えるのが良策であろう。ギブソンによれば，知覚対象は単なる物理的性質の集合（知覚心理学者のいう「刺激」）としてのみ知覚されるのではなく，特定の動物に対して，特定の行為をアフォードするものとして，知覚される。たとえば，木の洞はリスに対して隠れることをアフォードするものとして，木の実は食べることをアフォードするものとして知覚される。

　アフォーダンスは，進化や学習の過程を通じて「チューニング」されることで，特定の動物に対して知覚されるようになる相対的なものであるが，にもかかわらず，物理的性質の配列に応じて物理的対象に備わる，客観的で実在的な性質である。このようなアフォーダンスの知覚は，環境内の諸対象が

当該の動物との関係において持つ，道具的な性質についての知覚である。スキナー箱で訓練されたマウスは，物理的対象としてのレバーを知覚するだけではなく，そのレバーを押せば水が飲めるという道具的情報も知覚するようになる。動物がどのようなアフォーダンスを有しているかは，その動物がどのような行動をとるかを通じて特定することができる。このようなレベルでの知覚情報に訴えるならば，心理学的説明のために命題的態度としての信念を帰属させる必要はもはやなくなる。

　では，欲求の帰属についてはどうだろうか。ベルムデスは，「目的となる対象や性質を欲求すること（目標欲求：goal-desire）」と，「目的となる状況を欲求すること（状況欲求：situation-desire）」とを区別する。たとえば，「私は炭酸水を欲する」という表現で示されるのは目標欲求であり，「私は自分が炭酸水を飲むことを欲する」という表現で示されるのは状況欲求である。状況欲求の内容は命題で表されるものであり，それゆえ，ある動物が状況欲求を持つと認めることは，それに対応する命題的態度を帰属することを意味する。

　これに対して，目標欲求を持つと認めるために，命題的態度の帰属は必要とされない。ある動物に対して帰属可能な目標欲求の範囲は，当該の動物が知覚的に弁別可能な対象や，性質のレパートリーのなかに含まれる。したがって，ミニマリスト・アプローチにおいては，単に当該の動物がどのような目標欲求を持っているかを特定しさえすれば，その行動に対して心理学的な説明が与えられることになる。

第3節　非言語的推論の分析

１．ミニマリスト・アプローチから見た推論

　ミニマリスト・アプローチによれば，言語を持たない動物や幼児の行う思考は，命題的な表象を用いない技能的思考として理解できる。また，その行動に対する説明は，命題的態度に訴えずとも，道具的情報を担う知覚と目標に対する欲求とによって与えることができる。

　しかしながら，ベルムデス自身が認めているように，以上で説明した道具

立ては，非言語的思考の全幅を説明できるほど豊かなものではない
(Bermúdez, 2003, p. 51)。たとえば，カケスは，自分とのあいだの社会的序列が
既知である成員と新入りとなる未知の成員とのやりとりを観察することで，
自分と新入りとのあいだの社会的序列を間接的に判断することができる
(Paz-y-Miño, Bond, Kamil, & Balda, 2004)。判断の結果は，当該の個体と新入りと
が初めてやりとりをする場面で確認されるが，そこでの行動はアフォーダン
ス知覚における道具的情報だけでは説明することができない。

このように，一部の動物は，単にアフォーダンスに導かれて行為するだけ
ではなく，推論に基づいて何らかの洞察を獲得し，そうした洞察を行為に反
映することができる。ここで問われているのは，いかにしてミニマリスト・
アプローチの枠内で推論を説明するような道具立てを与えうるかである。

（1）　三つの推論形式

命題的思考のレベルでの推論においては，否定（～ではない），連言（か
つ），選言（または），含意（ならば）のような論理結合子に相当する概念が
用いられる。論理結合子は命題をとることで複合的な命題を構成する。前件
肯定（modus ponens），後件否定（modus tollens），選言三段論法（disjunctive
syllogism）といった基本的な推論形式は命題とこれらの論理結合子を用い
て表現される。ミニマリスト・アプローチが推論に対してとる戦略は，動物
がこれらの形式に適合する推論を行っていると解釈される場面を，当該の動
物に論理結合子に相当する概念の習得を要求することなく，行動上の証拠か
ら帰属可能な非言語的な技能や能力だけから説明するというものである
(Bermúdez, 2003, pp. 140-149)。

ベルムデスは，前述の三つの推論形式に焦点を絞る。前件肯定は，「Aな
らばB」→「A」→「ゆえにB」という形式の推論である。たとえば，観察
者となるイヌが，「ネコが来たのに気づいたらスズメは逃げる」という条件
関係を理解していれば，スズメがネコに気づいたということから，そのスズ
メが逃げだすということを推論できる。後件否定は，「AならばB」→「Bで
はない」→「ゆえにAではない」という形式の推論である。件のイヌは，ス
ズメがまだ逃げだしていないことから，そのスズメはネコに気づいていない

ということを推論することができる。最後に，選言三段論法は，「Aまたは
B」→「Aではない」→「ゆえにB」という形式の推論である。件のイヌが，
庭先にネコとスズメが同時にいることはないということを学習したならば，
そのイヌは，スズメが庭先にいることから，ネコは庭先にはいないというこ
とを推論することができる（ここでのAは「スズメは庭先にいない」，Bは
「ネコは庭先にいない」となる）。

　この選言三段論法は，選言を使わずに否定と含意のみで表現可能である。
すなわち，「AでないならばB」→「Aではない」→「ゆえにB」という推論
（および，AとBを入れ替えた推論）である。したがって，三つの推論形式は
すべて否定と含意のみによって表現できる。とすれば，ここでの問題は「い
かにして否定と含意に相当するものを，非言語的な動物認知のなかに見出し
うるか」というものへと単純化できる。

（2）　否定

　まずは否定について検討しよう。現代の標準的な論理学では，論理結合子
としての否定は，命題に対して論理操作を行うものとして解釈される。たと
えば，「ソクラテスは賢くない」という文は，一見したところ述語に否定操
作が行われているように見えるが，その論理形式においては，「『ソクラテス
は賢い』は真ではない」という，文に対して否定操作が行われた複合文とし
て解釈される。ベルムデスは非言語的なレベルにおける否定を理解するため
に，ここに登場する「述語否定（predicate negation）」と「文否定（sentence
negation）」との違いに訴える。ある動物が文否定の意味での否定を行って
いると認められるためには，否定される命題に対応する命題的態度を，その
動物に対して帰属することが必要となる。これに対して，述語否定の意味で
の否定を行っていると認められるためには，「いる／いない」「見える／見え
ない」「食べられる／食べられない」といった性質の対が対立項をなす（つま
り，同一対象に対して同時には成り立たない）ということを理解し，現に成
立するのはその一方のみである，ということを把握できればよい。

　以上を踏まえるならば，先述の選言三段論法に対応する推論は，基礎的な
条件推論を行う能力を前提として，非言語的なレベルで次のように解釈でき

る。ここでの条件推論は，たとえば，「スズメが庭先にいるならばネコは庭先にいない」というものになるが，これを把握するためには，「いる」と「いない」という二つの性質が対立項をなすということを理解し，（庭先の）スズメとネコに対してこの対立関係が当てはまるということを把握できればよい。同様に，こうした理解を有した動物が庭先にネコがいるのを知覚的に判断できたならば，当該の条件推論の後件を否定することで，前件の否定（「スズメは庭先にいない」）に到達することができる。これは後件否定に対応する。ここでの否定操作には，真理関数的な否定概念の理解は要求されず，ある二つの事態を対立関係にあるものとして把握する認知的な能力のみが要求される。ある動物種がこうした能力を有しているか否かは，「見えない置き換え課題（invisible displacement task）」などの実験デザインを応用することで，検証することができる（Watson, Gergely, Csanyi, Topal, Gacsi, & Sarkozi, 2001）[5]。

（3）　含意

　次に，含意を利用した条件推論について検討しよう。命題的思考のレベルでは，含意は二つの命題をとることで，複合的な命題を生成する論理結合子として働く。しかし，技能的思考のレベルでは，条件推論を命題同士の間の関係として理解することはできない。ここでベルムデスがとる戦略は，条件推論の源泉を因果推論のなかに求めようというものである。因果推論の能力は，ある事態と別の事態との間に成立する因果関係についての認知を基礎として獲得されうる。それゆえ，因果推論を行うために言語の習得は必要とされない。実際，因果関係の認知を行う能力は，さまざまな動物種や発達初期段階の幼児において見られる（Sperber, Premack, & Premack, 1995）。因果的な依存関係は直接的に観察可能であり，動物は自己の身体と環境内の諸事物と

───────────

[5]　「見えない置き換え課題」の典型的なデザインでは，幼児や動物はまず，ある物体が不透明な容器の中に入れられ，その容器が衝立の背後などに移されるのを見せられる。その後，実験者によって物体が密かに容器から取り去られ，再び衝立から出して幼児や動物の前に呈示される。当該の幼児や動物が，必要な背景的知識に加えて，適切な否定操作の能力を有しているならば，容器の中身がカラであることを見た場合，物体を探すために衝立の後ろを調べようとするはずである。

の相互作用を通じてそうした関係を学習する機会を幼時より豊富に与えられる。因果的な依存関係は条件的な依存関係の下位区分であるが，因果関係の理解は動物にとってより身近で容易であり，条件関係の理解がそれを出発点としてなされると考えることは理にかなっている。

（4） 原-否定と原-因果

　以上のように，ミニマリスト・アプローチにおいては，否定は対立項をなす事態を把握することとして，含意は因果関係をなす事態を把握することとして解釈されることになる。非言語的なレベルでの否定概念や因果概念は，言語保有者における成熟した否定概念や因果概念とは異なる。たとえば，真理関数的な概念としての否定は，任意の命題に対して働くことができるが，非言語的なレベルでの否定は，動物が対立項として把握できる事態の範囲に限定される。また，成熟した因果概念の習得のためには様相概念の理解が必要とされるが，非言語的なレベルでの因果関係の把握にはそうした理解は必要とされない。ベルムデスは非言語的なレベルでの否定と含意を，それぞれ「原-否定（protonegation）」「原-因果（protocausation）」と呼び，それらが成熟した概念理解とは異なるという点に留保を加える。

　これらの道具立てによって，先述の三つの基礎的な推論形式がどのように非言語的なレベルで説明されるかを見てみよう。前件肯定は，そのまま因果的な条件推論として解釈される。動物が知覚や記憶によって前件が成立していることを把握したならば，そこからの原-因果的な関係によって後件も成立することを推論できる。後件否定は，因果的な条件推論と後件の原-否定との組み合わせとして解釈される。その帰結として得られるのは前件の原-否定である。選言三段論法は，因果的な条件推論と前件の原-否定の組み合わせとして解釈され，帰結としては後件が得られる。

　以上で述べてきたように，言語を持たない動物や幼児における推論は，命題的態度や論理結合子に関わる概念を帰属させずとも，原-否定や原-因果といった，動物や幼児に帰属可能な諸能力に基づく道具立てによって説明されうる。これらの推論は真理関数的な概念に基づくものではないため，真理保存的であるという意味において合理的であるとはいえない。しかし，非言語

的な推論が意思決定の質を高め，結果として動物の生存や繁殖に貢献するものであるかぎり，それは一定の目的合理性を持つといえるだろう。

2．非言語的推論とカテゴリー化能力

　前節までの論述において，ベルムデスによって提唱されたミニマリスト・アプローチの核となる考えを概観し，その枠組みからどのように言語なしの推論がとらえられるかを見てきた。本節では，推論がその重要な機能を果たすためには，原-否定や原-因果といった道具立てに加えて，カテゴリー化を行う能力が必要となるという点を論じたい。

　推論は，単に既知の事象間の推移についての予測を可能にしてくれるだけではなく，新奇な状況で生物がどのように行動すべきかについての指針を提供してくれるという重要な機能を持つ。たとえば，ある地域において，極彩色の皮膚を持つ動物は毒を持つ傾向にあるとしよう。その地域で今まで目にしたことのない種類のカエルに遭遇したとき，私たちはそのカエルが極彩色の皮膚を持つかどうかを頼りにして，そのカエルが避けるべきものであるかどうかを判断する。ここでは，「極彩色の皮膚を持つ／持たない」という対立項をなす事態についての認知を行ったうえで，体表色と有毒性の間の因果関係（より正確には，極彩色の動物を捕食することと毒に侵されることとの因果関係）に基づいて推移的な推論を行うことで，未知の対象に対してどう振る舞うべきかの意思決定がなされている。こうした意思決定が言語を持たない動物（たとえば，カエルの捕食者となる猛禽類）によってなされたならば，それはまさに原-否定や原-因果に基づく推論の産物として解釈できるだろう。

　しかしながら，そうした推論を行うためには，原-否定や原-因果に対応する認知能力を発揮するだけでは十分ではない。それらに加えて，当該の動物は，「極彩色の皮膚を持つもの」というカテゴリーを形成し，目の前のカエルがそのカテゴリーに含まれるかどうかを判断しなければならない。推論を通じて未知の対象や事象についての行動指針を得るためには，その対象や事象が持つ何らかの特徴（「極彩色の皮膚を持つ」）に基づいてカテゴリー判断を行い，当該のカテゴリーの成員が共有する別の特徴（「毒を持つ傾向があ

る」）を手がかりとする必要がある。このように，推論が未知の状況での行動指針を与えるという機能を発揮するためには，しかるべき対象や事象に対して，カテゴリー化能力を行使することが要請されるのである。

　カテゴリーは，その成立メカニズムに応じていくつかに分類される (Zentall, Galizio, & Critchfied, 2002)。たとえば，「極彩色の皮膚を持つ」や「カエル」といったカテゴリーは，その成員同士が持つ知覚的な類似性に基づいて形成される。こうしたカテゴリーは，「知覚カテゴリー」と呼ばれる。これに加えて，霊長類を中心とした一部の動物は，さまざまな事物が共通に持つ機能に基づいて，たとえそれが知覚的には類似していないとしても，それらを単一のカテゴリーに属するものとして認知することができる。こうしたカテゴリーは，「連合カテゴリー」ないしは「機能カテゴリー」と呼ばれる。たとえば，「ピクニックに持っていくもの」や「大工道具」といったカテゴリーが，連合カテゴリーの例である。

　適切な連合カテゴリーを形成することは，多くの動物にとって極めて重要である。森を探索しながら採餌をする動物は，環境内のさまざまな手がかりのなかから，食物につながるものとそうでないものを選り分け，前者のカテゴリーに属する情報のみを追跡の手がかりとする必要がある。知覚的に類似性のないさまざまな手がかりをカテゴリー化するためには，それらの手がかりが共通の原因ないしは共通の結果と結びついている（「それらの手がかりはすべて，食物が近くにあることを示している」）ということを認知する必要がある。ここに示されているように，連合カテゴリーを形成するためには，原-否定の関係や原-因果の関係を認知する能力が必要となる。すなわち，食物の存在／不在という対立項の把握を軸にして，前者と原-因果的な関係を持つ痕跡のみを，一つのカテゴリーにまとめるという能力である。このように，連合カテゴリーを形成する能力は，単に原-否定や原-因果の能力に加えて必要とされるというだけではなく，それ自体が原-否定や原-因果の能力をその基礎に置いているのである。

　動物はこのような連合カテゴリーを形成する能力を獲得することで，単に知覚カテゴリーに依存するだけでは達成することのできない，柔軟で適応的な振る舞いを遂行することができるようになると考えられる。たとえば，あ

る食物と結びついた手がかりの一つを知覚したときに，その手がかりが属する連合カテゴリーに対するプライミング（そのカテゴリーの成員に対する認知的処理の促進効果）が働くならば，他の手がかりを発見する確率が高まることで，その食物に対する探索行動はより有効に行われるようになるだろう。

　また，連合カテゴリーの形成は，アナロジーに基づく思考を可能にしてくれる。ある新奇な問題場面に直面したとき，動物はその場面が持つ何らかの特徴に基づいて過去に経験した関連する状況を想起し，それらの状況を連合的に結びつけることで，既知の状況で習得した問題解決の手法を未知の状況に利用することができる。それによって，当該の動物は，試行錯誤を通じて問題解決を図るよりも，はるかに効率的な解決法をとることができる。

　以上で論じてきたように，一方で，動物が新奇な状況において推論を通じて行動指針を得るためには，カテゴリー化能力が必要となる。また他方で，動物の適応的な行動を促進する連合カテゴリーの形成は，それ自体が推論に用いられる諸能力を基礎として遂行される。このように，推論能力とカテゴリー化能力は，互いが互いを支え合うような仕方で，一部の動物が示す高度に適応的な行動の実現に寄与していると考えられる。次節では，以上の分析を踏まえたうえで，筆者らのグループが行ってきた推論課題を用いた神経生理学の実験を紹介し，言語なしの推論がどのような脳内メカニズムを通じて実現されるのかを検討したい。

第4節　言語なしの推論とその神経基盤

　これまで，推論の神経基盤に関する研究は，人間を被験者とした fMRI（機能的核磁気共鳴画像法）研究を中心に進められてきた（小口・坂上，2015，p. 27）。そうした研究では，被験者に対してさまざまなタイプの演繹的ないしは帰納的な推論を行わせ，そのときにどの脳部位が強い活動を示すかが調べられてきた。それらの研究では，推論が言語ないしは記号を用いて行われることは前提とされており，言語的推論と非言語的推論は明確に区別されてこなかった。また，非言語的推論の神経基盤を人間の被験者を用いて調べようとしても，タスクの遂行時に言語処理の混入を避けることは極めて困難であ

ろうと予想される。それゆえ，非言語的推論の神経基盤を探究するために
は，言語を持たない動物をモデルとして実験を行うほうが合理的である。筆
者らのグループは，高度な認知能力を持つニホンザルを被験体として，独自
の推論課題を用いた一連の単一神経細胞記録実験を行ってきた（Pan, Fan,
Sawa, Tsuda, Tsukada, & Sakagami, 2014; Pan & Sakagami, 2012; Pan, Sawa, Tsuda,
Tsukada, & Sakagami, 2008）。

1．報酬推論課題

　これらの研究では，サルは最初に系列対連合課題（図3-1）において，複
数の視覚刺激から構成された二つの系列（A1→B1→C1とA2→B2→C2）
を学習した。この連合学習のトレーニングが完了した後，サルには報酬教示
課題を用いて非対称的な報酬割り当てが教えられた。この課題ではC1ない
しはC2の一方が大報酬（水0.4 ml）と組み合わされ，もう一方が小報酬
（水0.1 ml）と組み合わされた。神経活動の記録時には，報酬教示課題と系
列対連合課題は一つのブロックの中に配置され，最初に報酬教示課題が，続
いて系列対連合課題が行われた。系列対連合課題における報酬割り当ては，
それに先立つ報酬教示課題で呈示されたものが用いられた。すなわち，もし
報酬教示課題においてC1が大報酬と，C2が小報酬とペアにされたならば，
A1→B1→C1系列は大報酬をもたらし，A2→B2→C2系列は小報酬をも
たらすことになる（あるいはその逆）。もし，サルがしかるべき推論能力を
有しているとすれば，系列対連合課題において，学習済みの系列に関する情
報と報酬教示課題で得た情報とを組み合わせることで，最初にA1ないしは
A2が呈示されたタイミングで，報酬量を予想することができるはずである
（これは推移的推論となっている）。実際，系列対連合課題における最初の試
行から，サルは第一選択（A→B）時に大報酬試行に対して，小報酬試行よ
りも高い正答率を示した（Pan, Sawa, Tsuda, Tsukada, & Sakagami, 2008）。

2．LPFCと線条体における報酬予測

　筆者らは，サルがこれらの課題を遂行しているときの神経活動を，大脳の
前方に位置する前頭前野の外側部（lateral prefrontal cortex: LPFC）と，大

第3章 言語なしの推論とその神経基盤： *51*

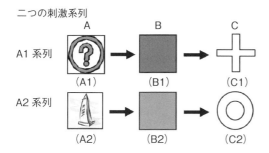

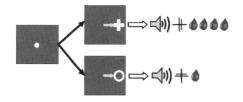

図 3-1　報酬推論課題の構造

（Pan et al., 2008 を著者一部改変）

脳の内奥に位置する大脳基底核の線条体（striatum）の2点から記録した（Pan, Fan, Sawa, Tsuda, Tsukada, & Sakagami, 2014）。前頭前野は，とくにヒトにおいて大きく発達した脳部位であり，高次認知や実行機能などに関わっていると考えられている。大脳基底核は，大脳皮質と視床や脳幹を結ぶ神経核の集まりであり，なかでも線条体は，運動制御や習慣づけなどに関わっていると考えられている。これらの部位はいずれも報酬を予測するような活動を示すことが知られているが，それらが報酬処理においてどのような機能的な違いを有しているかは，論争の的となっている（Tanaka, Pan, Oguchi, Jessie, &

Sakagami, 2015)。

　記録した神経活動を解析した結果，LPFC と線条体にある報酬ニューロン（系列対連合課題における第一刺激の呈示時に，それに対応する報酬量の違いに対して，平均して弁別的な応答を示したニューロン）の多くは，いずれも系列対連合課題の最初の試行から，報酬量の違いに応じて活動を変化させることが確認された。この結果は，LPFC と線条体は，いずれも系列情報を利用して報酬予測を行うことができるということを示している。

　しかしながら，この課題では，サルは長期間にわたるトレーニングを通じて，報酬割り当ての情報を含むすべての条件を系列化し（C1→大報酬ならば，A1→B1→C1→大報酬かつ A2→B2→C2→小報酬，およびその逆），それらを「丸覚え」することによって課題をこなしていた可能性がある。その場合，サルは系列対連合課題における第一刺激の呈示時に推移的推論を行ったのではなく，報酬教示課題において条件弁別を行っていただけということになる。

3．推移的推論と選言的推論

　そこで筆者らは，こうした可能性を排除するために，A1 と A2 の代わりに，そのセッションで初めてサルに呈示される新奇刺激を導入した（計 924 個の N1 と N2 のなかから，各セッションで 1 ペアずつが用いられた。図 3-2）。サルはセッションの始め，N1 と N2 がそれぞれ古い刺激の一方（B1 か B2）と結びついていることを学習し（遅延見本合わせ課題），続いて報酬教示課題，および N1 と N2 を利用した系列対連合課題を遂行した。ここでは，系列対連合課題の各ブロックにおける最初の試行で呈示されたほうを N1，呈示されなかったほうを N2 としておこう。この新奇刺激を用いた実験の結果，LPFC の報酬ニューロンは，系列対連合課題において N1 が最初に呈示されたときから，報酬量の違いに応じて活動を変化させた。だが，線条体の報酬ニューロンは，N1 が最初に呈示されたときにはそうした変化を示さず，2 回目以降に呈示されたときにのみ，そうした変化を示した。このことは，LPFC の報酬ニューロンは，直接の経験なしに推移的推論を用いて報酬予測を行うことができるのに対し，線条体の報酬ニューロンは，報酬予測

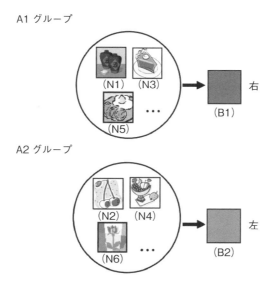

図 3-2　新奇刺激と色パッチとの間の対連合（Pan et al., 2014 を著者一部改変）

を行うために直接の経験（N1 がいずれの報酬と結びついているかという経験）が必要であるということを示唆している。

　だが，線条体は，いかなるタイプの推論をも利用できないというわけではない。筆者らは，線条体の報酬ニューロンが，N2 が最初に呈示されたときには，報酬量の違いに応じて活動を変化させるということを見いだした。N2 が最初に呈示される試行では，サルは N1 がいずれの報酬と結びついているかはすでに経験しているが，N2 がいずれの報酬と結びついているかはまだ経験していない。このことは，線条体の報酬ニューロンは，選言的推論（N1→大報酬ならば N2→小報酬，およびその逆）を用いて報酬予測を行うことができるということを示唆している。

4．LPFC とカテゴリー化

　続いて筆者らは，LPFC の報酬ニューロンが，二つの系列をカテゴリー（特定の報酬と結びついた連合カテゴリー）として表象しているかどうかを確認するために，ABC（A1→B1→C1 と A2→B2→C2）の系列対に加え

て，BCA（B1 → C1 → A1 と B2 → C2 → A2）と CAB（C1 → A1 → B1 と C2 → A2 → B2）という二つの系列対を用いて実験を行った。その結果，LPFC にある報酬ニューロンのサブタイプ（報酬-刺激ニューロン）の大部分は，これらのいずれの系列対を利用した試行においても，特定のグループに属する刺激に対してのみ，同じ傾向の弁別的な活動を示した。このことは，これらの報酬ニューロンは，刺激が有するカテゴリー情報を報酬情報とともにコードしているということを示している。別のグループが行った研究では，LPFC の報酬ニューロンはカテゴリー情報をコードできるのに対して，線条体の報酬ニューロンは個々の刺激-反応連合の情報はコードできるが，カテゴリー情報はコードできないということが示されている（Antzoulatos & Miller, 2011, 2014）。以上の結果は，LPFC は連合カテゴリーを形成する能力を有しているのに対して，線条体はそうではないということを示唆している。

　以上の結果から，非言語的な推論の神経基盤に関して，どのような含意を導くことができるだろうか。筆者らは，新奇刺激を導入した試行において，LPFC の報酬ニューロンが推移的推論を利用して報酬予測を行うことができ，かつ，刺激群と報酬との関係を利用して連合カテゴリーを形成することができるということを示した。この結果は，「新奇な状況で推論を利用して行動指針を得るためには，カテゴリー化の能力が必要である」という前節での考察を裏書きするものである。おそらくサルは，既知の刺激との原-因果関係を利用して新奇刺激を特定の連合カテゴリーへと包摂し，報酬教示課題で得られた報酬情報を当該の連合カテゴリーの成員へと般化することで，新奇刺激がどの報酬と結びついているかを推論することができるようになったと考えられる。線条体は選言的推論を利用することはできるため，原-否定や原-因果といった能力を行使することは可能であると推測されるが，カテゴリー化の能力を欠いているため，新奇な状況で推論を通じて報酬予測を行うことはできないと考えられる。

　ヒトは高度な知性を獲得することで，さまざまな環境において適応的な行動を示すことができるようになったが，その一因は，ヒトにおいて大きく発達した前頭前野が可能とする，優れたカテゴリー化能力にあると推察される。

第5節　結論

　以上，本章では，言語なしの推論とその神経基盤をめぐって，哲学と神経科学の両面から考察を展開してきた。推論を論証ベースでとらえる見方からすれば，言語を持たない動物や言語習得以前の幼児は，推論能力を欠いているとされる。だが，ミニマリスト・アプローチによれば，言語を持たない動物や幼児における思考を，命題的思考ではなく技能的思考としてとらえ，行動上の証拠から帰属可能な原-否定や原-因果といった概念を導入することで，言語を持たない動物や幼児に対しても十分に推論能力を認めることができる。

　本章では，こうした道具立てに加えて，動物が新奇な状況において適応的な行動を行うためには，カテゴリー化能力を組み込むかたちで推論を遂行することが必要であるという指摘を行った。筆者らが行ってきた一連の神経生理学実験は，推論を行う能力自体は大脳基底核にも備わっているが，カテゴリー化を利用した高度な推論は前頭前野で行われている，ということを示唆するものである。もちろん，ヒトはこうした非言語的な推論だけではなく，言語的な推論を行うこともできる。言語を獲得することで，ヒトは連合カテゴリーを形成する能力を飛躍的に高め，他の動物では追随できないほどに複雑で柔軟な推論を行うことができるようになった。しかし，その背後には，他の動物と共有する推論の基盤が存在している。私たちが言語を用いて行う推論も，こうした非言語的な推論にいわば下支えされるようなかたちで行われていると推察される。

　推論のメカニズムをめぐる基礎研究は，まだ端緒についたばかりである。それは将来にわたって，推論がどのような多層的なネットワークによって営まれているのかを，ますます詳らかにしていくだろう。第1節で述べたように，批判的思考をめぐって考察を行うときには，推論能力がこうした多層性を備えていることを看過すべきではない。特に，人間の不合理な推論の要因や背景となるメカニズムを分析するためには，推論を構成するのが言語表象に限られない多様相的な表象であるということが，十分に考慮されるべきで

ある。

　今後の推論研究は，そうした多様相的な表象の各々が，推論の遂行においてどのような役割を果たし，どのように相互作用しているのかを明らかにしていくだろう。たとえば，本章では前頭前野のなかでも外側部に焦点を当てたが，今後は前頭前野内の各部位（内側部や眼窩部）が推論に対して果たす役割や，推論における各部位間の相互作用が徐々に解明されていくだろう。また，前頭前野と線条体をはじめとする大脳基底核や，扁桃体をはじめとする大脳辺縁系との相互作用に関しても，さらに理解が進んでいくだろう。その過程では，いかにして誤った信念や不適切な意思決定を避けるかという問題を含め，批判的思考の実践に対しても，さまざまな有益な示唆が得られると期待される。

■文献

Antzoulatos, E. G. & Miller, E. K. (2011). Differences between neural activity in prefrontal cortex and striatum during learning of novel abstract categories. *Neuron,* **71**(2), 243-249.

Antzoulatos, E. G. & Miller, E. K. (2014). Increases in functional connectivity between prefrontal cortex and striatum during category learning. *Neuron,* **83**(1), 216-225.

Bermúdez, J. L. (2003). *Thinking without words.* Oxford: Oxford University Press.

Fodor, J. A. (1975). *The language of thought.* Cambridge, MA.: Harvard University Press.

Gibson, J. J. (1979). *The ecological approach to visual perception.* Boston: Houghton Mifflin. (古崎　敬ほか（訳）(1985). 生態学的視覚論──ヒトの知覚世界を探る　サイエンス社)

Kahneman, D. (2011). *Thinking, fast and slow.* New York: Farrar, Straus and Giroux. (村井章子（訳）(2012). ファスト＆スロー──あなたの意思はどのように決まるか？　早川書房)

Krøjgaard, P. (2004). A review of object individuation in infancy. *British Journal of Developmental Psychology,* **22**(2), 159-183.

Murai, C., Tanaka, M., & Sakagami, M. (2011). Physical intuitions about support relations in monkeys (*Macaca fuscata*) and apes (*Pan troglodytes*). *Journal of Comparative Psychology,* **125**(2), 216-226.

小口峰樹 (2011). 知覚の命題的構造──概念主義の経験的基盤の探究　科学哲学, **44**(1), 1-16.

小口峰樹 (2014). 知覚は矛盾を許容するか？　*Contemporary and Applied Philosophy,* **5**, 1016-1032.

小口峰樹・坂上雅道（2015）．批判的思考の神経基盤　楠見　孝・道田泰司（編）　批判的思考——21 世紀を生きぬくリテラシーの基盤　新曜社　pp. 24-29.

太田紘史・小口峰樹（2014）．思考の認知科学と合理性　信原幸弘・太田紘史（編）　シリーズ新・心の哲学 1［認知篇］　勁草書房　pp. 111-164.

Pan, X., Fan, H., Sawa, K., Tsuda, I., Tsukada, M., & Sakagami, M. (2014). Reward inference by primate prefrontal and striatal neurons. *Journal of Neuroscience*, 34(4), 1380-1396.

Pan, X. & Sakagami, M. (2012). Category representation and generalization in the prefrontal cortex. *European Journal of Neuroscience*, 35(7), 1083-1091.

Pan, X., Sawa, K., Tsuda, I., Tsukada, M., & Sakagami, M. (2008). Reward prediction based on stimulus categorization in primate lateral prefrontal cortex. *Nature Neuroscience*, 11(6), 703-712.

Paz-y-Miño, G. C., Bond, A. B., Kamil, A. C., & Balda, R. P. (2004). Pinyon jays use transitive inference to predict social dominance. *Nature*, 430, 778-781.

Pylyshin, Z. (2007). *Things and places: How the mind connects with the world*. Cambridge, MA: The MIT Press.（小口峰樹（訳）（2012）．ものと場所——心は世界とどう結びついているか　勁草書房）

Ryle, G. (1949). *The concept of mind*. London: Hutchinson and Co.（坂本百大・井上治子・服部裕幸（訳）（1987）．心の概念　みすず書房）

Sperber, D., Premack, D., & Premack, A. J. (Eds.) (1995) *Causal cognition: A multidisciplinary debate*. New York, NY: Oxford University Press.

Tanaka, S., Pan, X., Oguchi, M., Jessie, S. T., & Sakagami, M. (2015). Dissociable functions of reward inference in the lateral prefrontal cortex and the striatum. *Frontiers in Psychology*, 6(995), doi: 10.3389.

Thagard, P. (2011). Critical thinking and informal logic: Neuropsychological perspectives. *Informal Logic*, 31(3), 152-170.

渡邊正孝（2012）．サルに内的思考過程は存在するか？——サルにおけるデフォルト脳活動　苧坂直行（編）　社会脳科学の展望——脳から社会をみる　社会脳シリーズ I　新曜社　pp. 145-162.

Watanabe, S. & Huber, L. (2006). Animal logics: Decisions in the absence of human language. *Animal cognition*, 9(4), 235-245.

Watson, J. S., Gergely, G., Csanyi, V., Topal, J., Gacsi, M., & Sarkozi, Z. (2001). Distinguishing logic from association in the solution of an invisible displacement task by children (*Homo sapiens*) and dogs (*Canis familiaris*): Using negation of disjunction. *Journal of Comparative Psychology*, 115(3), 219-226.

Zentall, T. R., Galizio, M., & Critchfied, T. S. (2002). Categorization, concept learning, and behavior analysis: An introduction. *Journal of Experimental Analysis of Behavior*, 78(3), 237-248.

第Ⅱ部

批判的思考と市民リテラシーの教育

第4章　批判的思考力としての質問力育成

● 道田泰司 ●

第1節　大学生に必要な批判的思考

1．批判的思考教育を考えるための三つの視点

　大学生がつけるべき批判的思考力はどのようなものなのか，そして，それはどのようにして育成するのがよいのか。このような問いを考えるに際して，筆者は，「どんな批判的思考力を」「なぜ育てたいか」「対象者の現状は」という三つの問いから考えることを提唱している（道田，2013a）。これらの問いは必ずしも独立というわけではなく，相互に関連しており，一つに答えることが他のものにも同時に答えることにもなりうる。しかし，この三つの視点に分けて検討することが重要と考える。

　第一の問いは，「どんな批判的思考力を育てたいか」である。批判的思考には簡単にいうと，合理性（論理性），反省性（省察性），懐疑性（批判）の三つの方向性がある。筆者が日常的に大学生と接していて気になったのは，本などメディアで接した情報にあまり疑問を持たず，容易に鵜呑みにする姿であった。もちろん何もかも疑う必要はない。しかし，論者がある根拠をもとにある主張をしているとき，その根拠が主張を十分に支えるものになっているかどうかについては，鵜呑みにせず懐疑的な視点で，もう少し論理的に考えてもいいのではないか，と感じることが少なからずあった。すなわち，大学生の現状から考えたときに，懐疑性と論理性とが必要と筆者は考えた。

　第二の問いは，「その思考力がなぜ必要なのか」である。これは，どのような方向を目指して教育するのかと関わってくる。それと同時に，どのような内容を教材として扱うのがいいかを規定する観点である。大まかにいうと，

賢い消費者や有権者などとして適切に振る舞える市民リテラシーを育成するという方向性と，特定の専門分野における思考法を学び，専門家として考えられるようになるための学問リテラシー，という二つの方向性がありうる。

　本章冒頭で述べた大学生に対する筆者の印象は，大学生として日常で出会うさまざまな事柄に対して適切に疑問を持ち，賢く判断してほしいという，市民リテラシーの基礎になる力に関することである（第1章参照）。同時に大学生には，特定分野の専門家として学問を深め，最終的には卒業研究などのかたちで知の生産者，あるいは適切な活用者となるための，学問リテラシーも必要である。

　道田（2009）では，人文科学，社会科学，自然科学の各2分野ずつ，計6分野の大学教員に対して，「その専攻分野を学ぶことで，学生は4年間でどのような思考力を身につけると考えているか」という問いを中心に，半構造化面接を行った。その結果，どの分野でも「客観的な根拠をもとに，飛躍や矛盾なく論理的に整合性のある議論が進められている」という論理性が，卒業研究やゼミを通して身につけられることが語られていた。同様の面接を4年次学生に対しても行ったところ，結論と理由の整合性がゼミのなかで追求されることが語られていた。すなわち，根拠と主張の整合性を論理的に検討し，その妥当性を吟味できる思考力は，多くの分野で求められているといえそうである。それは，根拠と主張の関係が論理学的に判断できる力だけでなく，さまざまな可能性を考えつつ，他の解釈可能性を適切に排除することによってある結論を必然的に導く，という論理的な議論を構築する力も含むものである。

　では，懐疑性や論理性を大学教育のなかでどう扱えばいいか。道田（2011a）は，大学4年間を見通したときに，1・2年の間は「自分で考えること」や「疑問を持つこと」を中心に，大学3・4年で「批判的読解」「討論」「他人からの批判に耐えうる議論の構築」を中心にと，4年間を見通した批判的思考力育成を行うことを提唱している。すなわち，どのような思考を，どのような題材のもとに扱うのがいいかは，学年段階によって変える必要があると考える。

　第三に問うべきは，「対象者の現状がどうか，何が欠けているか」という

問いである。大学生の論理性（批判的思考）に関しては、多肢選択式の客観テストによる検討が行われており、大学4年間でテスト得点が多少向上することが知られている（Pascarella & Terenzini, 1991 など）。しかしそこでは、「次の推論は正しいか」というような問いがなされるため、検査対象者は最初から批判的な視点で文章を読むことになる。この方法の有用性もあるが、これでは、本章冒頭で述べた「本などで読んだことに疑問を持つか、容易に鵜呑みにしない」という懐疑性について、実態を知ることは難しい。

2．日本の大学生の現状

　そこで道田（2001）では、大学生が日常的に文章に接したときに、批判的思考を発揮しているか否かについて検討した。使用した文章題材は、一般書や雑誌から抜粋した、論理的には正しいとはいえない文章三つであった。調査対象者は、文系・理系の大学1年生と4年生計80名（男女同数）とすることで、横断的な学年差とともに、性別や大学での学修の影響を見ることとした。

　調査では、各文章題材に対して思ったこと、感じたことを自由記述させた。ここが、日常的に文章を批判的な姿勢で懐疑的に見ているかという、批判的思考態度を見る部分である。その後、「三つの文章のなかに論理的に正しいとはいえない文章がある」というヒントのもとに、論理的問題点を指摘させた。ここは、多肢選択式テストで測定されているものと同じく、批判的思考を要請されたときに根拠と結論の不整合を指摘できるか、という批判的思考能力を見る部分である。調査は、調査対象者と一対一で行い、記述されたものをその場で確認し、必要に応じて補足説明を求めることで、記述には表れにくい批判的思考まで含めて取り出すようにした。

　その結果、ヒント後、批判的思考能力を示していると考えられる回答は、全240回答（80人×3題材）のうち40％弱であり、それがヒント前から、すなわち批判的思考が要求されていない場面でも批判的思考態度を発揮していた者は、そのなかの22％（全回答のうちの約8％）と、非常に少なかった。また、一貫した学年差や専攻差は見られなかった。念のため、1年次の調査対象者が4年次になったときに同じ調査を行う、縦断的研究も行った（道田，

2003)。1年時調査に参加した40名中，留学中や休学中などで連絡のつかなかった学生を除き，29名の学生が調査に参加した。その結果，学年差も専攻差もないという道田（2001）と同様の結果となった。

これらより，大学生は4年間で論理性を高めているとはいえないこと，それは理系・文系によらないこと，文章などに対して疑問を持って接するという態度も弱いことが，明らかとなった。このうち「論理性」については，3年次以降，専門教育のなかで，その分野特有の題材を通して学ぶのがよいと思われるが，「疑問を持つこと」については，大学教育の早い段階から触れてよいことであろう。しかも，論理性を「異なる立場の論者による批判に対し防衛力がある（すきが無い）」（宇佐美，2001，p.148）ととらえるならば，文章の論旨に対して疑問を呈することができることは，論理性を高めることにもつながりうる。すなわち，大学生，なかでも専門教育が本格化する前の1・2年生に必要な批判的思考とは，疑問を持つ力（以下，「質問力」と表現）であることが，この結果から考えられた。

第2節　質問力を育成する教育

では，疑問を持つ力を育てるにはどのようにしたらよいであろうか。学習者が問いを出すための教育アプローチにはさまざまなものがあるが（道田，2007），比較的広く行われているのは，質問語幹リスト法である（King, 1995など）。これは，「もし○○なら何が起こるのか」のような，批判的思考を誘発するような質問の幹部分を列挙したリストを学習者に渡し，これを用いて質問を作ることを奨励する方法である。

エニス（Ennis, 1989）による批判的思考の教授アプローチ分類でいうと，既存の科目のなかでこれを行うのなら，批判的思考の一般原則も明示的に教える，インフュージョン（導入）アプローチといえる。既存の科目ではなく，批判的思考そのものを主題にした科目を通して批判的思考を正面から扱うなら，ジェネラル（一般）アプローチとなる。たとえば生田・丸野（2005）は，公立小学校5年生を対象に，「朝の会」という教科学習とは異なる時間を利用して，質問語幹リスト法で質問づくり指導を行っているが，これはジェネ

ラルアプローチといえる。この指導によって，疑い，驚き，無知などの気持ちを含む疑問感が教科学習の時間で引き起こされていることを，生田・丸野は報告している。

この方法では，質問語幹リストという「思考の一般原則」を明示的に与えるため，確実に，ある意味手っ取り早く質問を作らせることが可能である。しかし一方で，この方法を実践している人に聞くと，なかには学生が，自分が作った質問の持つ意味や意義をあまり認識せず，どちらかというと機械的に質問を作成していると感じることがあるようである。学生が良い質問を作っていたので，どういうふうにしてこの質問を考えたか聞くと，「ただリストに当てはめてみただけ」と答えたそうである。

では，思考の一般原則（質問語幹リストなど）などを前面に出すことなく，質問力を高めることはできるのであろうか。エニス（Ennis, 1989）の分類でいうと，イマージョンアプローチ（思考の一般原則を明示することなく，既存の科目に深く「没入」するなかで批判的思考を学ぶやり方）で，質問力を高めるということである。

道田（2011b）では，授業中に質問に触れられる経験を豊富に行うことで，質問力が高まるのではないかと考え，実践を行った。対象としたのは，大学2年生対象の教育心理学であった。教職必修科目として伝えるべき知識や扱う内容を極力減らさないために，イマージョンアプローチとした。授業では，各グループに題材を割り当て，毎週2グループに発表させた。これは，発表準備時にグループ内で質問し合うことを期待してのことである。発表に対して残りのグループが質問を作り，授業前半で質疑応答を行った。授業後半は授業者による補足や実践紹介などを行い，最後に個人で質問書を書かせた。質問書は，「最後の5分で，授業内容への質問（疑問形）と，質問の説明（意図など）を書いてください」と印刷した紙に疑問を数行書かせるもので，回答は次週冒頭に授業者と発表チームが行った。以上のように，①時間外での発表準備時に質問し合うこと，②発表に対して小グループで質問を作ること，③授業最後に質問書を書くこと，④質疑応答や授業冒頭の回答時に他者の質問を見ることと，質問に触れる経験が豊富にできるようにした。

授業初回と学期の最後に，質問に対する態度の自己評定と，文章を読んで

質問を出す課題を行うことで，質問力の変化を測定した。自己評定に使った項目は，「文章を読んだり話を聞くとき，よく疑問を感じる」「疑問を感じたら，それを言葉で表現することができる」「分からないことがあると，質問したくなる」「質問することで，自分の理解を深めることができると思う」「適切な人に質問をすれば，満足な答えが得られると思う」「質問をするのは，分かっていないのを示すようで恥ずかしい」という6項目であった。

2007年前期，2008年前期と2年間の実践を行ったところ，いずれも学期末の調査で質問に対する態度が全般的に向上しており，質問課題での質問量も増加していた。質問量の増加の内訳を見るために，質問を「事実を問う質問」「意図不明の質問」「高次の質問」に分類したところ，学期末での質問量の増加は，高次の質問の増加である可能性が示唆された。

質問態度得点の上昇に影響を及ぼした要因について知るために，1年目は得点上昇の大きかった9名の学生にインタビュー調査を行った。そこでは，本実践で意図した質問に触れる場面以外にも，教育心理学以外の授業，大学授業以外の出来事など，さまざまなことが語られていた。それをもとに，2年目にはアンケートを実施し，学生が自覚している質問力向上の程度との相関を見たところ，「発表グループに対して，自グループで質問作成したこと」が最も相関が高く（$r = .58$），それ以外には，「発表準備時のグループ内でのやり取り」「質疑応答時に，答えを聞いたり，他グループの質問を見たりしたこと」が正の有意な中程度の相関（順に $rs = .40，.46$），「授業最後に書いた質問書」が正の有意な弱い相関を示した（$r = .34$）。すなわち，小グループでの質問作成の影響が大きいと受講生が感じていることが示された。

第3節　質問作成時の学習者間インタラクション

1．予備的検討

小グループで質問を作ることは，学生の質問力向上に大きな影響を持っているようであるが，そこではどのような相互作用が行われているのであろうか。道田（2012）は，2011年前期の授業における学生同士の話し合いを4チームについて録音し，また事後調査後，学生にインタビュー調査を行っ

た。事前-事後調査で，質問態度の変化が最も大きかったチームの話し合いの内容を検討したところ，そのチームでは，最初は事前の質問態度が高い学生が話し合いをリードしていたが，その様子を見ることで，事前の質問態度が低い学生も恥ずかしさが薄れたり，発言はしないもののその内容について考えたりしているようであり，授業が回を重ねるにつれ，その学生なりのやり方で（進行役，盛り上げ役など）参加しはじめる様子がうかがえた。

　2012年前期の授業では，7グループの話し合いを録音し，そのなかから質問態度が比較的向上した3チームに焦点を絞り，道田（2012）と同様に各メンバーの事前の質問態度に着目しつつ，学生の話し合いへの参加の様相について検討したが，この3グループに関しては，事前の質問態度が高い学生が話し合いをリードするというような結果は見られなかった。

　では，話し合いの話題展開に特徴が見られないかと考え，道田（2013b）では，重松（1961）を参考に話し合いを話題によって分節化することで，話題展開の特徴を検討した。3グループの最初と最後の話し合いを比較してみると，最後の話し合いでは，質問生成の前に内容確認を行うこと，出された質問はきちんと検討すること，多数の質問の並列よりも少数の質問を発展させながらていねいに吟味することが特徴として見られた。ただし，道田（2012）で報告したグループは，必ずしもそのような変化を示しているわけではなかった。

　道田（2012，2013b）では，事前-事後で質問に対する態度が平均して上昇しているグループを対象に検討したが，対象としたグループに共通する要因を見いだすことは困難であった。そこで発想を変え，事前-事後で質問力に向上の見られた個人に焦点を当てることとした。これまで，毎年複数の学生にインタビュー調査を行ってきたが，事後に質問に対する態度なり質問量なりが向上している学生は，「今までは恥ずかしくて，質問するよりも自分で調べるほうだった」「人の疑問を聞いて，こういうことに疑問を持ってもいいんだ，という気持ちになった」「自分が分からないところを分かっている相手に聞くと，考えが深まると思った」などと述べている。そうであるなら，こういった学生が話し合いでどのような体験をしているかを検討することが有用ではないかと考えた。

検討するための方法論としては，グラウンデッドセオリーアプローチ（以下，GTA）（Corbin & Strauss, 2008 など）を参照した。GTA を用いたのは，これが質的研究のための代表的な方法であり，手続きが体系化されていること，しかしその手続きも決してレシピではなく，研究者が自分のやり方で手順を使うことを勧めている（Corbin & Strauss, 2008／邦訳 p. xxi）ことからである。

2．方法

（1）　授業と受講生
2011～2014 年度前期の教職専門科目「教育心理学」を対象とした。毎年の受講生は，教育学部の 2 年次 90 名前後であった。4 ～ 6 人の小グループで毎時間（計 8 回程度）行われた質問生成のための話し合いを，4 年間で計 23 チームについて録音した。また前期終了前に，録音対象グループメンバーのうちの一部の学生に，質問態度や質問生成数が事前‐事後で変化した理由を，インタビューを通して聞き取った。

3．研究過程

（1）　ステップ 1
A．分析対象　録音対象としたグループ所属学生で，事前‐事後調査で欠損値のなかった 97 名のうち，事前‐事後で質問態度ならびに質問数が相対的に大きく変化していた学生 4 名を対象とした（すべて別グループ所属）。これらの学生は授業開始当時，一人で質問を思いつくのが難しかった学生であり，小グループの話し合いを通して大きな影響を受けていると考えられる。とくに，彼らは話し合いの早い回では，もともと持っている「恥ずかしさ」なども提示するであろうし，他メンバーとの交流を通して「こういうことに疑問を持ってもいい」などの思いも抱き，それに対応した行動が見られる可能性がある。そこで，各グループ 8 回前後質問生成の話し合いを行っているなかで，初回の話し合いを対象とし，当該学生がどのような話し合いの体験

をしているのかについて検討した。ただし2名は初回にまったく発言していなかったため，その学生については第2回の話し合いを対象とした。

B．結果　GTAを参考に生成されたカテゴリーから，対象者ごとにストーリーラインを生成した。ここでは紙幅の都合上，1グループ（対象者A）のストーリーラインのみ紹介する（下線部は生成されたカテゴリー）。

初回の話し合いでは，あるメンバーの疑問の提示に対して，そのメンバーが質問の適切さについて自信のなさの表明をするなかで，しばらく様子を見ていたAが，質問に対する自分なりの考えの表明を行い，それに対して納得が表明され，グループ質問の決定がなされている。

ステップ1ではこのほかのカテゴリーとして，不理解の表明，理解確認，素朴な疑問，回答，同意，焦りの表明，難しさの表明，沈黙，質問の提案，発展，促し，質問の再表現，軌道修正の指摘，感想，質問決定の提案，が得られた。

C．考察　戈木（2005）は，カテゴリー同士を関係づける枠組み（パラダイム）として，状況，行為・相互行為，帰結の三つを挙げている。どういう状況をもとに，どういう行為が起こり，どういう帰結が生じたかを見ることで，現象の構造とプロセスを見いだすことができる枠組みとなるものである。以上も念頭に置きつつ整理してみるならば（波線は上位カテゴリー），他者が疑問や不理解，理解確認をするなど十分には理解できていない状況で，あるいは自信のなさを表明したり沈黙したりという話が進まない状況で，素朴な疑問や自分なりの考えを述べるという軽い関わりを中心とした能動的行為を行い，それが回答，納得，同意などの承認的な帰結を得ることで，質問行動頻度が増えるのではないかと考えられる。

（2）　ステップ2

A．分析対象　質問態度は事前-事後で向上が見られなかったが，質問数が事前-事後で向上していた4名とした（すべて別グループ所属）。これらの学生は，質問態度という自覚的な側面に関しては変化が見られなかった学生で

あり，自分の変化を明確には意識できていないかもしれない。あるいは質問作成についてはそれなりの自信を持っているかもしれない。しかし，ステップ１の対象者と同様，授業開始当初は一人で質問を思いつくことは難しかった学生であり，しかし後半までには，それがかなり改善された学生といえる。そこで，それらの学生の所属グループにおける発話を，ステップ１の結果も踏まえつつ分析する。

　分析にあたっては，ステップ１で見いだされたカテゴリーを用いつつも，そのカテゴリーでは説明できない発話がないかどうかや，ステップ１で見いだされたストーリーラインに収まらないような話し合いが行われていないかどうかについて，慎重に判断しながらコード化した。そのような発話には新たなカテゴリー名を作った。

B．結果　ステップ１同様，対象者ごとにストーリーラインを生成した。紙幅の都合上，１グループ（対象者Ｅ）のストーリーラインのみ紹介する（下線部は生成されたカテゴリー）。

　　　　対象者Ｅは初回の発言が１回のみであったため，第２回の話し合いを対象とした。そこでは，メンバーが理解確認する発言から始まり，素朴な疑問が出され，その回答にＥが納得の表明を行った。さらに，別の疑問の提示に対してＥが例の提示を行ったところ，他メンバーに力強く同意された。最終的には，再び最初の質問の提案がなされ，質問の決定がなされている。

　新たに見いだされたカテゴリーは，他者の疑問を受けてなされる関連した疑問，他者の発話を別の言葉で表現する言い換え，他者の発話を詳細に言い換える精緻化，他者の発言を具体例で言い換える例の提示であり，いずれも対象者の発言であった。言い換えは「軽い関わり」といえそうであるが，それ以外は，ステップ１で「発展」と述べていたものの下位カテゴリーと考えられる。

C．考察　新カテゴリーは，疑問を出すか，詳細にするか，具体例を挙げるかという違いはあるものの，いずれも他者の発言を受けてなされるもので

あった。ステップ1で見られた，理解不十分や話が進まない状況→軽い関わりを中心とした能動的行為→承認的帰結，という基本的なかたちは，今回の4名の対象者でも見られた。今回は，この「能動的行為」の一つとして，関連疑問，精緻化，具体例といった，深めるための関わりが行われているといえそうである。

（3） ステップ3

A．分析対象　ここまでは，初回か第2回の話し合いを対象にしていたが，その他の回での話し合いの様相も含めて検討するため，ステップ1で対象とした学生のうち，最も変化の大きかった対象者Aに焦点を当て，そのグループのすべての話し合い発話を対象とし，これまでの結果も踏まえつつ分析した。変化の大きい学生を対象とするのは，変化やそこで得たものが見えやすいと考えるからである。分析する際の注意点は，ステップ2と同様であった。

B．結果　紙幅の都合上，最終回でのストーリーラインのみ紹介する（下線部は生成されたカテゴリー）。

　　この回は理解確認から始まったものの，数度の沈黙の後，あるメンバーの疑問の提示があった。それが同意され，良さの評価がなされたものの，本人から懸念の表明がなされ，沈黙や，回答の予想がなされ，否定的な雰囲気になるなか，Aが別の観点から質問の提案を行い，同意されて質問決定となった。

　新たに見いだされたカテゴリーは，自分たちの質問に発表チームがどう答えるかを想定する回答の予想，この質問で大丈夫かという懸念の表明，前回までの自分たちの質問作成のどこが良くなかったかという振り返り，こんな言葉で質問したらどうだろうという質問表現の提案，他者の言葉を引き取って続きを提案する続きの表現提案，聞きたいことをどう表現したらよいか悩む表現苦悩，他者が出した質問を評価する良さの評価が見られた。

C．考察　良さの評価については，ステップ2までの「承認的帰結」に含まれるものといえる。第2回以降の質問作成ということもあり，自分たちの作

成した質問を客観視・相対視しようとする，メタ的発話（回答の予想，懸念の表明，振り返り）が見られる。また，どのような言葉で質問を表現するかという，質問表現の発話（質問表現の提案，続きの表現提案，表現苦悩）が見られ，質問をより適切に言語化しようと時間をかけている様子が見てとれる。しかし，基本的な流れとしての，「状況（理解不十分・話が進まない）→能動的行為（軽いもの・深いもの）→承認的帰結」については変わらない。なお，対象者Aは，第2～8回までで欠席した1回を除く6回の話し合いのうち，4回の口火を切っている。

4. 総合考察

今回見いだされたカテゴリーは，大きく五つのものがある。

第一は，対象者が発話するまでの「状況」である。さらにその下には，他者が疑問や不理解，理解確認をするという「十分には理解できていない状況」，ならびに，自信のなさを表明したり沈黙したりという「話が進まない状況」がある。他者の理解が十分ではなかったり，誰かが何かを言わないと話が進まなかったりする状況は，自信のない参加者にとっても，何かを言いやすい，言ってもいいと思える状況といえる。今回，ステップ1とステップ2で検討した初回（あるいは第2回）の話し合い8ケースはいずれも，このようなかたちで話し合いが開始されており，それを受けて対象者が発話を行っている。ステップ3で検討した第2回以降の話し合いでは，対象者自身がこのような発話（疑問，難しさや焦りの表明，理解確認など）で口火を切っている。

第二のカテゴリーは「能動的行為」である。能動的行為には，軽い関わりとそうでないものとがある。「軽い関わり」としては，素朴な疑問，他者への同意，言い換え，納得の表明などがある。そうではないものとしては，自分なりの考えの表明，例の提示，精緻化，関連した疑問などを発展させるものであり，これらは「深めるための関わり」といえる。

第三のカテゴリーは，そのような能動的行為に対する「帰結」である。これは，先の「能動的行為」が対象者に向けて行われたものであり，対象者の行った能動的行為に対して広い意味での承認を示すもの，と考えることがで

きる。

　第四のカテゴリーは，「質問へのメタ的発話」である。自分たちの質問に対する回答の予想，懸念の表明，振り返りを行うことで客観視などをすることにより，より良い質問作成へと意識を向ける働きがあると考えられる。

　第五のカテゴリーは「質問表現」であり，質問表現の提案，続きの表現提案，表現苦悩などを通して，第四のカテゴリーと同じく，より良い質問作成へと意識を向ける発話といえる。

　ここで，これらのカテゴリーを再び，「授業開始当初は一人で質問を思いつくのが難しかった学生」の視点から描写してみる。彼らにとって小グループで質問を作成する場は，第一に，他者も十分には理解できていないことを知る場となる。第二に，ときとして生じる「話が進まない状況」は，何か発言することを促す場となる。第三に，本人が何か能動的行為を行ったときに，他者から何らかの肯定的な帰結を得ることができる場である。第四に，自分たちの質問を振り返ったり質問に対する予想をしたりという，メタ的な視点を持てる場である。第五に，思いついた疑問を質問として表現するために，協働で試行錯誤を行うことが経験できる場である。そのような場を経験することは，当初，質問が思いつかなかったり，質問するのが恥ずかしかったり，表現できなかったりした学生も，質問作成のイメージが持て，質問の意義を感じることができる場として機能しているのではないだろうか。

　今回は，事前の質問量が少なく，事後に増加した8名という，結果が見えやすい対象者に限定し，その所属グループの計14回の話し合いを対象に分析を行ったものである。理論的飽和までは確認していないので，その他のカテゴリーが存在しないかどうかは今後の課題である。

　しかし，今回の分析から，話し合いや質問生成を促す発話カテゴリーが存在すると明確にいうことができ，学生の話し合いによる質問作成がどのように有効であるかについて，確認できたといえるのではないだろうか。これを踏まえることで，授業者としても，学生の話し合いの様子をイメージしたり，より促すための声掛けを構想したりすることが可能になるであろう。

■文献

Corbin, J. M. & Strauss, A. L. (2008). *Basics of qualitative research: Techniques and procedures for developing grounded theory.* 3rd ed. Los Angeles, CA: Sage Publications. (操　華子・森岡　崇 (訳) (2012). 質的研究の基礎——グラウンデッド・セオリー開発の技法と手順 [第3版] 医学書院)

Ennis, R. H. (1989). Critical thinking and subject specificity: Clarification and needed research. *Educational Researcher,* **18**, 4-10.

生田淳一・丸野俊一 (2005). 質問作りを中心にした指導による児童の授業中の質問生成活動の変化 日本教育工学会論文誌, **29**, 577-586.

King, A. (1995). Inquiring minds really do want to know: Using questioning to teach critical thinking. *Teaching of Psychology,* **22**, 13-17.

道田泰司 (2001). 日常的題材に対する大学生の批判的思考——態度と能力の学年差と専攻差 教育心理学研究, **49**, 41-49.

道田泰司 (2003). 大学生の批判的思考の変化に影響を与える経験 日本心理学会第67回大会発表論文集　p. 918.

道田泰司 (2007). 問いのある教育 琉球大学教育学部紀要, **71**, 105-117.

道田泰司 (2009). 異なる専門分野を通して育成される思考力 日本心理学会第73回大会発表論文集　p. 920.

道田泰司 (2011a). 良き学習者を目指す批判的思考教育——研究者のように考えるために 楠見　孝・子安増生・道田泰司 (編)　批判的思考力を育む——学士力と社会人基礎力の基盤形成 有斐閣 pp. 187-192.

道田泰司 (2011b). 授業においてさまざまな質問経験をすることが質問態度と質問力に及ぼす効果 教育心理学研究, **59**, 193-205.

道田泰司 (2012) 他者との相互作用を通した質問態度の向上　日本心理学会第76回大会発表論文集　p. 830.

道田泰司 (2013a). 三つの問いから批判的思考力育成について考える　心理学ワールド, **61**, 9-12.

道田泰司 (2013b). 他者との相互作用を通した質問態度の向上 (2)　日本教育心理学会第55回総会発表論文集　p. 617.

Pascarella, E. T. & Terenzini, P. T. (1991). *How college affects students: Findings and insights from twenty years of research.* San Francisco, CA: Jossey-Bass.

才木クレイグヒル滋子 (編) (2005). 質的研究方法ゼミナール——グラウンデッドセオリーアプローチを学ぶ 医学書院

重松鷹泰 (1961). 授業分析の方法 明治図書出版

宇佐美　寛 (2001). 国語教育は言語技術教育である 明治図書出版

第5章 大学初年次における批判的思考力の育成：
共通教育の授業による事例紹介を中心として

● 沖林洋平 ●

　大学初年次教育における，高次リテラシー（第1章を参照）の育成は，近年の大学教育において，優先順位の高い課題として位置づけられている。大手予備校の河合塾の報告書によれば，すでに 2010 年の段階で，大学初年次教育について，特色ある教育を実施している大学が紹介されている（河合塾, 2010）。これによると，①学生生活や学習習慣などの自己管理・時間管理能力をつくる，②高校までの不足分を補習する，③大学という場を理解する，④人としての守るべき規範を理解させる，⑤大学のなかに人間関係を構築する，⑥レポートの書き方，文献探索方法など，大学で学ぶためのスタディスキルやアカデミックスキルを獲得する，⑦クリティカルシンキング・コミュニケーション力など，大学で学ぶための思考方法を身につける，⑧高校までの受動的な学習態度から，能動的で自律的・自立的な学習態度への転換を図る，という八つの教育の特徴が挙げられていることが分かる。

　大学初年次教育における目標は，従来の専門教育のレディネスとしての読解力や専門的知識の獲得という側面だけでなく，大学生活への段階的適応というような，いわゆる学生のメンタルヘルスに対する配慮も含めたものもその教育が考慮するようになっているように思われるが，ここでは，クリティカルシンキングやアクティブラーニングが，学部初年次教育の目標として挙げられていることに注目したい。なぜなら，近年，学部初年次教育ならびに共通教育において，クリティカルシンキングやアクティブラーニングは，学生の学力育成に関わる評価項目として一般的なものとなっているが，その転換的事例として挙げられるのが，以下に示すような事例であると位置づけることができるのではないかと考えられるからである。

　それでは，大学初年次教育における批判的思考力の育成にどのような特徴

があるのか，いくつかの例をもとに考えていこう。

第1節　大学初年次教育における批判的思考教育への注目

　大学初年次教育における教育目標等については，まず，平成20年の中央教育審議会による「学士課程教育の構築に向けて」(中央教育審議会, 2008a) という答申（案）に基づいて，その要点を確認したい。この答申は，五つの章により構成されている。第1章は「グローバル化，ユニバーサル段階等をめぐる認識と改革の基本方向」，第2章は「学士課程教育における方針の明確化」，第3章は「学士課程教育の充実を支える学内の教職員の職能開発」，第4章は「公的及び自主的な質保証の仕組みの強化」，第5章は「基盤となる財政支援」とあるが，本稿で確認するのは第2章である。

　ここでは，21世紀型市民に求められる資質として，国際的な学力基準に則り，「グローバルな知識基盤社会や学習社会において，学問の基本的な知識を獲得するだけでなく，知識の活用能力や創造性，生涯を通じて学び続ける基礎的な能力を培うことが重視されつつある。こうした能力は，多様化・複雑化する課題（たとえば，人口問題，資源エネルギー問題，地球環境問題など地球の持続可能性を脅かす課題）に直面する現代の社会に対応し得る自立した市民として不可欠なものである」の育成が求められている。

　このような自律的に市民として社会を生き抜くことができる能力は，いわゆる問題解決に対する汎用的技能であると考えられる（中央教育審議会, 2008b)。楠見が第1章図1-2で提案している批判的思考に基づく高次リテラシーのピラミッドモデルに対応させると，ここでの汎用的技能は，大学初年次教育や共通教育で育成する技能である。すなわち，21世紀社会においては，大学初年次教育や共通教育の充実が，あらためて注目されるようになったといえる（中川, 2010)。

第2節　初年次教育における批判的思考育成の実践

　では，今日の大学初年次教育や共通教育は，どのような実践によって，市

民リテラシーとしての汎用的技能の育成が行われているのだろうか。以下に，育成を目指す汎用的技能のターゲットスキルの内容を概観しよう。

初年次教育を知るにあたって，三重大学の取り組みは，先進的なモデルの一つであるといえる。本章でも，まず三重大学の取り組みを紹介する。中川(2010) によると，三重大学では 2009 年度より，全学クラス指定の「4つの力 スタートアップセミナー」という統一プログラムがスタートした。また，学生が学生の修学を支援する体制を生み出すことを目的とした，「キャリア・ピアサポーター資格教育プログラム」もスタートした。ここでは，汎用的技能としての批判的思考教育が組み込まれている例として，「4つの力 スタートアップセミナー」を概観する。

三重大学は，高等教育創造開発センターが中心となって，全学として「感じる力」「考える力」「生きる力」「コミュニケーション力」の育成に取り組んでいる。そのなかでも，PBL チュートリアル教育の全学的展開を軸とした教育法の改革に取り組んでいる。中山・長濱・中島・中西・南 (2010) によると，三重大学における「4つの力 スタートアップセミナー」の設置背景は次のように述べられている。

　　「4つの力」はそれぞれが学士課程教育で学生が獲得すべき重要な能力群を意味しており，中央教育審議会が掲げる「学士力」とも対応する。このような，学生の達成目標ともなりうる教育目標が設定されることにより，教育目標実現のための教育活動が展開されるとともに，学生自身が教育目標をどのように認識しているかを把握した上で，教育改善に向けた取り組みを行うことが求められる（表5-1）。

　　　　　　　　　　　　　　　　　　　（中山・長濱・中島・中西・南，2010）

このなかで，第9回，第10回ではクリティカルシンキング力，すなわち，批判的思考の育成に焦点が当てられていることが分かる。この授業における工夫は，次のようなものである。まず，授業開始時に毎回の授業におけるテーマや到達目標を示すこと，次に，グループ活動を通して，個人の意見を平等に全体が共有できる仕掛けを講じたこと，学生の相互交流を活性化する

表5-1　三重大学4つの力　スタートアップセミナー：
　　　各回授業のテーマ・内容と「4つの力」との対応（中山ら，2010）

回数・テーマ	内容	特に関連する力
第1回： 導入—大学の学びへの招待	教育目標である「4つの力」について説明を行い，授業の概要や評価方法等について説明する。グループづくり（自己紹介）の活動を行う。	「4つの力」の導入
第2回： グループ活動を活発にするルールづくり	グループ活動を活性化し，やる気を持続させる方法について議論する。ブレインストーミング等グループ活動をより良いものにするための知識について説明する。	感じる力：強いモチベーション
第3回： 聴く方法，情報のまとめ方	ノートの取り方について議論し，ノートを取る意味について考える。さまざまな聴き方を体験し，能動的に情報を受け取る姿勢を学ぶ。	生きる力：主体的学習力
第4回： 意見を述べる方法	二つの具体的場面において，どのように意見を伝えるべきか議論する。アサーション（自己主張）についての知識を学ぶ。	コミュニケーション力：情報発信力
第5回： テーマの設定の仕方	クラス全体で出し合った意見をもとに，テーマを設定する方法について学ぶ。KJ法などの知識を学ぶ。各グループでのプロジェクト開始。	考える力：課題探求力
第6回： 大学での学び	学士力，社会的基礎力，単位制度，FDなどをキーワードに，大学での学びについて改めて考え，自分が今後獲得すべき能力について目標設定を行う。	「4つの力」の意義の再確認
第7回： ものの見方・感じ方	それぞれの感性で持ち寄った課題をもとに，感性について学び，自分の専門やプロジェクト遂行において必要となる感性について考える。	感じる力：豊かな感性
第8回： 情報の検索	図書館ツアーに参加し，図書館資料利用に関わる知識とスキルを学ぶ。	生きる力：主体的学習力
第9回： 情報を読み解く（1）	資料を読み，内容について議論する。クリティカルシンキングや，Web上の情報利用についての知識について学ぶ。	考える力：クリティカルシンキング力
第10回： 情報を読み解く（2）	二つの新聞記事を比較検討し，人に関する情報の利用について考える。	考える力：クリティカルシンキング力

第11回： レポートの書き方	レポートと感想文の違いについて議論し，アカデミックライティングの構造や特質について学ぶ。	考える力：科学的推論力（論理的思考力）
第12回： 発表の方法	プレゼンテーション技術について学び，プロジェクト発表の準備を行う。	コミュニケーション力：発表・討論・対話力
第13回： プロジェクト発表と評価（1）	プロジェクト活動の集大成として，プレゼンテーションを行う。アサーションスキルについて復習し，他者を評価する際のマナーについて学び，ピア・レビューを実践する。	4つの力すべて
第14回： プロジェクト発表と評価（2）	第13回と同じ	4つの力すべて
第15回： プロジェクトの振り返り	自己評価・他者評価を活かし，プロジェクトの反省と今後の目標設定を行う。	4つの力すべて
第16回： 授業全体の振り返りと今後への展開	15回の授業の内容と目的について解説し，授業全体の振り返りを行う。授業評価と修学達成評価のフィードバックを行い，その意味について理解を促す。	4つの力すべて

ことをねらったこと，最後に，活動に対する振り返りを充実させたことであった。この授業計画には，規準に照応する過程，目標に照応する過程，そして活動に照応する過程という，批判的思考の構成要素を反映した手続きが組み込まれている。批判的思考を授業単位で意図的に育成することを計画する際，このような授業計画は非常に有用な資料となるだろう。

　2009年度にスタートした三重大学の「4つの力　スタートアップセミナー」は，年度ごとに改定が行われている。中川（2010）によると，2010年度のスタートアップセミナーの内容は，表5-2のように構成されている。ここでは，プロジェクトの成果発表とその評価過程という，当初よりもさらにプロジェクトベースの学習を企図して構成されているように見える。しかしながら，第9回に批判的思考力を目的とした情報の吟味の授業が設定されており，批判的思考力は，考える力の構成要素として位置づけられていることが分かる。三重大学の初年次教育の特徴としては，全学で統一した授業が行

表 5-2　向居（2012）のゼミナール活動の授業構成

授業回	内容
1	クリティカルシンキングとは
2	原因帰属のバイアス
3	因果関係の推測
4	因果関係を決定する基準
5	原因・結果に関して結論をくだす際の落とし穴
6	前・後論法での注意点
7	因果関係において一致と差異に注目する
8，9，10	効果的な問題解決へのアプローチ：ジョージ・ポリアの4つのステップ
11	これまでの「原則」の復習
12	伊勢田（2005）の「飛行機は自動車より安全か」についての議論

われていることが挙げられるだろう。

　このような大規模な実践とは異なり，授業者の工夫により，批判的思考力の育成を目的とした大学初年次教育もある。授業者の工夫された授業実践例の一つとして，山下（2013）は，新潟国際情報大学の初年次教育の授業で施行した，「200字論述」という作文教育の応用例を紹介している。200字論述の目的を山下は，「思考力のある人間とは，知識を多く身につけてきて，それを使って適切な問題解決を行う推論ができる人」であると指摘し，以下のように続けている。

　　良質のアウトプット（文章）を得るためには，大量のインプット（知識）が必要である。しかしながら，本学の入学者の中には知識の量が少ない者もいることは否めない。そして，さらに深刻なのは，自身の持つ知識の量が少ないことすら認識していない場合である。そこで，このような目的を設定することにより，現在の知識の量を学生自身に理解してもらうこととした。

(山下，2013)

80 　第Ⅱ部　批判的思考と市民リテラシーの教育

　200 字論述は，教育方法上の標準的なルールがある。一つ目は，テーマは教員が設定する。二つ目は，制限時間 15 分でその場で書くこと。三つ目は，何も見てはいけない。四つ目は，字数は 141 字以上 200 字以下とする。五つ目は，就職試験の作文を想定して書くこと。このようなルールに従って実施されるが，これは，JABEE（Japan Accreditation Board for Engineering Education：日本技術者教育認定機構）認定プログラムへの対応を企図したものとされるが，教材が構造化されていること，実施にあたって特別な機材や準備段階での特別な宿題を学生に求める必要がないこと，採点まで含めて 90 分の授業時間で十分に終了することが可能であること，またキャリア教育とも関係づけて実施することが可能であること，などの点は，多くの授業者にとって実施のための心理的負担感を下げるものとなるだろう。

　また，文章産出の古典的モデルにおいても，文章産出によって，作文のプランニングと産出された文章の推敲などのモニタリングが関わるとされている（Hayes & Flower, 1980）。山下（2013）は，「基礎演習Ⅰ」「基礎演習Ⅱ」という科目で 200 字論述の実践を実施したが，その成果として，卒業研究や基礎的な作文力の向上に効果的であったことが挙げられる。一方，事後の理解テストにおいては，正答率は平均 58％，最高 80％，最低 45％であった。また，項目別の平均正答率は，「同義語」55％，「対義語」65％，「包括関係」88％，「2 語の関係」25％であった。これに関して山下（2013）は，「2 語の関係」の正答率が低かった理由は，解答する際にどのような関係であるかを判別する必要があるためであると考えられる。このように，少々複雑な問題になると，急に正答率が下がる傾向が見られると考察している。

　以上のように，200 字論述のような，1 パラグラフに収まる程度の短い文章の産出トレーニングでは基礎的な知識理解に効果的であるが，複数の内容の関係性の理解については，さらなる教育方法の開発が求められることが示唆されるといえる。しかしながら，たとえば，10,000 字程度のまとまった文章作成，あるいは複数の事柄の関係性を見いだすことを目的とする卒業研究の実施，そして卒業論文の執筆の指導においては，半期あるいは 1 年間を通した，ある程度，長期にわたって育成する必要があることを示唆していると考えられる。

この実践は，情報システム学科で行われたものであるが，育成を目指した能力は情報工学に特化したものではない。このような，学科一般的な能力の育成を目指す大学初年次教育科目がある一方，工学や理学などのいわゆる理系に特化した科目で，どのように大学初年次教育を実施するか，ということについても知る必要があるだろう。

第3節　理系学部における取り組み

日本における工学教育の新たな取り組みとして，答えが未知あるいは複数ある問題に対して，個々の学生が備える知識，知恵，情報収集力，技術を駆使して対処する訓練の重要性を踏まえて設置された科目を，総じて「創生科目」とした研究がある。長坂・佐伯・十河・岡崎・柴田・藤井 (2013) は，ロボット製作を題材にした初年次教育科目「創生工学」の効果を検証している。

この実践における授業の目的は，以下の3点である。

> 目的1：ロボット製作の講義と実習を通して，受講生は各自の所属学以外の分野に興味，関心を持って，工学における視野を広げる。
> 目的2：受講生は，ロボット製作に関連する機械，電気，情報の分野の基礎知識や作業スキルを身につける。
> 目的3：所属学科が異なる学生で「チーム」を構成して，相互に刺激し合いながら一つの課題に取り組むことで，受講生はチームメンバーと協力して一つの課題に取り組む能力，コミュニケーション能力を身につける。

この実践は，異なる学科の学生でチームを作り，夏期集中講義を利用してロボットを製作し，競技会，プレゼンテーションを行うということが，基本的な授業スケジュールである。工学教育の特色としての「ものづくり」においても，異なる学科の学生間のコミュニケーション能力が重視されており，これは，多くの授業科目で，グローバルなコミュニケーション力を想定したコミュニケーションだけでなく，ものづくりという共通の目的のもとでも，

コミュニケーション能力の育成が求められていることが確認された。ここから，工学系科目における初年次教育科目でも，コミュニケーション能力の育成の受容性を見いだすことができる。

第4節　効果検証がなされている批判的思考力育成実践

　以上，三つの異なる教育目標を持つ実践について紹介してきた。ここからは，批判的思考力の育成に効果的であった授業実践を紹介しよう。

　楠見・田中・平山（2012）では，京都大学法学部・文学部・経済学部・教育学部・工学部などの1年生を対象としたポケットゼミ，「批判的思考力を高める」という授業科目を実施した。この科目は，前期13回，1回90分の授業であった。授業の構成としては，以下の6種類の活動により構成された。

　　① 学習者の予習。
　　② 学習者（2名）がテキストの担当章の紹介（45分）。
　　③ 学習者2名が討論テーマの賛成側，反対側の話題提供。
　　④ グループ討論（25分）。学習者6～7人＋TA1名の小グループで討論テーマを議論。
　　⑤ 全体討論（5分）。授業者が司会を行い，各班の司会者を指名して，討論の論点についてまず報告を求める。続いて，それ以外の論点について他の参加者に発言を求める。
　　⑥ 討論後の振り返り（reflection）シート（5分）への記入。

　授業の効果測定に用いられた尺度は，①討論参加態度尺度（武田・平山・楠見〈2006〉をもとに改定），②批判的思考態度尺度（平山・楠見〈2004〉の短縮版），③ Watson & Glaser 批判的思考力テスト（久原・井上・波多野，1983）であった。授業の効果については，楠見・田中・平山（2012）において多面的に紹介されている。本節では，特に討論参加態度の授業進行にともなう変化，ならびに討論参加態度と批判的思考態度，批判的思考力の関係について紹介する。

授業進行と討論参加態度の変化については図5-1に示されている。これを見ると，いくつかの傾向を見ることができる。まず，各項目ともに，授業回によって単に上昇あるいは下降するということはないということである。次に，全体的な傾向として，反対の変化をする項目は見られないということである。そして，授業3回目から9回目くらいまでは，項目間の得点に違いが見られるが，最終13回の測定においてはすべての項目で3.5あるいは3.7程度の評定値に収束しているということである。以上の結果からは，討論参加態度については，何か特定のスキルや態度に焦点化したトレーニングを行うというよりは，討論のような多様な主張や意見を認め，自らの結論を導出する活動については，複数のターゲットスキルを包括するようなトレーニングの内容が適正であるだろうということである。このことは，討論参加態度尺度の最終回の評定値が，ほぼ一点に収束したことからも推察できる。

　また，授業前後の変化について注目すると，批判的思考態度は，授業前後で有意な得点の上昇が見られた。また，批判的思考力テストについては，授業前後で有意な得点の上昇は見られなかったが，この理由として楠見・田中・平山（2012）では，「能力テストが，推論の導出に関わる限定的な課題で

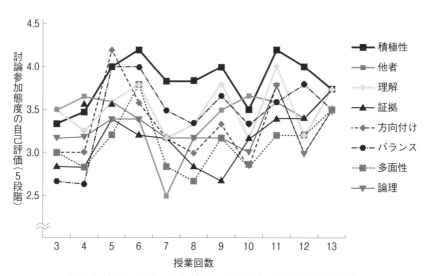

図5-1　楠見・田中・平山（2012，研究1）の討論参加態度変化

あり，網羅性や敏感性が小さかったためと考えられる。また，予習ワークシートの提出回数と事後の批判的思考態度と批判的思考テスト得点には弱い相関があった」と考察されている。なお，研究2では，新たに開発した批判的思考能力テストによって，授業前後での得点の上昇を見いだしている。

次に，大学学部教育の柱の一つである，いわゆるゼミに注目し，批判的思考力の育成の観点から効果検証を行った実践例について紹介する。向居 (2012) は，道田 (2011) の授業における質問経験の重要性，あるいは青柳・石井・下田・伊丹・冨江・北川・河原 (2010) のディベートの重要性に基づき，少人数での授業形態が批判的思考力の育成に効果的であるという問題意識で，1～2年生14名が参加したゼミでの批判的思考力の育成についての実践研究を行っている。

向居 (2012) で効果測定に用いられた尺度は，批判的思考態度尺度 (平山・楠見, 2004) と Watson & Glaser 批判的思考力テスト (久原・井上・波多野, 1983) であった。向居 (2012) の実践研究の特色は，実践研究では実施が困難な統制群を設定した研究を行っている点である。授業は以下のように実施された。まず，ゼミナール活動 (総合演習Ⅰ・Ⅱ，または，演習Ⅰ・Ⅱ) 90分の前半を利用し，「クリティカルシンキング」と題して，全12回の講義 (1回につき約40分) を行った。実践は3年間の繰り返し実践であったため，各尺度の分析は3回の分析をまとめたものとなっている。授業に用いられた教科書は，主に，ゼックミスタとジョンソン (Zechmeister & Johnson, 1992) に基づいて作成された。授業回における活動内容は，前出の表5-2のとおりである。

向居 (2012) は実践群の授業について，「楠見 (2010) による教授法の分類では，領域普遍的な批判的思考スキルを抽象的に，あるいは具体例も加えて教える方法である「ジェネラルアプローチ」といえるだろう」と述べている。すなわち，「ジェネラルアプローチ」を企図して行われた実践であることが分かる。この実践の成果は，次のようにまとめられる。まず，3年間の実践を通して，2 (調査時期：授業前・授業後)×2 (被験者群：育成・統制) の2要因分散分析を行った結果，批判的思考態度の探究心において交互作用が有意であったこと，また，批判的思考態度の「探究心」と能力テストの「全

体得点」の関連性に，有意傾向が見られたことである。

　この結果について向居（2012）は，藤木・沖林（2010）において，批判的思考態度のなかでも探究心が，意欲として批判的思考態度の源泉となり，心構えとしての証拠の重視を形成し，規範意識としての客観性を形成する重要な因子として位置づけていることに基づき，向居（2012）において探究心の上昇が見られたことは，学生が批判的思考力をこの授業で初めて学習し，物事を多面的に検討する方法を体得したことによってもたらされた可能性があると考察している。

　楠見・田中・平山（2012）や向居（2012）は，初年次教育における，少人数によるジェネラルアプローチの領域普遍的な効果を示すものであるといえる。大学初年次教育は，初年次教育としての特色があるだけでなく，2年次以降の専門教育の導入教育の段階であるともいえる。その事例として，心理学教育の入学後3カ月の教育成果について紹介しよう。

　藤木・沖林（2008）は，入学直後3カ月の学生に対し，心理学専門教育への導入科目に関する批判的思考態度の育成の効果を検証した。藤木・沖林（2008）では，心理学の専門教育への導入として，1年の前期に行われる授業の効果を検証した。

　まず，授業開始時に「心理学的な考え方」に関する自由記述を求めた。ここで，「心理学的な考え方」の重要なものとしては「剰余変数に対する配慮をしたうえで，得たデータ（事実や証拠）に基づき議論を行うこと」を挙げている。3カ月の授業実践により，批判的思考態度尺度の得点について授業の前後で分析を行った結果，論理的思考への自覚の授業前後の主効果が，有意であった。また，「心理学的な考え方」の自由記述について，客観性を重視したか否かで群分けを行った。2群での批判的思考態度尺度の各因子の変化量 g の分析の結果が，図5-2に示されている。これに見られるように，事前の心理学的な考え方において客観性を意識しているかどうかが，前期授業後の批判的思考態度の変化量に影響を及ぼすことが示された。

　初年次教育は，汎用的技能の育成を目指すことが目的とされる一方で，専門教育の導入教育として学問領域が重視する専門性が，学生の特性に異なる影響を及ぼすことが示唆されたといえる。

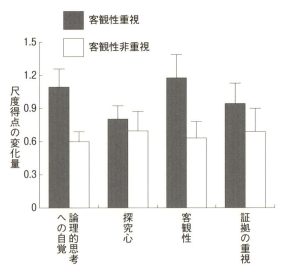

図 7-2　各因子の尺度得点の変化量（誤差線は標準誤差）(藤木・沖林, 2008)

第5節　おわりに

　本章では，大学初年次教育，共通教育と批判的思考の育成に関して，今日の日本の大学教育の特色ある取り組みについて実践例に基づいて紹介してきた。共通教育で育成が求められる学生の資質，能力としては，批判的思考を含む汎用的技能が挙げられるだろう。一方，大学初年次教育は，専門教育の導入教育としての位置づけもあることは，確認しておく必要がある。汎用的技能の育成に対する教育実践の方法的アプローチとしては，学生の問題意識に沿った問題設定をすること，議論といった課題に関するディスカッションなどのコミュニケーションの場面を設定することなどの必要性が示唆されたといえる。また，専門教育の導入教育としては，学生の持つ専門領域へのイメージと，専門教育の教育内容の教授内容のバランスに対して，意識的な授業内容のデザインが必要となるだろう。

■文献

青柳西蔵・石井裕剛・下田　宏・伊丹悠人・冨江　宏・北川欽也・河原　恵（2010）．教育用ディベートシステムを導入した学習単元の提案と批判的思考態度醸成効果の評価　日本教育工学会論文誌，**33**(4)，411-422.

中央教育審議会（2008a）．学士課程教育の構築に向けて答申（案）〈http://www.mext.go.jp/b_menu/shingi/chukyo/chukyo4/gijiroku/08103112/003.htm〉

中央教育審議会（2008b）．学士課程教育における方針の明確化　学士課程教育の構築に向けて答申（案）〈http://www.mext.go.jp/b_menu/shingi/chukyo/chukyo4/gijiroku/08103112/003/003.htm#a001〉

藤木大介・沖林洋平（2008）．入学後3ヶ月間の大学教育を通じた批判的思考態度の変化——新入生がもつ専攻領域に関する知識の影響　日本教育工学会論文誌，**32**，37-40.

藤木大介・沖林洋平（2010）．批判的思考態度を構成する要素間の関係　梅光学院大学論集，**43**，1-7.

Hayes, J. R. & L. S. Flower（1980）．Identifying the organization of writing processes. In L. Gregg & E. Steinberg（Eds.），*Cognitive processes in writing.* Hillsdale, NJ: Lawrence Erlbaum Associates.

平山るみ・楠見　孝（2004）．批判的思考態度が結論導出プロセスに及ぼす影響——証拠評価と結論生成課題を用いての検討　教育心理学研究，**52**，186-198.

伊勢田哲治（2005）．哲学思考トレーニング　筑摩書房

河合塾（2010）．大学の初年次教育調査〈http://www.kawaijuku.jp/research/first-annual/〉

久原恵子・井上尚美・波多野誼余夫（1983）．批判的思考力とその測定　読書科学，**27**，131-142.

楠見　孝（2010）．批判的思考と高次リテラシー　楠見　孝（編）思考と言語　現代の認知心理学3　北大路書房　pp.134-160.

楠見　孝・道田泰司（編）（2015）．ワードマップ　批判的思考——21世紀を生きぬくリテラシーの基盤　新曜社

楠見　孝・田中優子・平山るみ（2012）．批判的思考力を育成する大学初年次教育の実践と評価　認知科学，**19**，69-82.

道田泰司（2011）．授業においてさまざまな質問経験をすることが質問態度と質問力に及ぼす効果　教育心理学研究，**59**，193.

向居　暁（2012）．大学のゼミナール活動における批判的思考の育成の試み　日本教育工学会論文誌，**36**（Suppl.），113-116.

長坂保典・佐伯守彦・十河拓也・岡崎明彦・柴田祥一・藤井隆司（2013）．ロボット製作を題材にした初年次教育科目「創生工学」　日本ロボット学会誌，**31**，187-197.

中川　正（2010）・三重大学の初年次教育——学生による就学支援体制構築を目指して　大学と学生，**80**，40-46.

中山留美子・長濱文与・中島　誠・中西良文・南　学（2010）．大学教育目標の達成を目指す全学的初年次教育の導入　京都大学高等教育研究，**16**，37-48.

武田明典・平山るみ・楠見　孝（2006）．大学初年次教育におけるグループ学習と討論

88 第Ⅱ部 批判的思考と市民リテラシーの教育

──クリティカル・シンキング育成の試み 筑波大学学校教育学会誌, **13**, 1-15.

山下 功 (2013). 大学初年次教育における作文の試行事例 新潟国際情報大学情報文化学部紀要, **16**, 97-103.

Zechmeister, E. B. & Johnson, J. E. (1992). *Critical thinking: A functional approach.* Pacific Grove, CA: Brooks/Cole. (宮元博章・道田泰司・谷口高士・菊池 聡 (訳) (1996／1997) クリティカルシンキング──あなたの思考をガイドする 40 の法則 [入門篇・実践編] 北大路書房)

第6章　リサーチリテラシーとその向上を支える批判的思考

●林　創・山田剛史●

第1節　リサーチリテラシーとその背景

1．研究の基礎力としてのリサーチリテラシー

　近年，日本の大学進学率の上昇は著しく，2009年からは50％を超えている。社会学者のマーチン・トロウ（Trow, M.）が，高等教育への進学率について15％までをエリート段階，15〜50％までをマス段階，50％を超えるとユニバーサル段階と定義したことは有名であるが，日本の高等教育はユニバーサル段階に突入しつつある（葛城，2013）。大学進学率の上昇とともに，学生の学びを支援するさまざまな授業改善やカリキュラムも続々と生まれている。しかし，どのような変革が生まれても，大学教育の基本には「学問」の世界に触れていくこと（田中，2009）があるため，答えが未知である問いを解決しようとする「研究」（白井・高橋，2013）の基礎を身につけることが求められる。この点を踏まえると，学部2〜3年生はゼミや演習が始まり，研究に触れ始める大切な時期である。それゆえ，この時期に研究の基礎力を教える機会が重要と考えられる。

　それでは，研究の基礎力とはどのような力であろうか。初年次向けテキストは数多く存在する。そのなかで，改訂版も出版され，定評がある『アカデミック・スキルズ［第2版］』（佐藤，2012）では，大学での知的生産の基本的技法を「アカデミック・スキルズ」と定義し，「講義を聴いてノートを取る」「情報収集の基礎」「本を読む——クリティカル・リーディングの手法」「情報整理」「研究成果の発表」「プレゼンテーションのやり方」「論文・レポートをまとめる」の七つに整理している。しかも，これらの技法が求められる対象

90   第Ⅱ部　批判的思考と市民リテラシーの教育

は初年次だけではない。「上級学年の学生諸君が，セミナー論文や卒業論文をまとめる際にも十分役に立つ」技法とされている。

　筆者らは，これらの技法を参考に研究の基礎力として，以下の八つの力を想定し，学部2〜3年生の時期に研究の基礎力を身につけるためのテキスト『大学生のためのリサーチリテラシー入門』を刊行した（山田・林，2011）*1。

　　① 聞く力（講義を聴き，学術的内容を理解する能力）
　　② 課題発見力（学術的な課題を発見し，問いを立てる能力）
　　③ 情報収集力（学術的な情報や文献を検索し，収集する能力）
　　④ 情報整理力（入手した情報の整理と管理をする能力）
　　⑤ 読む力（問題提起・結論・理由といった学術的文章の構造を意識しながら文献を読む能力）
　　⑥ 書く力（学術的文章の構造を意識しながら執筆する能力）
　　⑦ データ分析力（事実やデータを正しく読み解く能力）
　　⑧ プレゼンテーション力（自分の考えを他者にわかりやすく伝える能力）

　2008年の中央教育審議会の学士課程答申で，「学士力」（大学卒業までに学生が最低限身につけなければならない能力）が提唱されている。学士力とは「知識・理解」「汎用的技能」「態度・志向性」「統合的な学習経験と創造的思考力」の4分野から構成され，汎用的技能には，「コミュニケーション・スキル」「数量的スキル」「情報リテラシー」「論理的思考力」「問題解決力」の五つが定義されている。これらは，リサーチリテラシーの八つの力と共通する部分が多い。たとえば，コミュニケーション・スキルは「日本語と特定の外国語を用いて，読み，書き，聞き，話すことができる」ものとされ，八つの力では，聞く力，読む力，書く力，プレゼンテーション力に関連するスキルと考えられる。

————————————

＊1　谷岡（2000，2007）は，社会調査の文脈で，リサーチリテラシーのことを「事実や数字を正しく読むための能力」と呼んでいるが，本章ではもう少し広く，「調査をはじめ，研究を遂行するために必要な基礎的能力」ととらえている。

また，経済産業省が提唱する「社会人基礎力」も同様である。社会人基礎力は，「職場や地域社会で多様な人々と仕事をしていくために必要な基礎的な力」として，「前に踏み出す力」「考え抜く力」「チームで働く力」の三つの能力を規定している。その能力要素として，考え抜く力では「課題発見力」「計画力」「創造力」，チームで働く力では「発信力」「傾聴力」「柔軟性」「状況把握力」などが定義されている。これらも八つの力と共通する部分が多い。たとえば，「課題発見力」は同じ言葉のものが存在し，「傾聴力」は聞く力，「発信力」は書く力，プレゼンテーション力に関連するといえよう。

さらに，このテキストでは「クリティカルシンキング（批判的思考）」「メタ認知」「心の理論」という三つの心理学的概念を援用し，これらを意識することがリサーチリテラシーを身につけるうえで大切であると強調した。たとえば，「書く力」でいえば，レポートや論文を適切にまとめるには，「問題」と「結論」がかみあっているかどうかを多面的に判断（批判的思考）し，自分の理解力を認識（メタ認知）しながら，他者の立場にたって（心の理論）分かりやすい文章にまとめていく必要がある。本章では，このうち批判的思考に焦点を当てる。

2．批判的思考のスキルと態度

批判的思考とは，「論理的，客観的で偏りのない思考であり，自分の推論過程を意識的に吟味する反省的思考」を指す（Ennis, 1987；楠見・田中・平山, 2012）。批判的思考の一側面は，実際の問題解決に関わる能力やスキル（認知的側面）である。しかし，批判的に考える能力やスキルだけがあればよいわけではない。批判的思考そのものが生起するには，批判的に考えようとする態度や傾向性といった情意に関わる「非認知的側面」が必要（平山・楠見, 2011）である（第1章参照）。

この観点からの研究で，学生が批判的思考力を身につけにくい原因として，「批判的に考えることが大学で学ぶうえでの基礎となっていることに気づいていない」ことに着目した，藤木・沖林（2008）の実践報告がある（第5章参照）。藤木・沖林（2008）は，大学入学直後の初年次（1年生）の学生を対象に，前期の3カ月の授業の間に，心理学の方法論に対する知識が批判的

思考態度の変化に影響を与えるかどうかを，平山・楠見（2004）の「批判的思考態度尺度」を用いて検討した。その結果，全体的には知識の影響はあまりなく，批判的思考態度の向上も見られなかった。ただし，藤木・沖林（2008）の対象学生は初年次であり，大学での学びに慣れていない時期である。さらに，批判的思考態度尺度には，リサーチリテラシーに関わるものが存在する。たとえば，「結論をくだす場合には，確たる証拠の有無にこだわる」という項目は，書く力やデータ分析力で求められることに直結すると考えられる。したがって，初年次ではなく学年が進んだ時点でリサーチリテラシーを学ぶことで，批判的思考態度の向上が見込まれる。次節では，リサーチリテラシーの育成に主眼を置いた教育実践を紹介する。

第2節　リサーチリテラシーの教育実践

1．集中形式の授業での批判的思考態度の検討[*2]

　一つ目に紹介するのは，岡山大学で筆者らのゼミに所属していた，学部3年生計19人（平成23年度12人，24年度7人）に実施した教育実践（合同ゼミ）である[*3]。ここでは，リサーチリテラシーの八つの力のうち，「書く力」と「データ分析力」の学びに焦点化し，批判的思考態度がどの程度向上するかに着目した。これは，「聞く力」「課題発見力」「情報収集力」「情報整理力」「読む力」の集大成が，「書く力」につながると考えられるからである。また，「プレゼンテーション力」も，自分の考えを他者に分かりやすく伝える点で，「書く力」と共通部分がある。さらに，レポートや論文の質を高めるには，事実やデータを正しく読み解く「データ分析力」が必須となる。それゆえ，リサーチリテラシーの本質が「書く力」と「データ分析力」であると考えられ，この二つに焦点化した。

（1）　実践の流れ

　事前（各年度7月下旬）に受講者に集まってもらい，説明会を開催した。

＊2　本節の教育実践は，林・山田（2012）として公刊されている。
＊3　本章の第1著者である林は，平成24（2012）年度まで岡山大学に在職していた。

その場で，批判的思考態度尺度（平山・楠見，2004）に回答してもらうとともに，合同ゼミで扱うトピックである「書く力」と「データ分析力」について，それぞれ課題を提示し，8月1日までにメールで解答を提出するよう教示した。合同ゼミ当日（各年度8月上旬）は，午後の授業時間を使い，テキスト（山田・林，2011）を配布した後に，課題の解説とディスカッションを行った。終了後に，批判的思考態度尺度（平山・楠見，2004）に再び回答してもらった。

「書く力」課題は，「人の心の発達について，何でもよいので自由に論じなさい」と出題し，「大学のレポートでは，どのようなことに注意を払いながら書く必要があるか」を想像しながら，800字程度でレポートを作成することを求めた。「データ分析力」課題では，「批判的思考についての問題」を自作してもらった。また，批判的思考ができていない場合の「良くない例」と，できている場合の「模範解答例」も考案するように求めた。その際，問題作成のヒントとして，山田・林（2011）で紹介している三つの批判的思考のポイント（①「きっと〜にちがいない」と決めつけない，②擬似相関を見抜く，③相関関係と因果関係を混同しない）を，具体例とともに提示した。

(2) 結果の概要

「書く力」課題では，酒井（2007）や山田・林（2011）を参考に，学術的文章の構造から以下の基準を設け，満たした人数を集計した（図6-1）。

「問題」では，①学術的テーマを客観的に扱おうとしているか，②問題を

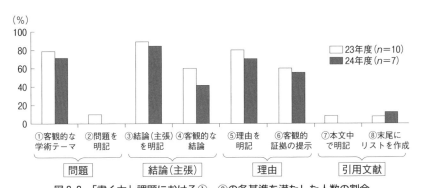

図8-6 「書く力」課題における①〜⑧の各基準を満たした人数の割合

注：23年度は，12人のうち2人が課題の意図と違ったレポートであったため，10人で分析した。

明記しているか。「結論」では，③結論（主張）を明記しているか，④客観的
な結論か。「理由」では，⑤理由を明記しているか，⑥客観的証拠（知見や
データ）を提示しているか。「引用文献」では，⑦本文中で明記できている
か，⑧レポート末尾に引用文献リストを作成しているか，を設けた。

　全体的な傾向として，レポートには結論（主張）を書く必要があり，それ
を支える理由が求められることは，概ね意識できていることが分かる。これ
に対して，問題の明記や引用文献の明記には，ほとんど注意が向いていな
い。このように，リサーチリテラシーを学ぶ前の段階で，学術的文章の構造
と照らし合わせて，受講生が意識できていないポイントが明確になった。

　次に，「データ分析力」課題で受講生が作成した問題のパターンは，表6-1
のようになった。

　各年度で，ステレオタイプに関する問題を考案したものが多かった。「○
○のイメージ」を題材にした問題では，○○には「血液型B型の人」「オタ
ク」などがあった。「B型の人」では，批判的思考ができていない例として，
「私の友だちの△△さんもB型だけど，確かにマイペースだ」，批判的思考が
できている模範解答例として，「人の性格にはいろいろな見方がある。同じ
人でもB型っぽいところもあれば，A型やO型，AB型っぽいところもある。
B型だといわれると，B型っぽいところ（マイペースだとか自己中心的だと
か…）が目につくのではないか」といったことを挙げていた。

　次いで多かったのは，「pはqに違いない」という問題で，「髪が短い人ほ
ど性格が明るい」「東大生の勉強法を取り入れれば頭が良くなる」といった
問題を考案していた。「髪が短い人ほど性格が明るい」では，批判的思考が

表6-1　「データ分析力」課題のパターン分類

パターン	23年度（*n*=12）	24年度（*n*=7）	計
○○のイメージ（ステレオタイプ）	7	4	11
「pはqに違いない」（ステレオタイプ）	3	3	6
相関≠因果	3	0	3
擬似相関	3	0	3
一面的な因果解釈	1	0	1

注：1人で複数の問題を作った受講生がいたため，総問題数は受講者数を超えている。

第6章　リサーチリテラシーとその向上を支える批判的思考　　95

表6-2　批判的思考態度の平均値（範囲1〜5）

批判的思考態度	受講生（n=19）			非受講生（n=47）		
	1回目	2回目	変化量	1回目	2回目	変化量
論理的思考自覚	2.48	2.82	0.34	2.77	2.81	0.04
探求心	4.11	4.40	0.29	3.99	4.01	0.02
客観性	3.31	4.07	0.77	3.75	3.77	0.02
証拠の重視	3.09	3.84	0.75	3.48	3.67	0.20
態度尺度の平均	3.26	3.78	0.51	3.50	3.55	0.06

できていない例として，「髪が短い人に出会ったとき，『この人はきっと明る
い人だ』と決めつけてしまい，そのように話をしてしまう」，批判的思考が
できている模範解答例として，「これは相関関係と因果関係を取り違えてい
る。これは因果関係ではなく，髪を短く切ると気分まで明るくなり，周りに
性格が明るいという印象を与えるのかもしれない」といったことを挙げてい
た。その他，平成23年度だけであるが，相関と因果は違うこと，擬似相関，
一面的な因果の解釈に相当する問題を考案できた受講生もいた。

　受講生における批判的思考態度尺度（「あてはまる(5)〜あてはまらない(1)」
の5段階評定）の1回目と2回目の結果について，別途，岡山大学教育学部
の3年生47人（合同ゼミを受けていないという意味で「非受講生」と表記）
にも実施し，比較対象にした結果は，表6-2のようになった。

　事前（1回目）から事後（2回目）への変化量は，四つの態度（因子）そ
れぞれと尺度全体のすべてで，受講生のほうが非受講生より大きく，t検定
の結果，統計的に有意な差が見られた。非受講生の変化量の値はすべてで0
に近かったことを考えると，批判的思考態度尺度の得点の上昇は受講生のみ
に見られたといえ，合同ゼミでの学習が批判的思考態度の向上に寄与したと
考えられる。

2．半期の授業での批判的思考力の育成と批判的思考態度の検討[*4]

　二つ目に紹介するのは，通常の半期の授業（演習）で，学術論文を素材に

＊4　本節の教育実践は，林・山田（2015）として発表した結果の一部である。

96　第Ⅱ部　批判的思考と市民リテラシーの教育

批判的思考のスキルを明示的に教えるインフュージョンアプローチ（Ennis，1989；道田，2015）によって，「現実的な課題に批判的に対処できる力」が向上するかに焦点を当てた教育実践である。アメリカなどの批判的思考が高等教育の目標のひとつとされる国では，批判的思考力を包括的に評価するテストも開発が進んでいる。たとえば，CLA（Collegiate Learning Assessment）は，現実的な場面設定をした問題に対して，与えた資料を使って課題を完成させるものであり，大学教育のアウトカム評価としても用いられている（平山，2015）[5]。

　ここでの教育実践では，沖林（2004）を参考に，欠陥を設けた研究例において，その欠陥を見つけるトレーニングをさせたり，学術論文を批判的に読み，考えたりする方法を学ぶことで，社会人として生きていくうえで頻繁に対処が求められるような現実的な課題について，批判的に考えて指摘できるようになるか，および批判的思考態度が向上するかどうかを検討した。

（1）　実践の流れ

　教授群として神戸大学発達科学部「心理発達論演習Ｂ」の受講生 25 人（主として 3 年生），および非教授群として同大学の別の授業の受講生 33 人（2 〜 4 年生）を対象とした。現実的な課題に批判的に対処できる力の向上を調べる課題（これ以後，「現実的課題」と呼ぶことにする）は，楠見・子安・道田・林・平山・田中（2010）などを参考に作成した[6]。具体的には，「飲料メーカー社員が，自社商品の購買意欲を高めるために『限定販売』のラベルを商品に貼る実証研究を行い，その効果があったと結論した」という状況を設定した。その研究には，「要因の交絡」「一般化への配慮」「指標のズレ」「グラフのスケール」という四つの欠陥を設け，それらを指摘できるかを調べる課題とした。

　「要因の交絡」とは，複数の要因が連動して変動するため，どの要因の影

＊5　CLA は，現在 CLA ＋に発展している。〈http://cae.org/products-and-services/higher
　　-education-assessment/critical-thinking-assessments/〉（2016 年 4 月 18 日確認）
＊6　本課題は，ベネッセ教育総合研究所アセスメント研究開発室との共同研究を参考に
　　したものである。アセスメント研究開発室の皆さまに感謝申し上げます。

響かを分離できないことを指す。本課題では，限定販売ラベルの効果を調べるはずが，商品の写真の背景まで変えてしまっており，ラベルの影響かそれとも背景の影響かが特定できない設定とした。

「一般化への配慮」は，ある条件に特化して考えていることを指す。本課題では，限定販売の効果が「期間限定」のみに特化して調べている設定とした。「限定」の効果を調べるには，「季節限定」や「数量限定」など，他の方法でも調べることが望ましい。この点は，布井・中嶋・吉川（2013）を参考にした。

「指標のズレ」は，検討しようとしていることと，実際の測定で検討したことに違いがある場合を指す。本課題では，「購買意欲が高い」かどうかを調べるはずが，「魅力度」の測定にすり替わってしまっている設定とした。

「グラフのスケール」は，グラフの縦軸で範囲が無視されていることを指す。本課題では，7件法で調べているにもかかわらず，グラフでは1から4までしか取っておらず，魅力度が低いなかでの比較となっている設定とした。

教授群／非教授群の双方に対して，半期の授業の初期（1回目）と末期（2回目）に，現実的課題と批判的思考態度尺度（平山・楠見，2004）を実施した。教授群では1回目から2回目の間に，心理学に関する，①ケーススタディでの批判的思考の方法，②学術論文での批判的思考の方法，という順序で指導した。①では，大野木・中澤（2002）のテキストより，欠陥のある研究例について「教授からのコメント」（解答と解説）は隠して問題を配付し，学生に欠陥を考えてもらい議論した後，教員が批判的思考のポイントを解説した。②では，心理学の日本語論文と英語論文を講読するなかで，論文の研究の問題点や改善点を考えてもらい，議論した。その後，教員が批判的思考のポイントを解説した（例：独立変数・従属変数の設定は妥当か，条件や正誤の基準の設定は妥当か）。必ずしも明示的ではないものの，①，②のいずれかの批判的思考のポイントの解説過程で，教授群の学生は，現実的課題で鍵となる四つの欠陥に関することも学習した。

（2） 結果の概要

現実的課題では，四つの欠陥について，それぞれ批判的に考えて指摘でき

98   第Ⅱ部　批判的思考と市民リテラシーの教育

表6-3　現実的課題の平均値（範囲0～1／合計点では0～4）

現実的課題	1回目		2回目	
	教授群 (n=25)	非教授群 (n=33)	教授群 (n=25)	非教授群 (n=33)
要因の交絡	0.90	0.97	1.00	0.98
一般化への配慮	0.00	0.00	0.04	0.00
指標のズレ	0.56	0.36	0.66	0.35
グラフのスケール	0.16	0.26	0.40	0.39
合計点	1.62	1.59	2.10	1.73

表6-4　批判的思考態度の平均値（範囲1～5）

批判的思考態度	1回目		2回目	
	教授群 (n=25)	非教授群 (n=33)	教授群 (n=25)	非教授群 (n=33)
論理的思考自覚	2.78	2.58	2.95	2.70
探求心	4.22	3.95	4.26	3.88
客観性	3.78	3.55	4.05	3.57
証拠の重視	3.68	3.10	3.88	3.07
態度尺度の平均	3.61	3.31	3.77	3.33

ていた場合に1点，不十分な指摘の場合に0.5点を与えるとともに，合計点も算出した。2回目の得点について，1回目の得点を共変量とした共分散分析を行った結果，「指標のズレ」と四つの欠陥の合計点で有意で，2回目の得点は教授群のほうが非教授群より高かった（表6-3）。批判的思考態度についても同様に共分散分析を行った結果，「客観性」「証拠の重視」および尺度全体の合計点で有意で，2回目の得点は教授群のほうが非教授群より高かった（表6-4）[7]。

　このことから，半期にわたる比較的長いスパンの授業（演習）でも，リサーチリテラシーを指導する一定の効果が見られたといえよう。学術論文の欠陥を見つけるトレーニングをさせる（沖林，2004）有効性が追認され，現実的な問題を批判的に考える能力が部分的に高まる傾向も示唆された。

───────────────

＊7　これらは，t検定によって群間での変化量に差がある傾向（10％水準）が見られた。

第3節　まとめ

　以上の二つの教育実践の結果,「リサーチリテラシーの学び」を受けた受講生は, 批判的思考態度の向上が見られることが分かった。ただし, その向上には, 教え方の違いにより差も見られた。一つ目の教育実践のように, 短期集中型の育成では, 批判的思考態度の四つの態度（因子）と態度尺度の合計のすべてで向上が見られたのに対して, 半期の授業を通じての育成では, 一部で向上が見られただけであった。二つの教育実践は, 育成方法の違いのほかにも,「書く力」や「データ分析力」を中心としたジェネリックなものと, 心理学分野の学術論文を素材にしたものという違いや,「ゼミ」と（ゼミ生以外も履修する）「演習」の違い, 対象者数の違いなどいくつかの違いがあるため, それらが結果に影響を与えている可能性も考えられるが, それを考慮しても批判的思考態度の変化（向上）は, 短期では見られやすく長期では見えにくいのかもしれない。

　また, 一つ目の教育実践において,「データ分析力」では「問題作成のヒント」に左右された面はあったものの, 批判的思考の問題を比較的多様に生み出すことができた。意識づけは強くないものの, リサーチリテラシーを学ぶ以前に, 受講生は批判的思考の能力を潜在的に有していたと考えられる。学生が批判的思考力を潜在的に有している可能性は, 二つ目の教育実践で明らかになったこと, すなわち学術論文の読みを通じて, 批判的思考の仕方を明示的に教えるインフュージョンアプローチによって, 社会人として生きていくうえで頻繁に対処が求められるような現実的な課題について, 批判的に考えた指摘がある程度できるようになることからも, 支持されるであろう。

　このような点を踏まえると, 学部2～3年生の時期に, リサーチリテラシーの育成を目的とした教育を行うことは重要であると分かる。批判的思考の認知的側面である能力を潜在的に有しているとしても, それを学生が「自発的に」開花させるのは難しい。しかし, 自力で考えるきっかけとヒントを与えたり, 学術論文などで批判的思考の仕方を明示的に教えたりすることで, 批判的思考の非認知的側面である態度が向上するとともに, 潜在的な批

判的思考力を顕在化できるといえよう。

　さらに，大学3年生でも引用文献の明記などにはあまり注意が向いていなかったように，学術的文章の基本が必ずしも身についているわけではない（図8-1）ということは，中等教育段階でこれらを学んでおくと，高等教育においてアドバンテージになるということも意味する。

　近年，スーパーグローバルハイスクールやスーパーサイエンスハイスクール指定校を中心に，中等教育段階でリサーチリテラシーを学び，「研究」を行うことを生徒に課す学校が増えている。たとえば，京都市立堀川高等学校の「探究基礎」では，生徒自身が設定した課題に基づいて研究を進め，その成果をポスター発表形式で公開発表して，論文にまとめる活動が行われている。中高一貫の東京大学教育学部附属中等教育学校や，神戸大学附属中等教育学校では，6年を通じて総合的な学習への取り組みが行われている。その集大成として，5〜6年生において生徒自身が選んだテーマについて「卒業研究」を進め，発表するとともに，論文にまとめる活動が行われている（神戸大学附属中等教育学校住吉校舎，2014；東京大学教育学部附属中等教育学校，2005）[*8]。

　グローバル化が進む現代は，社会に出れば答えのない課題に直面する機会がますます増えている。そのような社会で生き抜き，世界に貢献できる人間となっていくために，卒業研究などの探究的な学習と論文の執筆を求めるカリキュラムは有益である。実際に，大学入試も，知識偏重のスタイルからの脱却が広く議論されるようになっている。これらを総括的に見ると，リサーチリテラシーの育成は，高等教育のみならず中等教育においても，今後ますます求められていくことになるであろう。その骨格をなすのが批判的思考と考えられ，広い視点で批判的思考とリサーチリテラシーの育成をリンクさせていくことが期待される。

■**文献**

Ennis, R. H. (1987).　A taxonomy of critical thinking dispositions and abilities.　In

---

＊8　これらの活動のベースとなる研究の基礎力の指導において，京都市立堀川高等学校や神戸大学附属中等教育学校では，『大学生のためのリサーチリテラシー入門』（山田・林，2011）が教科書として使われている。

J. Baron & R. J. Sternberg (Eds.), *Teaching thinking skills: Theory and practice.* New York: Freeman. pp. 9-26.

Ennis, R. H. (1989). Critical thinking and subject specificity: Clarification and needed research. *Educational Researcher*, **18**, 4-10.

藤木大介・沖林洋平 (2008). 入学後 3 ヶ月間の大学教育を通じた批判的思考態度の変化 ――新入生がもつ専攻領域に関する知識の影響 日本教育工学会論文誌, **32**, 37-40.

林 創・山田剛史 (2012). リサーチリテラシーの育成による批判的思考態度の向上―― 「書く力」と「データ分析力」を中心に 京都大学高等教育研究, **18**, 41-51.

林 創・山田剛史 (2015). 学術論文の読みを通したリサーチリテラシー育成の試み 日本教育心理学会第 57 回総会発表論文集 p. 611.

平山るみ (2015). 批判的思考力の評価 楠 見孝・道田泰司 (編) 批判的思考――21 世紀を生きぬくリテラシーの基盤 新曜社 pp. 30-33.

平山るみ・楠見 孝 (2004). 批判的思考態度が結論導出プロセスに及ぼす影響――証拠評価と結論生成課題を用いての検討 教育心理学研究, **52**, 186-198.

平山るみ・楠見 孝 (2011). 批判的思考の測定――どのように測定し評価できるのか 楠見 孝・子安増生・道田泰司 (編著) 批判的思考力を育む――学士力と社会人基礎力の基盤形成 有斐閣 pp. 110-138.

葛城浩一 (2013). ユニバーサル化 濱名 篤・川嶋太津夫・山田礼子・小笠原正明 (編著) 大学改革を成功に導くキーワード 30――「大学冬の時代」を生き抜くために 学事出版

神戸大学附属中等教育学校住吉校舎 (編) (2014). 研究紀要 グローバルキャリア人としての資質・能力を育成する中等カリキュラムの研究と授業の創造

楠見 孝・子安増生・道田泰司・林 創・平山るみ・田中優子 (2010). ジェネリックスキルとしての批判的思考力テストの開発――大学偏差値, 批判的学習態度, 授業履修との関連性の検討 日本教育心理学会第 52 回総会発表論文集 p. 661.

楠見 孝・田中優子・平山るみ (2012). 批判的思考力を育成する大学初年次教育の実践と評価 認知科学, **19**, 69-82.

道田泰司 (2015). 批判的思考教育の技法 楠見 孝・道田泰司 (編) 批判的思考――21 世紀を生きぬくリテラシーの基盤 新曜社 pp. 100-105.

布井雅人・中嶋智史・吉川左紀子 (2013). 限定ラベルが商品魅力・選択に及ぼす影響 認知心理学研究, **11**, 43-50.

沖林洋平 (2004). ガイダンスとグループディスカッションが学術論文の批判的な読みに及ぼす影響 教育心理学研究, **52**, 241-254.

大野木裕明・中澤 潤 (編著) (2002). 研究法レッスン 北大路書房

酒井聡樹 (2007). これからレポート・卒論を書く若者のために 共立出版

佐藤 望 (編著) (2012). アカデミック・スキルズ――大学生のための知的技法入門 [第 2 版] 慶應義塾大学出版会

白井利明・高橋一郎 (2013). よくわかる卒論の書き方 [第 2 版] ミネルヴァ書房

田中共子 (編) (2009). よくわかる学びの技法 [第 2 版] ミネルヴァ書房

谷岡一郎 (2000).「社会調査」のウソ――リサーチ・リテラシーのすすめ 文藝春秋

谷岡一郎（2007）．データはウソをつく――科学的な社会調査の方法　筑摩書房

東京大学教育学部附属中等教育学校（編著）（2005）．生徒が変わる卒業研究――総合学習で育む個々の能力　東京書籍

山田剛史・林　創（2011）．大学生のためのリサーチリテラシー入門――研究のための8つの力　ミネルヴァ書房

第7章 文化，言語と批判的思考の育成

● MANALO, Emmanuel · SHEPPARD, Chris · 木下直子 ●

第1節 はじめに

　現代社会において，批判的思考は必要不可欠なスキルである。ここでいう批判的思考とは，観察，コミュニケーション，情報，議論などを能動的に解釈したり，評価したりすることを意味する（Fisher & Scriven, 1997）。実際に批判的に考えるためには，場面を見極め，考えようとする意欲が必要である（Halpern, 1998）。最近はそれに加え，作動記憶容量のような心的資源（mental resource）が批判的思考に関わることが明らかになってきた（Manalo, Watanabe, & Sheppard, 2013）。これについては後に触れたい。

　批判的思考力は「21世紀型スキル」，すなわち，21世紀の環境においてより良く行動するために備えておくべきスキルの一つで，教育の現場で育成できるものだといわれている（Griffin, McGaw, & Care, 2012）。しかし，実際にどのように育成したら効果的なのか，学習や教育を考えるうえで明らかになっていないことが多い。たとえば，言語や文化と批判的思考力との関わりも，その一つである。そもそも，批判的思考は話者の文化や言語によって制約されるものなのだろうか。

　過去5年間，筆者らは，このような言語や文化と批判的思考力との関係について解明を試みた。本章では，この研究の概要と明らかになってきた成果について，簡潔に述べる。

第2節 文化は批判的思考にどう影響するか

批判的に考えることが比較的困難な文化が存在する，と主張する研究者がいる。日本，中国，韓国をはじめとするアジアの学生は，より集団志向的で調和を重んじ，上下関係のあるタテ社会であるため，目上の人に対して評価すること自体はばかられる傾向があり，批判的思考に向いていない。批判的思考は文化を基盤とした概念であり，その文化や考え方が批判的思考力の育成を妨げているという（Atkinson, 1997; Ramanathan & Kaplan, 1996）。一方で，批判的思考は欧米文化の考え方ではない，欧米文化を背景に持たなくても批判的に考えられると主張する研究者もいる。ペイトン（Paton, 2005）は，中国の科学史から複数の事例を取り上げ，批判的思考が伝統的な中国の文化に根づいていると述べている。

1.「文化的自己観」と「自己制御モード」の影響

筆者らの研究では，日本人とニュージーランド人大学生を対象に，文化的要因が批判的思考にどのように影響するかを調べた（Manalo, Kusumi, Koyasu, Michita, & Tanaka, 2013）。文化的要因として，「文化的自己観（self-construal）」（Markus & Kitayama, 1991）と，「自己制御モード（self-regulatory modes）」（Higgins, Pierro, & Kruglanski, 2008; Kruglanski, Thompson, Higgins, Atash, Pierro, Shah, & Spiegel, 2000）の二つの観点を取り上げた。この「文化的自己観」と「自己制御モード」とは，以下のとおりである。

（1） 文化的自己観

マーカス・北山（Markus & Kitayama, 1991）によると，文化には，「相互独立的自己観（independent construal of self）」と「相互協調的自己観（interdependent construal of self）」があり，欧米文化に属する人は，相互独立的自己観を有していることが多く，自己を他者とは独立させてとらえ，他者の考え・感情・行動よりも自身の考え・感情・行動を優先させる傾向があるという。これに対して，欧米文化に属さない，相互協調的自己観を有する人

は，自己を他者との社会的なつながりのなかでとらえ，協調性を重んじ，他者の考え・感情・行動を優先的に考えてから自身の言動を決める，と述べている。

（2）　自己制御モード

自己制御モードの理論によると，人は目標を達成させるために，目標を考えるだけでなく，現状を評価（アセスメント）してから実際に行動に移すこと（ロコモーション）が必要である。「アセスメント」とは，目標を達成するために別の方法がないか，あるならどちらの方法のほうがよいのかを，これまでの経験を踏まえて批判的に評価する傾向であり，「ロコモーション（移行）」とは，ある状態から次の状態に移るという意味だが，目標を達成するために前もって何かを準備をしたり，どちらがよいかを考えたりするより，とりあえずやってみるという傾向を指す（Kruglanski, Thompson, Higgins, Atash, Pierro, Shah, & Spiegel, 2000）。

自己制御モードの理論を提唱するヒギンズ（Higgins, 2008）によると，文化や社会で，アセスメントかロコモーションの利用されやすい傾向があるという。たとえば，日本はアセスメントは他の国より高いが，ロコモーションは低い傾向にある（Higgins, Kruglanski, & Pierro, 2003; Higgins, Pierro, & Kruglanski, 2008）。アセスメントには「評価」し，「比較」するストラテジーが関わっており，批判的思考に必要不可欠な構成要素として機能する。もしそうであるならば，他の文化圏の人たちに比べ，批判的思考を行うための要素を持っていることになる。しかし，この見解とは逆に，日本人は欧米文化圏の人に比べて，批判的思考力を持っていないという研究者もいる。この点については見解が大きく異なっており，調査で詳しく確認されている（Kusumi, Koyasu, Michita, & Tanaka, 2013）。

（3）　文化によって批判的思考力は異なるか

マナロら（Manalo, Kusumi, Koyasu, Michita, & Tanaka, 2013）では，アセスメントの傾向の高い日本と欧米文化圏のニュージーランドの大学生を対象に，文化圏の違いによる批判的思考力への影響を調査した。調査協力者は京都と沖

縄，オークランド（ニュージーランド）の大学生，計363名である。これら
の大学生に文化的自己観，自己制御モードの文化的要因を測るアンケート調
査と，批判的思考の使用を測るテストを行い，結果を比較した。その結果，
オークランドの学生には，相互独立的自己観とロコモーションの項目で，日
本人より高いスコアが確認された。すなわち，オークランドの学生は，日本
（京都と沖縄）の学生より自身の考え・感情・行動を優先させ，あれこれ考
えずにやってみる傾向が強いという結果である。一方，沖縄の学生は，オー
クランドや京都の学生より相互協調的自己観の傾向が高く，他者をまず考え
てから自分の言動を決める傾向にあることが分かった。

　このように文化的傾向は異なっていたが，批判的思考力においては，京
都，沖縄，オークランドで相違が見られなかった。そこで，批判的思考に関
わる文化的要因を重回帰分析で確かめたところ，相互独立的自己観，アセス
メント，ロコモーションの関与が認められた。

　結果を整理すると，まず批判的思考力の程度は，日本人とニュージーラン
ド人で変わらなかった。ただし，批判的思考力に関わる文化的要因の種類が
異なっていた。つまり，批判的思考に関わっているのは，ある特定の文化的
要因ではないという可能性がある。批判的思考力には，アセスメントもロコ
モーションも影響していた。しかし，欧米文化か否かではなく，京都とオー
クランドの学生はロコモーションの程度が批判的思考の使用に影響し，沖縄
の学生はアセスメントの程度が，批判的思考の使用に影響するという結果で
あった。

2．考える力があるとは？

　マナロら（Manalo, Kusumi, Koyasu, Michita, & Tanaka, 2013）は，文化圏の違い
だけで批判的思考の使用について説明できないため，京都，沖縄，オークラ
ンドの学部生に，「考える力があるとはどのようなことか」「考える力を持つ
ための重要な資質は何か」というテーマで，フォーカスグループインタ
ビューを行った。その結果，日本人とニュージーランド人には，相違点より
類似点が多く確認された（Manalo, Kusumi, Koyasu, Michita, & Tanaka, 2015）。ま
ず，「考えるためのスキルとは何か」については，京都，沖縄，オークランド

の三つのグループともに，論理的で，システマティックで，多角的に考察，内省でき，柔軟性があり，全体像が見え，目標が考えられることであると答えた。つまり，この見解に東洋と西洋の違いは見られなかった。京都の学生の回答は，同じ日本である沖縄の学生と回答が近いことが予想されたが，京都の学生の回答はオークランドと類似していたのである。

また，「考える力を持つための重要な資質は何か」については，日本とニュージーランドの学生に共通して，他者の意見を傾聴することと答えた。しかし，他者の意見を傾聴する理由は両者で異なっており，オークランドの学生は，自分の期待に添った結果が出せるよう，他者（例：彼らの教員）が期待していることを把握するためであり，より良い成績を得るためだと答えた。一方，京都と沖縄の学生は，純粋に他者を理解し良い関係を保ちたいという望みから，他者に対する考慮を重視するという回答であった。行動の選択は同じだが，その理由，目的が異なっていたのである。

第3節　言語は批判的思考にどう影響するか

前節で述べたとおり，西洋人と日本人の批判的思考に対するとらえ方には，大きな違いはない。考える力や，考えるためのスキルに対する認識についても，特に異なっているとは言い難い。アジアの文化で育った人の批判的思考力が，西洋人より劣ると思われているもう一つの原因，「言語の違い」について，「言語構造」と「言語能力」の二つの側面から考えてみたい。

1．言語構造の影響

批判的思考には言語構造が影響する，といわれている。「サピア・ウォーフの仮説」(Hockett, 1954) によると，言語によってある概念や考えの伝えやすさが異なるという。ウォーフは，アメリカ先住民のホピ語の時間的概念を例に挙げている (Whorf, 1956)。ホピ語では，時間は明確に数えられるものではなく，連続したプロセスとしてとらえている。そのため，ホピ語で「1時間」や「1日」と伝えるのは，概念的に難しい。

アジアの言語は，間接的な表現を用いる傾向がある。板倉・ツイ (Itakura

& Tsui, 2011) の研究によると，書評を書くとき，日本語で書くか英語で書くかによって，書評者は異なるストラテジーを使う。日本語で書く場合，批判的に書かなくてはならなくなった言い訳から始まり，批判的な評価は間接的に伝えられることが多い。ただし，それは言語構造の影響であるか疑問である。言語構造によって話せる範囲を確認するような調査は，これまでになされてこなかったからだ。日本語の言語構造が原因で，日本人は批判的に考えにくく，さらに伝えにくくなっているのかは明らかになっていない。

2．言語能力の影響

「言語の違い」として，「言語能力 (language proficiency)」の影響も考えられる。フロイド (Floyd, 2011) やルンら (Lun, Fischer, & Ward, 2010)，ペイトン (Paton, 2005) は，実験に基づいた結果ではないが，英語圏に滞在する多くの留学生は批判的に考えるのが難しいと報告している。彼らにとって英語は第二言語であり，英語の学習段階が高くなければ，批判的思考に影響する。つまり，英語があまり堪能でない留学生の多くは，批判的思考力が低く見られがちだ，というのである。

言語能力が批判的思考に影響する原因については，認知コスト（どの程度，課題遂行に作動記憶容量を使うか）や，心的資源への負荷の観点から説明できる。私たちは言語でメッセージを送受信するために，作動記憶容量を使って形式を処理したり，意味を処理したりする。たとえば，「彼の意見に賛成だ」と言いたいとき，言語能力が高ければ「彼」「の」「意見」「に」「賛成だ」が心的辞書内でリンクしており，語彙を検索するのに負荷が少ないが，言語能力が低いと，「賛成だ」の前の助詞が「を」なのか「に」なのかなど，同時に考えなければならないことが多くなり，作動記憶容量に負荷がかかる。つまり，認知コストが高くなるのである。批判的に考える際には，さらに作動記憶容量を必要とする。個人によって大きさに違いはあるものの，作動記憶の容量は限られている。言語能力が低いと，言語の形式に容量が多く使われ，批判的思考に使える容量は相対的に少なくなる。

先行研究のなかには言語能力のタスク遂行への影響について調べたものがある。高野・野田 (Takano & Noda, 1995) は，図や計算，イメージなどの非言

語的タスクを説明する際，第二言語でよくできない傾向があると報告している。マナロ・植阪（Manalo & Uesaka, 2012）も，第二言語で図形を説明する際，言語能力の低い人はよくできなかったと述べている。課題によって言語能力の影響が異なるようである。

　言語能力と批判的思考の関係については，ルンら（Lun, Fischer, & Ward, 2010）とフロイド（Floyd, 2011）の報告がある。アジアの留学生が，彼らにとって第二言語である英語で批判的思考力を測るテストを受けたところ，スコアが低かったという。それは，言語能力のせいではないかと考察しているが，ルンら（Lun, Fischer, & Ward, 2010）とフロイド（Floyd, 2011）のどちらの研究も，研究で用いたテストが客観的な評価基準のあるテストではなかったため，第二言語の言語能力と批判的思考力の関係がはっきりと確認できているわけではない。

3．調査結果から見えてきたこと

　マナロら（Manalo, Watanabe, & Sheppard, 2013）で，言語と批判的思考力の関係を確認する調査を行ったが，「言語構造」については批判的思考力との関係を裏づけるような結果は何も得られなかった。しかし，「言語能力」と批判的思考の関係については，先行研究を支持する結果が得られた。それは，調査協力者にとって母語である日本語と，第二言語である英語で意見文を書いてもらい，その文章を比較，検証するというタスクの調査であった。批判的思考力は，「評価的な表現の記述」の数で判断した。調査協力者は，英語のライティングの必修科目で，批判的な評価の表現について，スキルを学んだ学生だった。すなわち，英語で批判的思考に関する指導を受けた学生である。それにもかかわらず，結果は，英語より日本語で書いた文章のほうが「評価的な表現の記述」が多く，スコアが高かった。このことから，二つのことがいえる。一つは，日本語の言語構造で批判的思考を表現できること。二つ目は，英語で学んだ批判的思考スキルは日本語に転移すること，である。

　同時に行った研究の結果，批判的思考力には，彼らの TOEIC（国際コミュニケーション英語能力テスト）の点数と相関があった点も興味深い。TOEIC は，英語のリスニング能力と読解スキルを測る集団基準準拠テスト

で，日本では英語運用レベルの測定に広く使われている。TOEICの点数と日本語で課題を行った批判的思考力には相関が見られなかったが，英語の課題を行った結果とは相関が確認された（$r = .23$）。つまり英語運用能力が高ければ高いほど，英語で評価的な記述が多く書け，英語運用能力が低ければ，評価的な記述は少なくなる。この結果から考えると，言語能力は批判的思考力に影響することになる。その理由として考えられることは，やはり先に述べたとおり，言語能力が低いと言語形式に作動記憶容量を多く使ってしまい，批判的思考に使用するための資源がほとんど残されていない状態になるからではないだろうか。

第4節　批判的思考の学習・教育

　第2節，第3節で，批判的思考は，言語構造による影響はないが，相互協調的自己観などの文化的要因や言語能力が影響することについて説明した。また，批判的思考をスキルとして教育した例を挙げ，そのスキルは言語が異なっていても転移することを確認した。本節では，学習・教育に焦点をあて，具体的にどのように学習・教育を組み立てたらよいのか，一案を紹介する。

　批判的思考はスキルとして学習し，教えることができる。アンダーソン（Anderson, 1982）のスキル習得論では，スキルを学ぶためにまず宣言的知識（言葉で説明できる知識）を学び，その知識を手続的知識（使える知識）にする必要があると述べている。つまり，あるスキルを習得するためには，まず，ルールを覚え，何度もその形式を繰り返す。繰り返すことによって自動化が進み，次第に無意識に使えるようになるという。そこで，このアンダーソンのスキル習得論に基づいて，批判的思考の学習・教育を考えてみたい。

1．スキル学習・教育プロセス

　スキル習得論は，批判的思考の学習・教育にも応用できる。批判的思考のスキルをルールとして覚え，さまざまな文脈で何度も繰り返し練習し，身につける方法である。

ルールの説明　→ルールを覚える　→文脈にあてはめる＋繰り返す　→個人の文脈で応用

図7-1　批判的思考スキルの学習・習得プロセス

　図7-1は，マナロら（Manalo, Watanabe, & Sheppard, 2015）を参考に作成した，批判的思考スキルの学習・教育プロセスを示している。

　第1段階として，批判的思考スキルのルールを学ぶ。すなわち，批判的思考スキルのタスクで必要となる表現を，事前に押さえておく。意見文であれば，「主張→理由→証拠→まとめ」の文章構造を紹介する。その際，それぞれで使われる表現例を，確認してイメージを共有しておく。第2段階では，この文章構造のルール，表現を覚える。第3段階では，形式に注目しながら意味のある文脈で練習する。この段階では，あくまでも正確さに焦点が当てられている。次に，さまざまな人間関係（上下関係・親疎関係など）を取り入れたタスクで練習を繰り返し，流暢さを目指す。最後の第4段階では，個々人が遭遇するであろう文脈を自ら設定して，応用する。

　川口（2004）は，表現練習では，意味のない言語活動で終わらないようにするために，「誰が，誰に向かって，何のために」表現するのかを記述し，考える「文脈化」を行い，表現主体である本人が自分について表現する「個人化」が大切だという。自分にとって意味のある文脈でスキルを活用しようとするときに，そのスキルは単なるかたちにとどまらず，自分の責任で文を作ろうとしていく。この最終段階が，現実社会につなぐステップであると考える。

（1）　タスク作成上の留意点①：文脈（文化的要因）

　練習のタスクを作る際，批判的思考態度が発揮されやすい人間関係や場面設定を考慮しなければならない。野元（1978）は，『日本人と日本語』のなかで，日本人の傾向について次のように述べている。

　　アメリカの論文は，反対論など大いに揉んで，その反対論の方が正しければ，潔く撤回することを前提としています。しかし，日本のものは一往完成品という建前ですからそう簡単には撤回できませんし，また，

普通はそこまで追い詰めないことになっています。近ごろのドライな考え方からすると感心できないのかもしれませんが"武士の情け"というものです。こういうことを目して，日本には真の批評はない，ということも言えるのでしょうが，書評などもけなすのはせいぜい3分ぐらいにしておいてあとはほめますから，仲間ぼめだ，などと批判する向きもないではありません。でも，この3分のところを拡大して読みとって，第三者としての判定をそれぞれが下せばいいわけで，この辺も「察し」の延長線上にあるのでしょう。 (野元，1978，p. 77)

　第2節で，相互協調的自己観を持つ人は相手との関係を優先的に考える，という見方について触れたが，上記の例からも批判的思考の態度が現れにくい文脈があることが分かる。公的な場であるかや，上下関係や親疎関係など，批判的思考態度の現れにくい文脈での練習はできるだけ後にし，まず形式（文法・語彙など）に注目できるよう文脈を考える必要があるだろう。

（2）　タスク作成上の留意点②：言語能力と認知コスト

　練習のタスクを作る際に，さらに考えるべき視点がある。それは，言語能力と認知コストである。第3節でも述べたように，マナロら（Manalo, Watanabe, & Sheppard, 2013）の調査から，TOEIC の点数が高い人ほど批判的思考力を持っている傾向があり，批判的思考には言語能力が関わっていることが明らかになっている。母語であっても，第二言語であっても，話をするときには批判的に考えるより，言語の形式（文法・語彙など）のほうを優先して考える傾向があるという。認知コストを下げるため，第二言語を通して批判的思考スキルを練習する場合には，新しい単語や文法などを避けたり，第二言語の学習段階によってはあらかじめよく使われる言い回しを押さえて覚えておくなど注目すべきポイントをできるだけ絞り，作動記憶容量の負荷を抑えたタスクで，段階的なタスクの実践がより有効だと考えられる。

2．スキル学習・教育の効果

　では，図7-1のような批判的思考スキルの学習・教育プロセスを実践した

場合，学習効果は確認されるのだろうか。ここで，母語で学習したケースと，第二言語である英語で学習したケースの結果を報告する。

（1） 日本語による教育と学習効果

木下・岩佐・木山・德田（2013）では，日本人学生と留学生を対象に，図7-1のプロセスに基づいて教育を行った。

具体的には，各段落の構成（中心文と支持文），文章構造（序論，本論，結論／図表の説明／ナンバリング），論理のつながり（主張と理由，理由と証拠／事実か意見か）をルールとして理解し，覚える。次に，ある文脈のなかでこのルールを当てはめて練習し，それをタグづけ，マインドマップ，構造化シート，クローバーチャートなど，自らの思考を可視化するような方法，ツールで確認した後，最後に，社会問題について自分の主張を組み立てることで応用するという内容である（木下ら，2015）。この教育を行う前と行った後で批判的思考スキルに関するテストを行い，比較したところ，形式やルールを問う問題の正答率の伸びは顕著であったが，ある文脈のなかでルールを応用させる問題の正答率の伸びは緩やかであった。全体的には有意な伸び（$p<.001$）が確認されている。

学生からは「他のクラスや社会で活用できる」「単純な説明でもうまく伝えたら説得力があることが分かった」「短い時間で効率的に論理的な意見をまとめることができた」などという肯定的な評価を得ている。失敗してもクラスの皆に受け入れてもらえるという安心感のある教室の雰囲気づくりをしておくと，クラス内での学び合いが促進され，学習効果につながることを実感している。

（2） 英語による教育と学習効果

第二言語である英語で，批判的思考スキルを教育した例を紹介したい。早稲田大学理工学術院には1年から4年までの英語コースがあり，英語を通して批判的思考力の段階的な育成を目標としている。学生たちのほとんどが大学院に進学するため，海外で学会発表をしたり，共同研究したりすることができるレベルの批判的思考力が，英語で求められる。

ここでは，早稲田大学理工学術院で展開している段階的な批判的思考力の育成について，アンソニーら（Anthony, Rose, & Sheppard, 2009），シェパードら（Sheppard, Fujii, Manalo, Tanaka-Ellis, & Ueno, 2014a, 2014b），マナロら（Manalo, Kusumi, Koyasu, Michita, & Tanaka, 2015）の例を挙げる。

まず，①ルールとして意見文の際に用いる英語表現，文章構成を理解し，聞き取り練習を通じてそのルールを覚える。次に，②人間関係や場面設定を明確に設定した文章を作成する。ここでは，作動記憶容量の負担を考えて，意味より形式に注目させる。そして，③さまざまな文脈に当てはめて繰り返す。その後，④実際の場面でコミュニケーションタスクをさせる。このタスクを行うことにより，意味に焦点を当て，①〜③の段階で学んだ表現や文章構造を実際に応用することができる。これが1年1学期目のコースである。1年2学期目以降はさらにテーマを専門に近づけ，文章構造を複雑にして繰り返し，最終的には卒業研究をテーマとしている。

このプログラムで，批判的思考力が実際に育成されているかを検討した調査結果がある。前述のコースを受講した大学1年生（44名）と2年生（111名）を対象に，批判的思考力を測るための「評価タスク」を行い，スコアを比較した。その結果，2年生のスコアのほうが高く，批判思考力の向上が確認できた。このことから英語を通して批判的思考スキルを学習しても，日本語に応用できることが分かる。

上記の例から，批判的思考力を高める教育として，スキル習得論をベースにデザインした方法は有効であるといえるだろう。

第5節　まとめ

21世紀のスキルとして批判的思考スキルを持つことは非常に重要であり，その教育が求められる。今後も批判的思考との関連要因を明らかにしていくとともに，どのように育成できるかをより深く追究していかなければならない。

過去5年間，筆者らが行ってきた研究により，2点ではあるが明らかになってきたことがある。第一に，文化的要因，文化的自己観（Markus &

Kitayama, 1991），自己制御モード（Higgins, Pierro, & Kruglanski, 2008）が，批判的思考に影響すること。ただし，批判的に考える程度については影響しない（Manalo, Kusumi, Koyasu, Michita, & Tanaka, 2013）。日本人とニュージーランド人の大学生を対象に調査を行った結果，文化的自己観と自己制御モードが異なっていた。ただし，ニュージーランド人と日本人の批判的思考の程度に差がないため，批判的思考を行うには，さまざまな経路があると考えられる。つまり，自己制御モードのアセスメントでもロコモーションでも，批判的に考えるうえでの動因となることが明らかになった。

　さらに，日本人とニュージーランド人の大学生を対象に行ったフォーカスグループインタビューから，日本人とニュージーランド人は，相違点が多いというよりむしろ，類似点が多く確認された（Manalo, Kusumi, Koyasu, Michita, & Tanaka, 2015）。とくに，批判的思考のような「考えるためのスキル」に対する認識や意見が，非常に似ていた。この結果は今後，批判的思考の教育を考えていくうえで重要なポイントである。まずは，教員が批判的思考とその他のスキルについてどのように期待しているかを伝え，それらのスキルについて意識することが必要である。

　筆者らの研究のなかで二つ目に貢献しうる結果は，批判的に考えるうえで言語がどのように影響するのかを明らかにしたことである（Manalo, Kusumi, Koyasu, Michita, & Tanaka, 2013）。筆者らの研究においては，言語構造によって批判的思考が制限されるという，これまで先行研究でいわれてきた説を裏づける結果は一切得られなかった。日本語は英語に比べて，一般的に間接的な表現を用いるといわれているが，日本人大学生が英語で指導を受け，日本語で書いた文章は，英語で書いたものより批判的思考が反映されたものであった。このことから，日本語の言語構造は，批判的に考えるうえでまったく障害にならないといえる。批判的に考えるうえで影響していたのは，むしろ言語能力であったというのが，筆者らの研究結果である。これは，アメリカやオーストラリアに留学している学生が，批判的に考えられないことの説明となっているといえる。言語能力が低いと課題遂行時に心的資源を使うことになるが，そのための作動記憶容量が残っていないためだと考えられる。

　最後になるが，批判的思考は育てられる。批判的思考力を育てるために

は，批判的思考スキルの学習・教育の機会を持つことが不可欠である。第4節で紹介した批判的思考スキルの学習・教育案は，言語教育を通して行うものである。このアプローチは，数多く存在する学習・教育方法の一つにすぎないが，批判的思考には言語が欠かせないため，言語を通して行うことが大切である。冒頭で批判的思考の意味は，観察，コミュニケーション，情報，議論などを，能動的に解釈したり評価したりすることだと述べた。これらの行為は，ほとんどが言語を通して行われる。だからこそ，このようなコンテンツを学ぶ言語教育の場で，批判的思考を扱うことが有効だと考えている。

■文献

Anderson, J. R. (1982). Acquisition of cognitive skill. *Psychological Review*, **89**, 369-406.

Anthony, L., Rose, R., & Sheppard, C. (2009). *Concept building and discussion: Foundations*. Tokyo: DTP Publishing.

Atkinson, D. (1997). A critical approach to critical thinking in TESOL. *TESOL Quarterly*, **31**, 9-37.

Fisher, A. & Scriven, M. (1997). *Critical thinking: Its definition and assessment*. Norwich, UK: Centre for Research in Critical Thinking.

Floyd, C. B. (2011). Critical thinking in a second language. *Higher Education Research and Development*, **30**, 289-302.

Griffin, P., McGaw, B., & Care, E. (Eds.) (2012). *Assessment and teaching of 21st century skills*. London: Springer.

Halpern, D. F. (1998). Teaching critical thinking for transfer across domains. *American Psychologist*, **53**, 449-455.

Higgins, E. T. (2008). Culture and personality: Variability across universal motives as the missing link. *Social and Personality Psychology Compass*, **2**, 608-634.

Higgins, E. T., Kruglanski, A. W., & Pierro, A. (2003). Regulatory mode: Locomotion and assessment as distinct orientations. In M. P. Zanna (Ed.), *Advances in experimental social psychology, 35*. New York: Academic Press. pp. 293-344.

Higgins, E. T., Pierro, A., & Kruglanski, A. W. (2008). Re-thinking culture and personality: How self-regulatory universals create cross-cultural differences. In R. M. Sorrentino & S. Yamaguchi (Eds.), *Handbook of motivation and cognition across cultures*. New York: Elsevier. pp. 161-190.

Hockett, C. E. (1954). Chinese versus English: An exploration of the Whorfian thesis. In H. Hoijer (Ed.), *Language in culture*. Chicago: University of Chicago Press.

Itakura, H. & Tsui, A. B. M. (2011). Evaluation in academic discourse: Managing criticism in Japanese and English book reviews. *Journal of Pragmatics*, **43**, 1366-

1379.

川口義一（2004）．表現教育と文法指導の融合――「働きかける表現」と「語る表現」から見た初級文法　*Canadian Association for Japanese Education*, **6**, 57-70.

木下直子・岩佐靖夫・木山三佳・德田　恵（2013）．コミュニケーションスキルの向上を目指した初年次教育とその学習効果　コミュニケーション・スキルの習得を目指した初年次教育　日本教育心理学会第55回総会自主企画シンポジウム , S50-S51.

木下直子・木山三佳・德田　恵（2015）．コミュニケーション・スキルの学び――グローバル社会を生きるためのレッスン　実教出版

Kruglanski, A. W., Thompson, E. P., Higgins, E. T., Atash, M. N., Pierro, A., Shah, J. Y., & Spiegel, S. (2000). To 'do the right thing' or to 'just do it': Locomotion and assessment as distinct self-regulatory imperatives. *Journal of Personality & Social Psychology*, **79**, 793-815.

Lun, V. M. C., Fischer, R., & Ward, C. (2010). Exploring cultural differences in critical thinking: Is it about my thinking style or the language I speak? *Learning and Individual Differences*, **20**, 604-616.

Manalo, E., Kusumi, T., Koyasu, M., Michita, Y., & Tanaka, Y. (2013). To what extent do culture-related factors influence university students' critical thinking use? *Thinking Skills and Creativity*, **10**, 121-132.

Manalo, E., Kusumi, T., Koyasu, M., Michita, Y., & Tanaka, Y. (2015). Do students from different cultures think differently about critical and other thinking skills? In M. Davies & R. Barnett (Eds.), *Palgrave handbook of critical thinking in higher education*. New York: Palgrave Macmillan. pp. 299-316.

マナロ・エマニュエル，シェパード・クリス，木下直子（2015）．外国語教育（第二言語習得）英語教育で批判的思考力を高める方法　ワードマップ　批判的思考――21世紀を生きぬくリテラシーの基盤　新曜社　pp. 122-127.

Manalo, E. & Uesaka, Y. (2012). Elucidating the mechanism of spontaneous diagram use in explanations: How cognitive processing of text and diagrammatic representations is influenced by individual and task-related factors. *Lecture Notes in Artificial Intelligence*, **7352**, 35-50.

Manalo, E., Watanabe, K., & Sheppard, C. (2013). Do language structure or language proficiency affect critical evaluation? In M. Knauff, M. Pauen, N. Sebanz & I. Wachsmuth (Eds.), *Proceedings of the 35th Annual Conference of the Cognitive Science Society*. Austin, TX: Cognitive Science Society. pp. 2967-2972.

Markus, H. R. & Kitayama, S. (1991). Culture and the self: Implications for cognition, emotion, and motivation. *Psychological Review*, **98**, 224-253.

野元菊雄（1978）．日本人と日本語　筑摩書房

Paton, M. (2005). Is critical analysis foreign to Chinese students? In E. Manalo & G. Wong-Toi (Eds.), *Communication skills in university education: The international dimension*. Auckland: Pearson Education. pp. 1-11.

Ramanathan, V. & Kaplan, R. B. (1996). Audience and voice in current composition texts: Some implications for ESL student writers. *Journal of Second Language Writing*, **5**(1), 21–34.

Sheppard, C., Fujii, M., Manalo, E., Tanaka-Ellis, N., & Ueno, Y. (2014a). *Communication Strategies 1* (2nd ed.). Tokyo: DTP Publishing.

Sheppard, C., Fujii, M., Manalo, E., Tanaka-Ellis, N., & Ueno, Y. (2014b). *Communication Strategies 2* (2nd ed.). Tokyo: DTP Publishing.

Takano, Y. & Noda, A. (1995). Interlanguage dissimilarity enhances the decline of thinking ability during foreign language processing. *Language Learning*, **45**, 657–681.

Whorf, B. L. (1956). The relation of habitual thought and behavior to language. In J. B. Carroll (Ed.), *Language, thought, and reality: Selected writings of Benjamin Lee Whorf*. Cambridge, MA: MIT Press. pp. 134–159.

第8章　音楽教育における批判的思考

● 平山るみ ●

第1節　音楽と批判的思考がどのように関わるか

　音楽教育というと，「情操教育」というイメージを持つ人も多いかもしれない。もちろん，情操を育むことは，音楽教育のなかでも重要な目的となっている。また，音楽をはじめとする芸術は，「感じる」ことがすべてであり，思考，とくに批判的思考とは無縁のものだと思っている人もいるであろう。実際，「音楽を聴くとき」が，批判的思考を発揮するのに効果的ではない文脈だと判断されることもある（田中・楠見，2007b）。しかし，じつは，音楽のさまざまな活動においては，感覚，感性と併せて，批判的思考をはじめとする高次思考力が必要とされるのである。ここでは，批判的思考と音楽の関わりについて見ていこう（Kokkidou, 2013; Topoglu, 2014）。

1. 音楽活動における批判的思考のプロセス

　批判的思考のプロセスには，情報の明確化，推論の土台の検討，推論，意思決定や問題解決というプロセスがある（楠見，2015，p. 19参照）。多くの音楽家は，ただ感覚に任せるのみではなく，これらのプロセスを経て，歌唱や演奏などの表現活動や創作活動を行っている。それらの音楽活動のなかで必要とされる，批判的思考スキルについて見てみよう。

　まず，音楽を聴いたり，理解したり，作り上げたりするためには，音楽のハーモニーや調性，音楽形式や構造を認識する必要がある（情報の明確化）。次に，音楽的要素や曲の制作時期や文化的背景などを検討し，音楽を理解し作り上げるための情報を検討する（推論の土台の検討）。そして，音楽的要

素に基づき，意味や表現について，演繹的・帰納的推論を行う（推論）。そして，それらに基づいて表現を決定し，問題解決へと至るのである。さらに，自らの表現を批評することによって，さらに問題を認識し，次の音楽活動へとつなげていく。

　たとえば，「落葉」（上田芳憧作曲）という尺八の楽曲を演奏する際には，以下のプロセスが考えられる。まず，情報の明確化として，曲の構造を認識する。その結果，大きく三つの部分に分けることができる。各部分を見てみると，①ロングトーンや間が中心となる部分，②ロングトーンや間もあるが，非常に細かい音の動きが特徴的となる部分，③拍子が感じられる軽快な調子となる部分である。次に，音楽を理解し作り上げるための，推論の土台を検討する。曲の制作時期は大正14年であるため，大正14年の日本および関西の文化，当時の音楽や尺八界の状況，作曲者について検討する。そして，それらの情報や「落葉」という情景に基づき，表現に関して推論を行う。たとえば，作曲者は西洋音楽に精通しているが古典も学んでいるため，その両者の技法を生かしているという情報や音楽的要素から，音の切り方やつなぎ方，各音の音色などを考察する。そして，表現を決定し，演奏活動を行う。さらに，自らの演奏を省察，批評し，同曲の次の演奏や，他の楽曲の演奏活動につなげていく。

2．音楽活動における批判的思考の認知的な側面

　批判的思考には，認知的な側面として，スキルや知識が必要とされる。音楽活動における批判的思考のプロセスを遂行するために，音楽の全体的な構造や部分を分析するスキル，音楽的要素を理解するスキル，そしてそれらの要素間の関係を把握することが必要となる。また，分析や理解によって明確にした情報から演繹的・帰納的に推論するスキルも必要である。岡本（2012）では，さまざまな音楽間の比較，分類，具体的事例から導かれたルールの抽象化，さまざまな情報から曲の構成要素の必然性を考えたりする帰納的推論，示されている楽譜から読み取り推測する演繹的推論，感覚や感想に対する根拠の構成，自分自身について省察する誤りの分析，ものの見方の分析といったスキルが挙げられている（表8-1）。

第 8 章　音楽教育における批判的思考　　*121*

表 8-1　学習の次元に見られる「推論のプロセス」に基づいた単元と問いとの構成の事例
（岡本，2012 を著者一部改変）

単元：イタリア歌曲と劇音楽

活動：Voi che sapete（恋とはどんなものかしら）を歌う。 　　　複数の喜劇の曲中の歌を鑑賞する。

活動目標：イタリア語の曲を歌うことで，子音を鳴らし，母音を響かせ，しっかりと言 　　　　　葉を発音して歌うようになる。 　　　　　曲の背景にあるストーリーや時代，作曲家の意図をくみ取って歌う。 　　　　　音程，リズム，和声，表想記号などから作曲家の意図を読み取り，演奏のイ 　　　　　メージを膨らませる。

主教材：Voi che sapete（恋とはどんなものかしら）

	問い	子ども の活動	回答例（探究例）	主となる領域
演繹的 推論	• 「イタリア語の曲はどうして力強く感じるのか」 • 「弾んだ感じを受けるのはどうしてか」	楽譜から 読み取る	• イタリア語は子音をはっきり発音して歌う。 • 左手の伴奏がスタッカートになっている。 • イタリア語を使っているイタリア人の気質は……。	• 表現（声楽） • 表現 （音楽理論） • 表現 （音楽史）
帰納的 推論	• 「どうしてオーストリアで作曲された『フィガロの結婚』がイタリア語で書かれたのか」 • 「どうしてこの曲にスタッカートを使う必要があるのか」	さまざまな情報から曲の構成要素の必然性を考える	• 古典派の時代，オペラはイタリア語で上演されるのが通例だった。 • 古典派の時代，宮廷で演奏される劇音楽はイタリア語が格調高いとされていた（モーツァルトは宮廷音楽家） • この曲の歌い手であるケルビーノは，少年で，主君の奥様に憧れて恋心を歌で伝えている。ケルビーノにとっては真剣でも，観客から見れば，少年が奥様に恋歌を歌うシーンは微笑ましく，少し滑稽。スタッカートは，思春期の少年の躍動的な鼓動を表し，観客のわくわくするようなおかしいような気持ちを促す。	・鑑賞 ・表現（声楽） ・表現 （音楽理論） ・表現 （音楽史）

そして，他の領域の問題と同様に，音楽に関する領域的知識も必要となる。ここで必要となる知識は，音楽記号や音楽形式といった，いわば言葉で説明できる宣言的知識だけではなく，どのような表現で聴き手がどのように感じうるのかといった，感覚や感性に関する知識も含まれる。また，伝統音楽におけるいわゆる「型」と呼ばれる表現形式も，音楽的知識に含まれるであろう。

また，音楽自体がコミュニケーションの手段ともなるが，その音楽を作り上げるために言語的能力が必要となることもある。音楽は，個人での創作や演奏活動も可能ではあるが，合奏など，演奏者や指揮者や作曲者，また演奏に関わるスタッフといった他者との協同のなかで作り上げる必要性があり，集団での問題解決力も必要となる。また，自分の視点だけではなく，聞き手の視点に立ち，その表現で伝えたいことが本当に他者に伝わるかを考えねばならず，客観的，多面的な視点取得が必要となる。

3．音楽活動における批判的思考の態度

批判的思考には，認知的側面だけではなく，情意的な側面も必要とされる。音楽活動も同様に，両者が必要とされる。まず，音楽をはじめとする芸術における問題の正解は，一つとは限らない。たとえば，同じフレーズであっても，その表現は多様である。絶対的な答えや標準的な答えなどがないなかで挑戦し続けることが求められ，探究心や認知欲求が必要とされる。また，主観に基づく独り善がりの表現ではなく，音楽的要素などから論理的に考えようとしたり，根拠に基づいて考えようとする態度も重要である。

また，さまざまな文化に根差した楽曲や表現，個が投影された，さまざまな作品が存在する。それらの価値は，ある特定の価値基準によってのみ測られるものではない。たとえば，音楽の要素として，旋律，ハーモニー，リズムといった要素が重視される音楽もあれば，尺八古典曲などのように，間や音色が重視される音楽もある。その一方で，同じ吹奏楽器であっても，オーストラリアのアボリジニの伝統的な吹奏楽器であるディジュリドゥのように，循環呼吸によって絶え間なく音が続けられ，その響きが重視される音楽もある。これらは，その音楽に求められている役割も異なり，音楽のなかで

重視されている要素も表現も大きく異なっているが，そこに価値の高低や優劣はない。広く「音楽」というものを理解するためには，それぞれの音楽を理解し，価値を認めることを通じて異文化や多様性を理解する力や，一つの価値しか認めないような閉鎖性ではなく，開放的な心（openness）を持つことが必要とされる。

　また，音楽の表現や理解のためだけではなく，音楽を創造する際にも，自らの作品に対する省察性や自己認識，新しいものを探し求める探究心などが必要とされる。

第2節　音楽教育と批判的思考

　音楽活動には，批判的思考が必要であることを見てきた。つまり，学校教育における音楽科においても，子どもたちが音楽に取り組むなかで，批判的思考を育むことができるであろう。では，学校での音楽教育において，批判的思考がどのように位置づけられているのだろうか。諸外国，そして，日本における位置づけを見てみよう。

1．諸外国における音楽教育と批判的思考

　岡本（2001）によると，アメリカでは，1957年に始まるスプートニクショック以降の1960年代や，学力低下問題が生じた1970年代に高次思考力への関心が高まり，そのなかで音楽教育をはじめとする芸術教育においても，思考力育成が重要視されるようになった。それまで，音楽科では演奏スキルの獲得が重視されていたが，1965年から行われたマンハッタンビル音楽カリキュラム計画（MMCP: The Manhattanville Music Curriculum Program）では，スキルだけではなく，音楽の持つ意味の発見や理解にまで言及されるようになった。そして，音楽科の認知目標として，分析的思考，批判的思考，創造的思考が示された。このMMCPによる影響は，教師の理解不足や授業内容の肥大化といったさまざまな問題によりいったん衰退するものの，1980年代における高次思考に関する認知心理学の発展により，再び音楽教育における批判的思考が重要視されるようになった。

また，コキドウ（Kokkidou, 2013）は，ヨーロッパの数カ国や地域では，小学校教育における音楽教育のカリキュラムにおいて，批判的思考に関する記述が見られることを示している。

(1) オーストリア——批判的思考に関して，音楽についての立場，一般的な音楽や音の響きについてなど，３点の言及。
(2) ベルリン——批判的思考の促進の必要性について，音楽と音楽の機能的役割への知的なアプローチなど，批判的思考に関して２点の言及。
(3) ギリシャ——音楽作品に触れる際の批判の重要性について，２点の言及。
(4) カタロニア——音楽的パフォーマンスの批判的な評価，生徒の音楽に対する一般的態度についてなど，２点の言及。
(5) スウェーデン——生徒たちは要素や関係性を査定する能力を高め，音楽の批判的な審査や評価のスキルを高めねばならない。
(6) ブルガリアおよびロシア連邦——批判的思考には言及していない。

このように，さまざまな国や地域で，音楽教育で批判的思考を育むことが目標とされている。

2．日本の学校教育における音楽教育

これまで，技術偏重型といわれることも多かった日本の音楽教育であるが，音楽科を含む各教科において思考力，判断力，表現力を育むことが求められるようになった現在では，どのようにとらえられているのだろうか。音楽科固有の学力として，島崎（2007）は，音や音楽および共に学習する他者と「関わる力」を土台として，文化的価値の創造と発見および再創造につながる「表す力」，文化的価値の理解と称賛につながる「聴く力」を提唱している。

たとえば，現行の小学校音楽科の学習指導要領（文部科学省，2008）を見てみると，「表現及び鑑賞の活動を通して，音楽を愛好する心情と音楽に対する感性を育てるとともに，音楽活動の基礎的な能力を培い，豊かな情操を養

う」といった目標が掲げられている。さらに，各学年の目標にも，批判的思考という文字は見られない。たとえば，第3，第4学年の目標は次のとおりである。

(1) 進んで音楽に関わり，音楽活動への意欲を高め，音楽経験を生かして生活を明るく潤いのあるものにする態度と習慣を育てる。

(2) 基礎的な表現の能力を伸ばし，音楽表現の楽しさを感じ取るようにする。

(3) さまざまな音楽に親しむようにし，基礎的な鑑賞の能力を伸ばし，音楽を味わって聴くようにする。

これらの目標を達成するために行われる教育内容としては，たとえば，表現では「歌詞の内容，曲想にふさわしい表現を工夫し，思いや意図をもって歌うこと」「互いの歌声（楽器の音）や副次的な旋律，伴奏を聴いて，声を合わせて歌う（演奏する）こと」，鑑賞では「音楽を形づくっている要素のかかわり合いを感じ取り，楽曲の構造に気を付けて聴くこと」などが挙げられている。また，「表現」および「鑑賞」の共通事項として，「音楽を形づくっている要素のうち次の（ア）及び（イ）を聴き取り，それらの働きが生み出すよさや面白さ，美しさを感じ取ること」とし，「（ア）音色，リズム，速度，旋律，強弱，音の重なり，音階や調，拍の流れやフレーズなどの音楽を特徴付けている要素」，「（イ）反復，問いと答え，変化などの音楽の仕組み」が挙げられている。また，「音符，休符，記号や音楽にかかわる用語について，音楽活動を通して理解すること」が挙げられている。このように，批判的思考の育成については，音楽科の目標として明示されてはいないものの，表現および鑑賞を通じて，音楽的要素の明確化や理解といった，批判的思考に関わることが述べられている。

また，言語活動が各教科に求められるようになり，鑑賞では，「楽曲を聴いて想像したことや感じ取ったことを言葉で表すなどして，楽曲の特徴や演奏のよさに気付くこと」が，学習内容として挙げられている。音楽を用いての表現活動はもちろんであるが，各自の思考を言語を用いてお互いに伝え合

うことで，思考の協同的な深まりが期待できる。

3．どのような活動で育まれうるか

　音楽教育では，楽曲に対する解釈や表現の仕方を，知識として習得するだけでなく，どうしてそのような解釈や表現方法が導かれるのかというプロセスを学ぶなかで，思考力が育まれうると考えられる。意見や感想を述べ合うだけではなく，「どうして」そう思うのかといった根拠を掘り下げていくことで，音楽的な要素への気づきを促進し，思考力を育むことにつながる。そこには，教師の働きかけが重要となる。岡本（2012）は，推論のプロセスに基づき教師が問いを立てていくことが重要であると述べ，中等教育における表現や鑑賞の単元と，問いの構成の事例を紹介している（表8-1）。

　また，表現や鑑賞だけでなく，創作活動においても批判的思考を育むことができるであろう。たとえば，鑑賞や表現のときに，その楽曲で用いられている要素や構造を分析的にとらえる。そして，それらで得た知識を活用し創作活動を行う。創作活動は，ただ何となく音を並べるだけではなく，その表現方法を用いることに対する仮説と検証の繰り返しのプロセスとなる。たとえば，ガムラン鑑賞の際に，異なるリズムを噛み合わせるインターロッキングなど，その曲で用いられている要素に着目させる。そして，そのような要素がどのように用いられているのかを言語化し，子どもたちの音楽的知識として共有していく。そして，知識として得たインターロッキングという要素を用いることで創作を行う。

　一例を挙げると，別々の言葉を発するときに，言葉の頭で手を叩くことで，インターロッキングという要素を検証できる（橋本，2014）。たとえば，一方のグループが「うどんうどんうどん」，もう一方のグループが「そばそばそば」と，四角囲みの文字を発するときに手を叩く。このように，インターロッキングの特徴を体験したのち，では，他の言葉，たとえば「みそにこみ」を重ねるとどうなるのか，手を叩くのではなく足を踏み鳴らすといった音色を変えるとどうなるのか，速度を変えるとどうなるのかといった仮説を立て，実際に行うことで検証していく。そして，子どもたち自身が創作した作品を鑑賞し合い，その要素や構造に着目しながら意見や感想を述べ合うこと

で，さらなる創造へとつながっていくのである。

このように，明確化，推論，表現の決定，問題解決という批判的思考の過程を，表現，鑑賞そして創作といった活動を通じて実践していくのである。

第3節　音楽教育を通じての批判的思考育成の実践例

高等教育をはじめ，初等中等教育においても，批判的思考を育成するための教育実践が増えつつある。その教科はさまざまであるが，国語，英語，社会，理科，数学といった教科において多く見られる。そのなかで，音楽科における批判的思考育成の試みを見てみよう。

香川大学教育学部附属高松小学校では，2010～2012年度にかけて，「自ら学び，自信をもって共に伸びる子の育成」という研究テーマを設定し，全校的な取り組みが行われた。ここでの「自信」とは，自ら問題を把握し，主体的・協同的に解決に取り組み，そのことが人や社会の役に立ち認められていると実感することにともない，結果的に芽生えてくるもの，ととらえられている（香川大学教育学部附属高松小学校教育研究会，2013)。そして，問題解決過程で働く思考を，創造的思考と批判的思考の側面からとらえ，さまざまな授業実践と評価法の開発が行われ，音楽科においてもそれらの実践が行われた。

1．第4学年音楽科における授業実践 (藤田，2013)

（1）授業の概要

A．単元名　　フレーズを意識して歌う（実践者による題材名：「切れてるけどつなげて歌う?!」）

B．目標　　「歌詞の内容や曲の特徴を生かして思いが伝わる歌い方になっているか吟味し，イメージにあった歌い方を工夫すること」それを通して，「テキスト（楽譜や歌詞）や体験などの根拠をもとに，表現媒体そのもので吟味し，表現のイメージをもつ」という問題解決的思考を促す。

C．教材　　第1教材「あきのひ：のぎくみちこ」，第2教材「かたつむりのゆめ：かたつむりでんきち」（いずれも，工藤直子作詞，新実徳英作曲）。本

単元では音楽のまとまり（フレーズ）を感じて，その働きが生み出す良さや面白さを感じ取って表現を工夫することを指導する。したがって，音楽のまとまりが歌詞のまとまりと一致しており，音楽のまとまりを意識するために適切な教材が選定された。

D．子どもが解決を目指す問題　①音楽を聴いて「いいな」と感じた「ときめき」が自分たちの歌では伝えられない。その原因が分からない。②音楽が切れ切れになってしまって，まとまりで伝わらない。③伝えたいこと（歌詞）が音楽にのって伝わらない。④どうにか音楽で伝える力を身につけたい。

E．題材構成　第1教材について3時限，第2教材について3時限の，全6時限で構成された（表8-2）。

（2）　授業展開

　以下に，第2教材の「かたつむりのゆめ」の授業展開について紹介する。

A．音楽表現を考えることの価値づけ　曲の鑑賞や歌唱に入る前に，まず国語科において歌詞のみが提示され，子どもたちは曲調を推測したりイメージを述べたりした。多様な意見が述べられ，子どもたちは，人によってまったく異なるイメージを抱くことに気づいた。たとえば，「ゆめのなかではね，ひかりのようにはやくはしるんだよ」という同じ歌詞に対しても，「自慢している感じがする」「寝言を言っている感じがする」「皆を笑わせようと冗談を言っている。優しい感じ」「実際には速くないから悲しい感じ」など，多様なイメージが挙げられた。次に，曲が提示された。すると，「悲しかったり眠かったりするのではなく，楽しい感じ。嬉しい感じ」と，多くの児童のイメージが変容した。ここで教師によって「言葉だけよりも，音楽があることで思いをより伝えることができるんだね」と，音楽に対する価値づけが行われた。

B．問題の明確化と共有，課題の設定　子どもの感覚や感性を大事にしたうえで，学習の目的に沿う問題が焦点化された。CDを用いて曲を鑑賞し，曲から受けるイメージや，曲および歌い方の要素について，子どもたちが感じたことをそれぞれ付箋に記し，それを感じた個所に貼っていった（図8-1）。そして教師は，子どもたちが注目したところ（「ゾクっとしたとこ

第8章 音楽教育における批判的思考　*129*

表8-2　全6時間の題材構成（藤田，2013）

教材	時	学習活動	問題解決過程における子どもの意識の流れ	音楽を形作っている要素
1	1	「あきのひ」を鑑賞し，曲の大まかな感じを捉え，「ときめき」の部分を見つけて解決の見通しをもつ。	・野菊の様子を表しているね。途中でどきっとする曲だ。 ・「ふふふふりかえると」「しずむところでした」はいいなぁと感じたよ。どのように歌えば，そういうふうに相手に伝わる歌い方ができるか考えていこう。	・スタッカート ・スラー ・強弱
	2	「ときめき1」の解決。「ふふふりかえると」の部分のからくりを考えて歌う。	・野菊が誰かに呼ばれてどきどきしている気持ちが伝わってきた。 ・自分たちの歌では，何を伝えようとしているのか言葉と音楽の流れの中で分からないよ。 ・どきどきするような気持ちが伝わる歌い方をしよう。	
	3	「ときめき2」の解決。「くるくる〜しずむところでした」の部分のからくりを考えて歌う。	・野菊と夕日が会話しているようだ。野菊が振り返ると夕日が「さようなら」と言っているようだ。野菊が夕日に対して「ありがとう」と言っているような温かさや優しさを感じる。 ・自分たちの歌では，その気持ちが伝わらないよ。 ・「む」から「と」にかけてのところがときめくように歌おう。 **問題解決的思考** テキスト（歌詞の言葉や音楽の特徴）や想像した情景を根拠に，どのように歌うか具体的に考えている。さらに，友達の歌い方や考え方をヒントにして表現のイメージをもっている。	・まとまり（フレーズ）
2	4	「かたつむりのゆめ」を鑑賞し，曲の大まかな感じを捉え，「ときめき」の部分を見つけて歌いながら解決の見通しをもつ。	・かたつむりのゆったりした動きと夢の中での様子をうまく表した曲だ。 ・「あきのひ」よりも音が分散しているので，分かりづらい。 ・どのように歌えば，相手に伝わる歌い方ができるか考えていこう。	・スタッカート ・強弱 ・リズム ・まとまり
	5	「ときめき1」の解決。「かたつむりのゆめ」の伝えたい部分をどのように歌うか考えて歌う。	・「光のようにはやく……」の部分を，本当に光のように走っているのが伝わるように歌いたいな。 ・うまくバトンタッチするように歌うといいな。	・まとまり
	6	「ときめき2」の解決。「かたつむりのゆめ」の伝えたい部分をどのように歌うか考えて歌う。	・「走るんだよ」の部分を「夢の中ではすごく速く走ったことを伝えたくてたまらないような」歌い方にしてみたいな。 **問題解決的思考** テキスト（歌詞の言葉や音楽の特徴）や想像した情景を根拠に，どのように歌うか具体的に考えている。さらに，友達の歌い方や考え方をヒントにして表現のイメージをもち，その良さを実感している。	・まとまり

図8-1　音楽鑑賞による子どもの気づきの可視化

ろ」）2カ所を，「ときめき1」「ときめき2」として取り上げ，その「ときめき」が聴き手に伝わるように歌うことが目標であることを，全員で共有した。そして，その問題解決のために，子どもたちがときめいたポイントにはどのような「からくり」があるかを，音楽的要素に基づき考え，そして自分たちが感じたときめきを他の人にも伝えるように歌うことが，パフォーマンス課題として確認された。

C．問題解決へのプロセス　歌詞や曲の特徴や，伝えたいイメージに関する言語（例：「音は切れているけれども，山のように見えない糸でつながっている感じ」），すなわち複数テキストを関連させ，子どもたちがときめいた根拠を自ら機能的に見いだし，テキストの意図を生かして，相手に伝わるような具体的で豊かな表現のイメージを持ち，それを意識しながら歌うという問題解決へのプロセスは，次のようなものであった。ここではとくに，第6時限について紹介する。

　まず，該当時限で扱う問題が，「ときめき2」である「走るんだよ」の部分に焦点化された。具体的には，この個所で子どもたちが伝えたいと考えた「夢の中の嬉しさ」が伝わる歌い方を考え，工夫する，という課題であることがクラス全体で確認された。そして教師は，歌詞や休符などから，音楽のまとまりという要素が作られる「からくり」を考えるよう方向づけた。ここで教師は，「どのように考えたらいい？」と子どもたちに向かって発問した。すると子どもたちは，「まずは一人で考える。次に二人で考える」と答え，そ

のプランに従って探究活動が進められた。教師からは、「あの人と話したら良い考えが浮かぶかもしれないと思う相手を見つけて、ペアを組むように」と助言があった。

　活動に際して、教師は歌詞が書かれたワークシートを用意し、子どもたちは各自の考えを言葉や図を用いて、そのシートに書き込んだ。次に子どもたちは、自分の考えを伝えたい、他者の考えを聞きたいと思ったタイミングで自由にペアを作り、話し合い活動が進められた。話し合い活動では、ペアでの意見がまとまったり行き詰まったりしたら他のペアと話し合いをし、さらにそのグループでまとまったら別のグループと一緒になり、という過程が繰り返された。

　話し合い活動の結果、大きな二つのグループができ、片方のグループがもう片方のグループに呼びかけることで全体への提案が行われた。提案を行ったグループが、最後の音をだんだん大きくすると嬉しさが伝わるのではという仮説を述べ、それを検証するために、「よ」の歌い出しを小さくし、だんだん大きくするという歌い方で歌った。一方、聴き手側だったグループは、それに対して「あまり嬉しそうに感じない」とコメントを行った。そして、この提案をもとに子どもたち全体でさらに話し合いが行われた結果、「よ」の冒頭にアクセントを置き、すぐに小さく、そして終わりに向かってクレシェンドするという仮説の提案があった。他の子どもたちの共感もあり、子どもたち全員でその提案に基づく歌い方で歌い、教師はそれを録音した。そして、それを聴くことで検証した結果、「夢の中の嬉しさ」が聴き手に伝わる歌い方を工夫するという問題の解決に至ったことを、全員で確認した。

　さらに、教師が問題解決過程を振り返り、歌詞や音楽的要素（音楽のまとまり：フレーズ）を考え、息遣いや語尾に気をつけることが他の曲でも大切であることを明示した。最後に、次のステップに向けて、子どもたちは自分への手紙を書いて単元が終了した。

2．指導のポイント
　批判的思考を育むという観点からは、藤田（2013）の指導のポイントとして、以下のものが挙げられる。

（1） 目標の設定と共有

批判的思考は目標志向的な思考であり，批判的思考を発揮するか否かには，そこでの目標が関わる（田中・楠見，2007b）。本実践では，「歌で思いを伝える」という目標が明確に提示され，それが子どもたちにも共有された。これは，子どもたちが思考を深め，音楽的要素を分析，吟味し，活発な議論を行うために重要であると考えられる。

（2） 問題や定義の明確化

先述の目標のために，まず解決すべき問題が明確にされた。具体的には，「歌で思いを伝える」ために，教材中の「走るんだよ」の部分の歌い方について，子どもたち自身が感じた「ときめき」を音楽に乗せて伝えるためにはどのように工夫したらよいか，であった。さらに，問題に含まれる定義を明確化するために，ここで伝えたいこととは何であるのかが明確にされた（本実践の場合，「夢の中の嬉しさ」）。解決すべき問題の明確化，そして定義の明確化は，批判的思考プロセスの第一段階である。このプロセスを，教師のみならず子どもたちと共に行うことで，子どもたちが思考活動に取り組むことができただけでなく，プロセス自体も学ぶことができたと考えられる。

（3） 学習の価値づけ

目標や問題を明確化する際，詩に音楽が加わることで，新たに子どもたちが感じた「ときめき」に焦点が当てられた。これによって，音楽に対する価値づけ，そして音楽的要素や表現について考えることに対する価値づけが行われた。価値づけは，思考スキルだけでなく，態度を育むことにも重要であると考えられる。また，教師が一方的に問題を設定したのではなく，子どもの感性に基づいて設定したことで，子どもたちが学ぶ価値をより感じることができ，より動機づけも高まったと考えられる。

（4） 教師の役割

教師は子どもが発する感嘆の声や感想に対して，「どうしてそう感じるの

かな」と発問し、根拠に基づいて考えることを励ました。また、クラス全体で共感的に意見を共有することを励ました。表8-3のような発問や関わりによって、子どもたちの思考がより深められたと考えられる。

また、本実践で問題解決を行う際、教師から「どのように考えたらいい？」という発問があった。この対象学年である第4学年、すなわち9歳前後は、メタ認知のプランニングが可能となる年齢である。この発問はメタ認知の育成にも関わると考えられるが、批判的思考はメタ認知によっても支えられていることから、批判的思考の育成にも関わるものであったと考えられる（田中・楠見，2007a）。

第4節　まとめ

本章では、音楽と批判的思考との関わりを概観するとともに、音楽教育における批判的思考の位置づけおよび、教育実践を紹介した。このように、音楽において批判的思考は重要な役割を果たしており、子どもたちが音楽に取り組むなかで、批判的思考を育むことも可能であると考えられる。ただし、音楽に取り組めば自然と批判的に考えるようになることを期待するのではなく、教師の働きかけが重要な役割を果たす。

しかし、以下の問題が残されている。第一に、批判的思考を育むことができる教師の育成である。上述したように、批判的思考を育むためには、発問

表8-3　問題解決活動における教師の役割（藤田，2013，p. 8）

①お互いに歌い方を交流しているとき、歌い方がどうだったか、一緒に聴こうとする態度を大事にして関わる。
②教師も子どもの感覚・感性を尊重する姿勢で関わる（うなずきや肯定的な反応）。
③そのパフォーマンスがよいかどうか、判断するための手がかりが何かを確認しながら関わる。
　⇒しばらく待って反応がなければ、「それじゃあ、○○○（共有した部分を指しながら）は伝わりづらいってことかな？」
④適宜、子どもたちの思考を整理させる。
　⇒「なんでそう歌うのか分からないんだけど、みんな分かる？」
⑤子どもたちの表情やつぶやきなどをよく観察しながら、子どもたちの気づいていないパフォーマンスのよさや顕在化していない思考を適切に取り上げて価値づける。

や助言等によって教師が大きな役割を果たす。今後，音楽と批判的思考についての関係をより広く周知し，教師が批判的思考を育むことにつながる適切な問題設定や，発問および助言を行うようになることが望まれる。

また，音楽教育で育まれた批判的思考は，領域固有のものであるのか，ジェネリックスキルとして領域普遍なものであるのかは，まだ明らかにされていない。音楽における批判的思考，音楽科における批判的思考教育の実践を重ね，これらについて明らかにしていく必要があるだろう。

※謝辞

　未公刊資料引用の許可および本稿への助言をいただいた藤田篤志先生にお礼申し上げます。

■文献

藤田篤志（2013）．切れているけどつなげて歌う⁉　音楽科提案資料（公開Ⅱ）　香川大学教育学部附属高松小学校平成24年度初等教育研究会

橋本龍雄（2014）．音楽づくり　長嶋真人・橋本龍雄　音楽のおくりもの──小学音楽　教育出版

香川大学教育学部附属高松小学校教育研究会（2013）．平成24年度初等教育研究発表会要項　香川大学教育学部附属高松小学校

Kokkidou, M. (2013). Critical thinking and school music education: Literature review, research findings, and perspectives. *Journal for Learning through the Arts*, 9, class_lta_2644

楠見　孝（2015）．心理学と批判的思考　楠見　孝・道田泰司（編）　ワードマップ　批判的思考──21世紀を生きぬくリテラシーの基礎　新曜社　pp. 18-23.

文部科学省（2008）．小学校学習指導要領　第2章各教科　第6節音楽

岡本信一（2001）．音楽科における思考力育成カリキュラムの展開──R. Marzanoの "Dimensions of Thinking" を中心に　カリキュラム研究，10，125-143.

岡本信一（2012）．音楽科における批判的思考力に関する一考察（3）──音楽科の単元開発に伴う "問い" の構築を視点として，兵庫教育大学紀要，41，97-10.

島崎篤子（2007）．音楽教育における学力　文教大学教育学部紀要，41，31-41.

田中優子・楠見　孝（2007a）．批判的思考プロセスにおけるメタ認知の役割　心理学評論，50，256-269.

田中優子・楠見　孝（2007b）．批判的思考の使用判断に及ぼす目標と文脈の効果　教育心理学研究，55，514-525.

Topoglu, O. (2014). Critical thinking and music education. *Procedia-Social and Behavioral Science*, 116, 2252-2256.

第Ⅲ部

社会における批判的思考と市民リテラシー

第9章 新しい市民リテラシーとしての
人口学リテラシー

●子安増生●

第1節 人口学リテラシーとは

本章では，筆者が最近行ってきた研究を紹介しながら，市民リテラシー（civic literacy）を構成する領域として，人口学リテラシー（demographic literacy）という新しい考え方を提起する。市民リテラシーという概念は，批判的思考力に裏打ちされた，市民としてより良く生きるために必要な情報を入手するスキルと，その情報の精査・評価に基づき獲得される広範な知識体系を指していうものである（楠見, 2011 参照）。市民リテラシーを構成する領域は，法律，政治，経済，教育・文化，健康・医療，食品，科学・技術，資源・環境，安全・安心，外交・防衛，メディアなどの広範なテーマが含まれるが，同様に人口学の問題も重要である。

「人口学リテラシー」という専門用語は，インターネットで検索しても日本語，英語とも文献はほとんど出てこない。例外と思われるのは，ポストンとサリバン（Poston & Sullivan, 1986）およびクルーズ（Crews, 1993）くらいである。

人口学リテラシーについて検討する前に，人口学（demography, population research）がどんな学問かを確認しておこう。『スーパー・ニッポニカ』の「人口学」の説明は，以下となっている。

人口ならびに出生，死亡，移動による人口変動の統計的研究をいう。通常は国，地域（県・郡など），市町村などが分析の単位であり，そうした人口をさらに，性，年齢，配偶関係，宗教，人種，言語，職業，階級，

教育程度などの指標によって区分し研究する。出生，婚姻，移動および死亡に関する資料の収集，ならびに，それらの統計的・数理的分析を狭義の人口研究領域とし，形式人口学あるいは純粋人口学とよぶ。また，人口変動の生物学的，社会的，経済的，法的，歴史的決定要因の研究，ならびに，人口変動と社会構造や自然資源との相互関係の研究を広義の人口研究の領域とし，これらを実体人口学あるいは人口研究という。

　人口学は，生物学，社会学，経済学，法学，歴史学などの分野で研究されてきたが，国全体や地域の出生数，移入民数，乳児死亡数，死亡数，移出民数など，人口の統計的データを基礎とし，その人口の規模，分布，構造などが時間と共に変化する人口動態についての総合科学であり，同時に，人口動態の変化にともなう社会変動をどのように予測し，どのように対処すべきかを考える政策科学でもある。

　筆者が人口学リテラシーの重要性を痛感するようになった契機は，30年ほど前に遡る個人的経験にあった。筆者は，1977年から1988年まで，愛知県刈谷市の愛知教育大学に助手，助教授として勤務していた。愛知教育大学は，教育学部だけから成り立つ国立の教員養成系単科大学である。赴任当時は，千人ほどの卒業生の教員就職率は9割を越え，大学として極めて安定した時期であったが，やがて教員採用率が全国的に悪化し，教育職員免許状を何種類も（幼・小・中・高校，養護学校など）取得しているのに，教員に就職できない卒業生が増えていった。そこで，全国の教員養成系の国立大学・学部は，教育学部自体の学生定員は維持するものの教員養成課程を縮小し，余った定員枠を教員免許の取得を卒業要件としない「ゼロ免課程」を設置する検討を開始した。1987年に愛知教育大学は，山梨大学教育学部と同時に，全国に先駆けてゼロ免課程設置の改組を行った。

　教員就職率は，言うまでもなく翌年度に必要とされる教員数（需要）と，教員免許を取得して卒業する学生数（供給）との関係で決まる。必要な教員数は，学級定員数が変動しない限り子どもの数によって決まるものであるから，純然たる人口学的問題である。ただし，必要な教員数は定年退職などによる教員数の減少の影響も受けるが，ある年度に定年に到達する教員数もま

138 第Ⅲ部 社会における批判的思考と市民リテラシー

た，人口学的に予測できる問題である。現に，名古屋大学教育学部・潮木守一教授（当時）が 1985 年に『教員需給の将来展望』を出版し，教員需要の減少を教育社会学の観点から予想していたのである。

人口学的変動の影響は，時間はかかるが確実に訪れるものである。文部省（現・文部科学省）も，教員養成系大学・学部も，子どもの数の減少の影響が将来現れることにおそらく薄々は気づきながらも，そのことがすぐには問題にならない事態であるために，長らく手をこまねいたまま放置し，いざ問題があらわになると，あたふたと彌縫策（びほうさく）に飛びついたのだという謗（そし）りは免れない。文部科学省は，2015 年になって，全国の国立大学法人に対し，第三期中期目標・中期計画（2016〜2021 年度）の策定にあたって，教員養成系と人文社会科学系の学部・大学院の廃止や転換に取り組むことなどを求める通知を出した。教員養成系の廃止・転換のターゲットがゼロ免課程にあるとしたら，全国の教員養成系大学・学部がこの 30 年間にやってきたのはいったい何であったのか，人口学リテラシーのなさに対して大いに疑問符がつく事柄である。

もう一つの人口学リテラシーに関わる問題は，いわゆる公的年金問題である。これまで年金問題といえば，小泉内閣当時の閣僚や野党党首の年金保険料未払い期間があったことが指弾された年金未納問題（2004 年），年金保険料が年金保養施設グリーンピアなど，本来の年金給付以外の用途に安易に使われていたことが批判された公的年金流用問題（2004 年），社会保険庁（当時）が年金記録をきちんと管理せず，納付者を特定できない 5 千万件もの納付記録が発覚した「消えた年金記録」問題（2006 年）など，多くの事件が話題になってきたが，そもそも公的年金制度がこれからの少子高齢化の時代に維持可能かどうかが，最大の問題なのである（石崎，2014；駒村，2014）。

厚生労働省のホームページには，わが国の公的年金制度について，次のような説明がなされている。

　　公的年金制度は，いま働いている世代（現役世代）が支払った保険料を仕送りのように高齢者などの年金給付に充てるという「世代と世代の支え合い」という考え方（これを賦課方式といいます）を基本とした財

政方式で運営されています。 　　　　　　　　　　（厚生労働省ホームページ）

　このような制度は，現役世代（20～64歳人口）が多く，高齢者世代（65歳以上人口）が少ないという，第二次世界大戦が終わった直後の人口構造においては大変都合のよいものであった。しかし，少子高齢化とは，現役世代が少なくなり，高齢者世代が増えていくという現象にほかならない。高齢者世代が増える理由として，平均寿命が延びることによる長命効果も大きな要因となっている。

　少子高齢化が年金問題に及ぼす深甚な影響として，厚生労働省の上記ホームページには，高齢者1人の年金を支える現役世代の人数割合が，1990年には5.1人であったのが，2010年には2.6人に半減し，将来予測として2030年には1.7人，2060年には1.2人になるという説明図が載っている。賦課方式による現行の年金制度を維持していくためには，年金給付年齢の引き上げ，年金給付額の引き下げ，財源確保のための増税など，さまざまな方法を組み合わせて解決策を探っていかなければならない。

　人口は，国全体としてだけでなく，地域や国を構成する集団の人口動態も重要な問題である。年金問題と並んで，わが国の人口構造の将来的変化に関わるもう一つの重要な問題は，日本創成会議・人口減少問題検討分科会が2014年5月に提出した報告書に示された将来予測の核心にある「消滅可能性都市」の出現である（増田，2014）。昭和30年代以後に急速に増え始めた地方から大都市圏への若者の人口移動は，結婚し子どもを育てる環境として必ずしも望ましいとはいえない大都市圏の出生率を低下させるとともに，大都市への流出による地方の若年女性人口の減少が，今後次々に消滅可能性都市を生み出していくという予測である。このような地方消滅論とその処方箋を示した「増田レポート」には批判もあるが（山下，2014），人口学を長期的政策決定に活用する考え方は重要である。

　他方，国を構成する集団にはどのようなものがあるだろうか。それは，民族，言語，宗教などの違いを基礎とする，国の内部のさまざまな集団である。たとえば，かつて「ユーゴスラビア」という国があった（1943～1992年）。建国の中心になったチトーが大統領の時代は，ユーゴスラビアは一つ

の国として一応まとまっているように見えたが，内実は「七つの国境（イタ
リア，オーストリア，ハンガリー，ルーマニア，ブルガリア，ギリシア，ア
ルバニアと接する），六つの共和国（スロベニア，クロアチア，セルビア，ボ
スニア・ヘルツェゴビナ，モンテネグロ，マケドニア），五つの民族（スロベ
ニア人，クロアチア人，セルビア人，モンテネグロ人，マケドニア人），四つ
の言語（スロベニア語，セルビア語，クロアチア語，マケドニア語），三つの
宗教（正教，カトリック，イスラム教），二つの文字（ラテン文字，キリル文
字），一つの国家（ユーゴスラビア）」と言われるほどまとまりがなく，チ
トー没後は激しい内戦が勃発し，現在では六つの共和国と二つの自治州に分
裂してしまった。

　ヨーロッパは，民族，言語，宗教などの違いを基礎として，国土面積も人
口も小さな多くの国に分かれており，ユーラシア大陸の反対側に位置する中
国とは対照的である。ヨーロッパ50カ国のうち，ロシアを除く人口は6億
8千万くらいであり，約13億6千万人の中国のほぼ半分である。そして，
ヨーロッパでは，小さな国であっても，そこにはさらに民族，言語，宗教な
どの違いによる「文化的多様性」が見られる。言語についていえば，ヨー
ロッパで「一国家一言語の国」は，じつはポルトガルくらいということにな
る（金七，2010）。

　ベルギーは，かつてオランダと共にネーデルラント連合王国を構成してい
たが，プロテスタントのオランダとカトリックのベルギーという宗教の違い
が大きく，1830年に独立国家となった。ベルギーは，フランスとドイツの二
大国に挟まれているので，第一次世界大戦も第二次世界大戦も中立国であり
ながらドイツに占領され，国土は激戦地の舞台にされた。それなのに，現在
は北部のオランダ語系フランデレン地域と南部のフランス語系ワロン地域が
対立し，分離独立の機運が高まっている。地域の対立には，民族・言語・宗
教だけでなく政治的経済的要素も大きいが，分離独立は人口動態にも大きな
影響を及ぼす。

　近年，フランスの人口増加政策が肯定的に取り上げられているが，フラン
スがドイツとの三度の戦争（普仏戦争，第一次世界大戦，第二次世界大戦）
において，いずれもドイツ軍の侵攻を受けて辛酸を舐めたことの主要因を仏

独の人口差に帰属する考え方が有力視され，そのことがフランスにおける政府主導の人口増加政策につながっているとされる（河野，2007）。フランス，ドイツ，イギリスの人口統計が揃った1817年（ナポレオンの退位直後）の人口は，それぞれ2,970万人，2,500万人，1,138万人で，フランスはヨーロッパ随一の大国であったが，普仏戦争が起こった1870年には3,687万人，4,080万人，2,250万人となり，仏独の人口が逆転していた。そこで，フランスでは19世紀後半から，軍人・公務員・鉄道員などの所帯の家族手当が制度化され，1932年には賃金労働者家庭を対象とする「家族手当法」が制度化された。フランスは，ヨーロッパでは出生率の高い国となっているが，婚外子の割合が高いことでも知られ，2007年には婚外子率が50％を越えたという（以上のフランス人口事情は，縄田〈2009〉参照）。

　国を構成するもう一つの重要な集団の区分は，男性と女性の違いである。人間の場合は男女比と言うが，動植物一般に拡張して語られる生物学用語としては「性比（sex ratio）」が用いられる。自然な状態では，人間の出生時の性比は男子のほうが5％前後多いが，女子よりも男子のほうが病死・事故死の比率が高いので，生殖年齢に達する頃にはほぼ一対一になるとされる。しかし，妊娠中絶，間引き，戦争，迫害などの人為的原因によって，性比が一対一から大きく偏倚することが起こりうる。この問題については，次節で具体例を挙げながら検討したい。

第2節　人口学リテラシーの測定

　前節では，一国の内外で生ずるさまざまな社会問題を理解するうえで，人口学の知識が必要になることについて述べてきた。人口学の知識が市民リテラシーの一つとして重要であることは一般的に理解できたとしても，具体的にどんな知識が必要であるかを決めることはなかなか難しい。筆者は，人口学リテラシーを測定する二つの研究を行ってきたので，順次その内容を紹介しよう。

142 第Ⅲ部 社会における批判的思考と市民リテラシー

1．第一研究

一つ目の研究（Koyasu, 2015）は，京都大学の学生 172 人（男性 94 人，女性 78 人，18～24 歳）を対象に行った調査である。このサンプルには，京都大学の 10 学部すべての学生（1～5 年生）が含まれていた。調査項目として，世界・ヨーロッパ・日本の人口に関する知識と，韓国および中国の性比の推移の原因を推測させる問題を用意した。

（1） 世界の人口

世界の国別人口で 1 億人を超える 11 カ国の表を，順位および人口数とともに用意し，3 位のアメリカ，6 位のパキスタンおよび 10 位の日本以外の 8 カ国の名称を空欄にしておいて，16 カ国の選択肢（うち 8 カ国は，順位 12 位以下の不正解選択肢）のなかから選んで入れさせる問題である。

結果は，表 9-1 に示されるように，1 位の中国（96.5％）と 2 位のインド（95.4％）の正答率は高いが，インドネシア（43.0％），ブラジル（34.3％）の正答率はぐっと下がってしまう。下位のバングラデシュ，ナイジェリア，ロ

表 9-1　世界の人口に関する知識

順位	国名	人口	正答%
1	中国	13 億 4812 万人	96.5
2	インド	12 億 692 万人	95.4
3	アメリカ	3 億 1195 万人	＊
4	インドネシア	2 億 4103 万人	43.0
5	ブラジル	1 億 9493 万人	34.3
6	パキスタン	1 億 7531 万人	＊
7	バングラデシュ	1 億 6671 万人	19.2
8	ナイジェリア	1 億 6034 万人	18.6
9	ロシア	1 億 4241 万人	12.8
10	日本	1 億 2782 万人	＊
11	メキシコ	1 億 1374 万人	23.8

注：平均正答数は 3.4。人口は調査時点のもの。

シア，メキシコは，順位を正確に覚えておくことは難しいと思われる。

（2）　ヨーロッパの人口

ヨーロッパの 16 カ国を五十音順で示し，「東京都の人口は，現在約 1,322 万人とされます。下記のヨーロッパの国のうち，東京都より人口の多い国に〇，少ない国に×をつけてください」と尋ねた。その結果（表 9-2 参照），ドイツ（97.1%），フランス（96.5%），イギリス（94.2%），スペイン（94.2%），イタリア（91.9%）の正答率は 9 割を超えた。他方，ルーマニア（32.0%）は東京都より人口が少ないと誤って判断され，ポルトガル（37.8%）とスウェーデン（44.7%）は，東京都より人口が多いと誤って判断される率が高かった。

表 9-2　ヨーロッパの人口に関する知識

国名	正答%	人口
ドイツ	97.1	8192 万人
イギリス	94.2	6324 万人
フランス	96.5	6341 万人
イタリア	91.9	6082 万人
スペイン	94.2	4616 万人
ポーランド	53.5	3890 万人
ルーマニア	32.0	2135 万人
オランダ	55.8	1676 万人
ギリシア	57.0	1130 万人
ベルギー	64.0	1110 万人
チェコ	79.7	1055 万人
ポルトガル	37.8	1054 万人
ハンガリー	69.2	996 万人
スウェーデン	44.7	954 万人
オーストリア	58.7	842 万人
スイス	70.9	800 万人

注：東京都（1322 万人）より多いか少ないかを質問。
　　平均正答数は 11.0。人口は調査時点のもの。

144　第Ⅲ部　社会における批判的思考と市民リテラシー

ヨーロッパには東京都よりも人口の少ない国が多いのであるから，ヨーロッパに行って「日本は小国です」などと言えば，笑われてしまう。また，第二次世界大戦の直後に，「日本は東洋のスイスたれ」という論調が見られたというが，人口800万人ほどの山国の小国が，人口1億2,700万人を超える島国の大国の生き方のモデルになるはずはない。現在では，「東洋のスイス」は，時計の製造など精密機械工業が盛んな長野県の諏訪盆地一帯の別名となっている。

（3）　日本の人口

日本の都道府県の人口の上位5都府県と下位3県の人口数を示し，「日本の47都道府県別のうち，人口の上位五つと下位三つはどこでしょうか。1位はもちろん東京都です。以下の空欄に都道府県名を記入してください。記入は，平仮名でもかまいません」と尋ねた。結果は，表9-3のとおりである。

回答者は，関西出身者が多い京都大学の学生であり，いまだに大阪府が東京都に次いで人口が2位だと思っている者が少なくないようだが，事実は，大阪府の人口は2006年に神奈川県に抜かれている。

鳥取県と島根県の人口が少ないことは比較的よく知られていることかもしれないが，順位を正しく示すことは難しかったようである。ちなみに衆議院

表9-3　日本の人口に関する知識

順位	都道府県	人口	正答%
1	東京	1322万人	＊＊
2	神奈川	905万人	32.6
3	大阪	887万人	34.9
4	愛知	741万人	29.7
5	埼玉	719万人	14.0
……	……	……	……
45	高知	76万人	6.4
46	島根	72万人	32.0
47	鳥取	59万人	34.9

注：平均正答数は1.8。人口は調査時点のもの。

議員選挙の「一票の格差」を表すときには，鳥取選挙区を1倍としたときの倍率を表し，現時点では，島根1.22倍，高知1.31倍に対して，格差の大きい道県では5倍近くになる（議員定数は都道府県によって異なる）。

なお，「世界の人口」「ヨーロッパの人口」「日本の人口」の正答数の相互の相関係数を調べたところ，世界の人口と日本の人口の間のみに，ごく弱い相関が見られた（$r = 0.14$，$p < .10$）。

（4） 韓国と中国の性比

図9-1と図9-2を示して，「下記の『日本と韓国』および『日本と中国』の年代別性比のグラフから何がいえるでしょうか。気がついたことを解答欄の枠の中に自由に書いてください」と尋ねた。日本の性比に比べて，韓国も中国もある年代のみに性比の偏倚が見られているが，その理由を推測させるものである。この問題は歴史的知識を必要とするもので，大変難解なものとなった。

図9-1の韓国の性比では，65歳以上で男性比率が少ないのは，朝鮮戦争（1950〜1953年）で軍人等として亡くなった男性が多いことが原因である。また，15〜19歳と20〜24歳は，少子化の進行とともに男児偏重の影響が出ていると思われる。

中国では，伝統的に男児偏重のため，女児の間引きも多かったようであり，50歳代以上はそれが顕著に見られる。1949年に中華人民共和国が誕生し，社会主義体制のもとで男女平等がうたわれ，男児偏重が一時期抑えられたが，1979年に定められた「一人っ子政策」のために，再び男児偏重が顕著になっている。

2．第二研究

筆者の二つ目の研究は，人口学の知識問題と態度問題の2種類を設定し，インターネット調査を実施したものである。紙幅の都合上，本稿では知識問題11問の結果の概略のみを紹介する。態度問題を含む結果の詳細は，子安・野崎（2016）において公表している。

本調査の参加者は，株式会社クロス・マーケティングが保有するサンプル

146　第Ⅲ部　社会における批判的思考と市民リテラシー

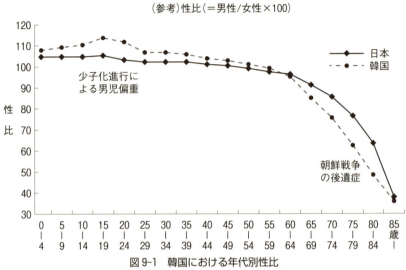

図 9-1　韓国における年代別性比
（出典：http://whttp://www2.ttcn.ne.jp/honkawa/8900.html）
注：提示した図には「日本」「韓国」「性比」以外の文字は提示していない。

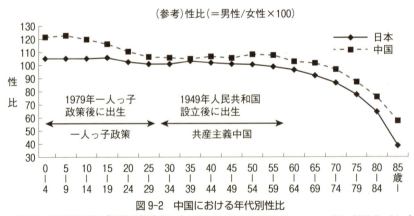

図 9-2　中国における年代別性比
（出典：総務省統計局「世界の統計 2012」、UN World Population Prospects: The 2010 Revision）
注：提示した図には「日本」「韓国」「性比」以外の文字は提示していない。

より選んだ成人 600 名であり，男女同数，20〜60 代各 120 人ずつという設定とした。回答者の居住地は，高知県と宮崎県を除く 45 都道府県にわたり，東京（15.8%），神奈川（10.0%），大阪（7.2%），愛知（5.3%），埼玉（4.7%），千葉（4.7%）の上位 6 都府県で全体の 47.7% を占めた。データの分析にあたっては，回答パターンあるいは回答時間から不適格と判断された回答者を除外し，最終的に 569 名（男性 284 名，女性 285 名，平均年齢 44.4 歳）を分析対象とした。年代別の人数は，20 代 115 人，30 代 112 人，40 代 115 人，50 代 112 人，60 代 115 人となった。

　以下では，多肢選択の問題は【結果】の欄に正答率とその意味を記し，二肢選択（○×形式）のものについては項目ごとに正答率を示し，【結果】でその意味を記すという方式で述べていく。

問1：人口統計のデータは，出生，死亡，結婚，離婚，移民などの動きの記録に基づく。国がそのようなデータを組織的に集める方法を，国勢調査（センサス）という。国勢調査を「10 年ごと」のように周期的に行うことを最初に始めた国は，次のうちのどれか，番号を一つ選択。

　1．イギリス　　2．フランス　　3．ドイツ　　④．アメリカ

【結果】　正答率 23.2%。間違ってイギリスを選んだ人が 42.7% であった。1790 年にアメリカ合衆国で行われたものが世界最初とされる。

問2：日本の国勢調査について述べた次の文のうち，正しいものには○，誤りを含むものには×をつける。

　1．日本で国勢調査を行うようになったのは，第二次世界大戦後である。（×）　29.2%

　2．現在，国勢調査は，総務省の管轄により行われる。（○）　83.3%

　3．国勢調査の実施年は，都道府県によって異なる。（×）　77.3%

　4．日本の国勢調査でいう「人口」には，外国人は含まれない。（×）55.4%

　5．国勢調査の人口データに基づいて衆参国会議員定数が決まる。（×）55.9%

148　第Ⅲ部　社会における批判的思考と市民リテラシー

【結果】　日本の国勢調査調査の開始年は 1920 年であり，現在の「統計法」
では総務大臣が作成することになっている。調査時点で日本国内に 3 カ月以
上住んでいる人が調査対象となるので，その「人口」には外国人も含まれ
る。衆参国会議員定数は，国勢調査の結果に基づき関連審議会から是正勧告
が行われるが，決定は国会における公職選挙法の改正という手続きによる。
国勢調査開始年は，特に難しかった。

問 3：人口統計は男女別にも集計されるが，国や地域や年代によって男女比
　　　（性比）が一対一から大きく外れる場合がある。次のなかで人口の性比
　　　に影響しないものはどれか，番号を一つ選択。
　①．女性の結婚年齢　　　2．間引き　　　3．外国人労働者　　　4．戦争
【結果】　正答率 31.8%。間引きは女児の人口を減らし，外国人労働者は男性
の人口を増やし，戦争は兵士として戦死する男性の人口を減らす傾向にあ
る。誤答の多く（34.5%）は，3 を選択。

問 4：男女別に年齢ごとの人口を表したグラフを，人口ピラミッドという。
　　　次の人口ピラミッドの説明文のうち，記述内容が正しくないものはど
　　　れか，番号を一つ選択。
　1．先進工業諸国の人口ピラミッドの形状は，三角形でなく釣鐘型や壺型
　　　になっている。
　②．人口ピラミッドでは，男女比（性比）は読み取れない。
　3．わが国では，1945〜1946 年生まれの人口は，前後の年と比べて減少が
　　　著しい。
　4．わが国では，1947〜1949 年生まれの人口は，前後の年と比べて増加が
　　　著しい。
【結果】　正答率 30.4%。3 と 4 は，第二次世界大戦末期の出生減と，その後
のベビーブームを指す。

問 5：現在の人口を維持するために必要な合計出生数（女性が一生の間に産
　　　む子どもの数）は，わが国の場合 2.07 であるとされる。次の文はわが

国の合計出生数について述べたものであるが，記述内容が正しいもの
はどれか，番号を一つ選択。

①．1947年の調査では，合計出生数は4.00を越えていた。

2．合計出生数が2.07を初めて下回ったのは1950年代からである。

3．1966年は「ひのえうま」の年で，合計出生数はその前後の年より多く
なった。

4．先進工業諸国のなかで合計出生数が2.07を下回っているのは，日本
だけである。

【結果】　正答率25.3%。戦後の出生率の激減は産児制限の普及による。

問6：人口研究の古典となる『人口論』を書き，人口の増加に比べて食糧資
源はゆるやかにしか増加しないので，人口制限は不可欠と主張したの
は誰か，番号を一つ選択。

　1．マルクス　　2．マルクーゼ　　③．マルサス　　4．マルタン

【結果】　正答率20.2%。最も知名度の高い「マルクス」の選択率が59.2%に
なった。

問7：世界の国別人口ベスト10に関して述べた下記の文について，正しい
ものには○，誤りを含むものには×をつける。

　1．ベスト10位以内にアジアの国々が半分以上入る。（○）　63.8%

　2．ベスト10内の国の人口合計のうち，約6割は中国とインドの人口で
ある。（○）　84.4%

　3．ロシアを除くと，ヨーロッパの国々はベスト10位以内には入らない。
（○）　65.7%

　4．ベスト10位以内に入るアフリカの国はナイジェリアだけである。
（○）　34.5%

　5．日本の人口は，世界ベスト10位以内には入らない。（×）　40.4%

【結果】　人口の面からも，「アジアの時代」であることはよく理解されてい
るが，日本がアジアの人口大国であることは意外と認知度が低い。ナイジェ
リアを含むアフリカの国々の事情は，日本人には分かりにくい。

問8：以下のヨーロッパの国々のうち，現在東京都の人口（約1,329万人）よりも人口が少ない国はどこか，番号を一つ選択。
 1．イギリス　　2．オランダ　　③．スイス　　4．スペイン
【結果】 正答率62.6％。誤答は「オランダ」に集まった（27.1％）

問9：都道府県別人口で最大の東京都の人口は，最少の鳥取県の人口の何倍か，番号を一つ選択。
 1．13倍　　②．23倍　　3．33倍　　4．43倍
【結果】 正答率36.4％。2015年のデータで23.3倍である。

問10：ある年齢層の人口に占める働いている人の割合を，「労働力率」というが，年齢とともに変化する女性の労働力率を，15歳から65歳まで5年刻みで描いたグラフは，アルファベットで表すとおよそどのような字形になるか。下図（図9-3）を参考に，番号を一つ選択。
 1．J字　　2．L字　　3．S字　　④．M字
【結果】 正答率50.8％。誤答はL字が26.9％，S字が17.6％。女性の労働力率は結婚前では高く，出産・子育ての時期に下がり，子どもの手が離れると回復することは多くの人にとって常識だが，グラフ表現の理解の面で不慣れだったのかもしれない。

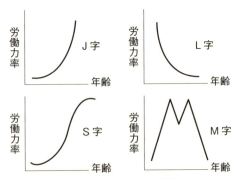

図9-3　女性の労働化率の年齢による推移（M字が正しい）

第9章　新しい市民リテラシーとしての人口学リテラシー　　*151*

問11：公的年金制度について述べた下記の文について，正しいものには○，
　　　誤りを含むものには×をつける。

1．公的年金制度の積立方式とは，現役時代に払い込んだお金を積み立
て，老後にそのお金を受け取る仕組みである。（○）　69.4%

2．公的年金制度の賦課方式とは，現役世代の人が払い込んだお金を，現
在の高齢者に支給する仕組みである。（○）　75.2%

3．公的年金制度の財源における社会保険方式とは，国民一人ひとりが保
険料を納め，互いに支えあう方式である。（○）　80.8%

4．公的年金制度の財源における税方式とは，国民一人ひとりは保険料を
納めず，税金による国庫負担により給付が行われる方式である。（○）
39.7%

5．わが国の公的年金制度は，すべて社会保険方式によるものであり，国
庫負担分はない。（×）　75.8%

【結果】　4以外は7～8割の回答者が正しく理解している。5で，公的年金
制度が，国民の納める保険料と税金と同義の国庫負担から成り立つことが理
解されていれば，「税方式」の年金が税金のみから成り立つことを意味する
ことになる。ただし，誤解を避けるために，「全額税方式」という表現も行わ
れている。

第3節　おわりに

　本章では，人口学リテラシーの重要性を説明し，実際に人口学リテラシー
がどのような知識から構成されるのかについて，筆者自身の二つの研究を引
きながら検討した。大都市への人口集中と少子高齢化が進行し，将来の日本
の労働力不足が予測されるなかでさまざまな政策の是非を考えるうえでも，
グローバル化が進展する世界情勢のなかで，他国の人と円滑なコミュニケー
ションを行ううえでも，自国と他国の人口学的事実を知り，人口学の法則の
基礎知識を持つことは有用であるだけでなく，ときには必要なことである。
　このことを考えるうえで重要なことは，人口学の研究者を専門的に養成す
る大学の学部や大学院が，残念ながらわが国にはほとんどないことである。

研究機関としては，1939 年創設の国立社会保障・人口問題研究所が日本の
人口研究の要となる拠点であり，日本大学にも人口研究所があるが，いずれ
も人口学を専攻する学生や研究者の養成機関ではない。大学教育としては，
いくつかの大学の経済学部，社会学部，国際関係学部などで，「人口学」「人
口論」「人口問題」「世界の人口」といった科目が，いわばひっそりと教えら
れているにすぎない。人口学の教育機関の整備・拡充が強く望まれるところ
である。

■文献

Crews, K. (1993). Building demographic literacy. *Population Today*, **21**(7-8), 1-2, 9.

石崎　浩（2014）．年金改革の基礎知識　信山社

加藤久和（2007）．人口経済学　日本経済新聞出版社

金七紀男（2010）．ポルトガル史［増補新版］　彩流社

駒村康平（2014）．日本の年金　岩波書店

河野稠果（2007）．人口学への招待——少子・高齢化はどこまで解明されたか　中央公論
　　新社

厚生労働省　教えて！公的年金制度　公的年金制度はどのような仕組みなの〈http://
　　www.mhlw.go.jp/topics/nenkin/zaisei/01/01-02.html〉（2015 年 12 月 18 日確認）

Koyasu, M. (2015). Development of a demographic literacy test for university
　　students. Poster presented at the International Convention of Psychological
　　Science. Amsterdam, Netherland, March, 2015.

子安増生・野崎優樹（2016）．人口学リテラシー尺度の開発と分析　京都大学大学院教育
　　学研究科紀要，**62**，57-77.

楠見　孝（2011）．批判的思考とは——市民リテラシーとジェネリックスキルの獲得　楠
　　見　孝・子安増生・道田泰司（編）　批判的思考力を育む——学士力と社会人基礎力
　　の基盤形成　有斐閣　pp. 2-24.

増田寛也（編著）（2014）．地方消滅——東京一極集中が招く人口急減　中央公論新社

縄田康光（2009）．少子化を克服したフランス——フランスの人口動態と家族政策　立法
　　と調査，**297**，63-85.

Poston, D. L. Jr., & Sullivan, T. A. (1986). Developing demographic literacy and
　　evaluation skills: Techniques for the introductory demography course. *Teaching
　　Sociology*, **14**(2), 83-91.

潮木守一（1985）．教員需給の将来展望　福村出版

山下祐介（2014）．地方消滅の罠——「増田レポート」と人口減少社会の正体　筑摩書房

第10章 批判的思考と意思決定： 投票行動を例に[*1]

● 三浦麻子 ●

第1節 はじめに

　選挙における投票は，民主主義国家の市民にとって，何より重要な社会参加の権利である。それと同時に，高度な意思決定過程を伴う社会的選択場面でもある。いずれの意味においても，理想的には，市民は投票に際して能動的に情報を収集し，判断のための問いを明確化し，論理的に考え，価値に基づいて合理的な意思決定をすること，つまり，賢明な市民としてのリテラシーを持って臨むことが期待されている。

　投票行動は，その（集合的な）結果が有権者自身の市民としての生活に直接的に反映されるものであるから，社会的行動のなかでも重要度が高く，したがって，そのメカニズムに学術的な視点からアプローチする価値も高い。本章では，投票行動を支える心理・社会的メカニズムや特徴的な投票行動に，市民リテラシーとしての批判的思考がどの程度，また，どのように関わっているかを検討する。

第2節 投票行動と批判的思考態度

1. 投票という社会的選択

批判的思考は，論理的，客観的で偏りのない思考であり，「相手を批判す

---

*1　本稿は三浦・楠見（2015）の一部をまとめなおし，追加分析を加えたものである。

る思考」とは限らず，むしろ自分の推論過程を意識的に吟味する反省的思考（楠見・田中・平山，2012）である。批判的思考には二つの側面がある。一つは批判的に考えるための能力やスキル（認知的側面）である。具体的には，自らが取り組むべき問題点を明確化し，推論の基盤を検討したうえで適切な推論を行い，その結果を明確化し，行為につながる方略を決定できる能力である。しかし，これらの能力さえ身につけていれば，必ず十分な批判的思考が行われるというわけではない。批判的に考えようとする態度や傾向性などに関わる，「情意的側面」が重要である。批判的思考者が持つべき態度（批判的思考態度）としては，明確な主張や理由を求めること，信頼できる情報源を利用すること，状況全体を考慮すること，重要な元の問題とずれないようにすること，複数の選択肢を探すこと，開かれた心（対話的思考，仮定に基づく思考など）を持つこと，証拠や理由に立脚した立場をとること，などが挙げられている。

　これを，市民が選挙において投票に至るプロセスに当てはめて考えてみよう。前述したとおり，投票はすぐれて高度な意思決定を伴う社会的な行動である。言い換えれば，投票は「賢明な市民」たる有権者による，すぐれて高度な意思決定に基づく，適切な社会の選択場面であるはず（べき）である。先ほどの批判的思考の定義と，それが発揮されるメカニズムとを考慮すれば，こうした投票行動のプロセスと批判的思考には深い関わりがあると考えられる。

　より具体的にいえば，政治に関して批判的に考えるための適切な能力やスキルを身につけた有権者が，批判的思考態度を遺憾なく発揮すれば（つまり，適切な市民リテラシーを持って選挙に臨めば），その投票は適切な社会的選択過程をともない（つまり，熟慮して投票し），また適切な社会的選択として帰結すると，有権者自身によって認知される（つまり，自らの意思を投票に適切に反映させる「正確な投票」ができたと考える）ことが予測されよう。

　本章ではまず，一般的な投票行動と批判的思考との関わりについてのこうした予測を，国政選挙の際に実施した有権者対象のオンライン調査データ（三浦・楠見，2015）に基づいて実証的に検討する。その際は，投票という当該

行動に深い関わりを持ち，批判的思考を適切に発揮させるための能力やスキルにあたる個人変数として政治意識を想定し，その影響力や批判的思考態度との関係についても検討する。投票行動に対するコミットメントが高い場合，すなわち，政治への関与や選挙に対する関心，あるいは選挙で争点となっている社会的問題に対する関心がより高い場合にこそ，批判的思考態度が，適切な投票行動とそれにともなう認知により強く影響するのではないかと考えられるからである。

2．オンライン調査

（1）　実施時期
第23回参議院議員通常選挙投票日（2013年7月21日）の，20時から実施した。

（2）　対象者
オンライン調査会社クロス・マーケティングのモニタ登録者のうち，東日本大震災被災県（岩手・宮城・福島），首都圏（東京・千葉・神奈川），京阪神（京都・大阪・兵庫）に居住する20～60代の男女に協力を依頼し，そのうち1,200名（性別×3地域×各年代40名ずつ，平均年齢44.6歳）から回答を得た。東西の主要都市圏に加えて東日本大震災被災県居住者を対象としたのは，当該選挙における主たる争点が，震災に関わる復興政策や原発への対応であったことから，批判的思考態度と投票行動の結びつきに特徴が見られる可能性を考慮したためである。明らかな回答矛盾や同一選択肢への集中など不良回答が含まれるものや，回答所要時間の短すぎるもの（6分未満）は，調査に十分な注意を払っていないものと見なして，あらかじめ分析対象から除いてある。

（3）　質問項目
調査項目のうち，本節の分析に用いたものは以下のとおりである。中心的な変数は批判的思考態度と政治意識，そして投票行動であり，その他は第三

変数（本節において主要な関心とはならないが，投票行動に影響を及ぼす可能性があるために分析に組み込む必要のある変数）である。

A．基本的属性　性別，年齢，居住地域（被災県・首都圏・京阪神），配偶者の有無，世帯年収，最終学歴。

B．態度・認知

①批判的思考態度——平山・楠見〈2004〉に基づく16項目。下位因子は「証拠の重視」（例：結論を下す場合には確かな証拠があるかどうかにこだわる），「客観性」（例：いつも偏りのない判断をしようとする），「論理的思考の自覚」（例：複雑な問題について順序立てて考える），「探究心」（例：いろいろな考え方の人に接して多くのことを学びたい）の四つから構成される。

②政治的イデオロギー（革新〜保守）について，自分の政治的位置を11段階評定。

③主観的幸福感（11段階）。

C．ニュース接触

①新聞（紙版）・オンラインニュースの閲読時間（平日1日平均）

②TVのハードニュース（事実の伝達という目的で報道するニュース番組），ソフトニュース（政治家のスキャンダルなど，バラエティ要素を交えて政治情勢を伝える娯楽的要素の強いニュース番組）への接触頻度（番組リストから過去1カ月間に「よく見た」ものを選択）。

D．政治意識

①政治関与——政治とは自ら積極的に働きかけるものだ，など5項目。

②選挙関心——選挙で投票することは，ふつうの市民にとってとても重要な権利である，など3項目。

③政治への信頼——政府は，ふつうの市民の意見を積極的に取り入れる努力をしている，など3項目。

①〜③はいずれも5件法（「1：あてはまらない」〜「5：あてはまる」）。

④争点関心——参院選で主な争点とされた七つの政策（原発・TPP・憲法9条・消費税・領土問題・震災復興・景気対策）に対する関心の強さを，「1：まったく関心がない」〜「5：非常に関心がある」の5件法。

いずれも内的一貫性が高いことを確認したうえで，各項目への回答値を合

計した合成変数を作成した。

E．投票行動

①投票の有無

②熟慮的投票行動——「投票する政党や候補者を決めるときは，時間をかけて慎重に考えた」「投票する前に考え直してみた」「総選挙，政治関連のサイトで他の人の意見を参考にして投票した」の3項目を，（「1：あてはまらない」～「5：あてはまる」）の合計得点。

③「正確な投票」認知——「今回の選挙で争点となった事柄に対するあなたの態度を，投票に反映させることができたという自信はどのくらいありますか」の1項目を，「1：まったくない」～「4：十分にある」の4件法。

3．結果と考察

（1）　回答者の投票行動と批判的思考態度

2013年参院選で「投票」した回答者は931名と全体の77.6％に達しており，実際の投票率（52.6％）よりもかなり高かった。これは，政治に関する項目を含む調査に協力する回答者によく見られる傾向で，得られたデータには一般市民のなかでも政治への関心が高い層によるものに偏っているという，セレクション・バイアスがかかっている可能性は否めない。主要政党の得票率と実際の得票率（カッコ内）を比較すると，自民34.4（34.7）％，公明4.9（14.2）％，みんなの党14.1（8.9）％，日本維新の会13.2（11.9）％，共産9.8（9.7）％，民主9.0（13.4）％，生活の党3.0（1.8）％であり，いくつかの党について実際の投票状況とのずれが見られた。

批判的思考態度に関する16項目を合計した得点（最小値16～最大値80）の平均（SD）は56.14（9.14）で，性別や居住地域による差や，年齢との相関は見られなかった。投票の有無によって批判的思考態度の得点を比較すると，全項目を合計した場合も，四つの下位因子ごとに得点を求めた場合も，投票した回答者のほうが棄権した回答者よりも，得点差としてはわずかではあるが，有意に高かった（全項目の合計得点：投票者56.68 vs 棄権者54.25，$p < .001$）。以降の分析は，投票した回答者のデータのみを対象として

行う。

(2) 熟慮的投票行動に関する分析

熟慮的投票行動に関する3項目の合計得点（最小値3～最大値15）の平均値（SD）は8.30（2.48）で，正規分布に近い得点分布をしていた。これを従属変数とし，独立変数として個人属性，態度・認知，ニュース接触，政治意識に関する変数と，批判的思考態度と政治意識に関する変数の交互作用項を投入した，線形重回帰分析を行った（$R^2 = .18$）。

批判的思考態度は，投票者の熟慮的投票行動に有意な影響（$\beta = .25$, $p < .01$）を持ち，批判的思考態度得点が高いほうが，熟慮したうえで投票行動に至っていることが示された。その他の独立変数では，政治的イデオロギー（保守的なほど熟慮する），選挙関心（低いほど熟慮する），政治に対する信頼と争点関心（いずれも高いほど熟慮する）が，有意な効果を持つことが示された。また，批判的思考態度と政治関与，選挙関心の交互作用項も有意な効果を持っていた。つまり，前述した批判的思考態度が熟慮の行動にもたらす正の効果は，有権者の政治関与や選挙関心のありようによって異なるということである。

単純主効果の検定の結果（各変数の得点±1SDを基準とする推定平均値を図10-1に示す），批判的思考態度の高さが熟慮的投票行動を導く傾向は，政治関与（図左）については高い有権者において見られ（つまり，低い有権者

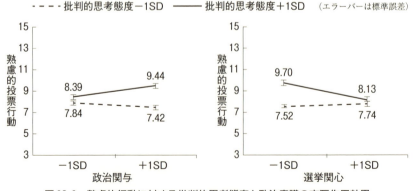

図10-1　熟慮的行動に対する批判的思考態度と政治意識の交互作用効果

には見られず），選挙関心（図右）については低い有権者において見られる（つまり，高い有権者には見られない）ことが示された。

　このように，批判的思考態度と政治意識の組み合わせによる効果が，政治関与なのか選挙関心なのかで異なる理由は何であろうか。両者の得点分布（図10-2）を見ると，ある程度その理由を推察することができる。政治関与（図左）が比較的正規分布に近い（極端に低い／高い回答者が少なく，平均〈16.48〉付近の回答者が多い）のに対して，選挙関心（図右）は低得点の回答者は非常に少なく，中間値から高得点にかけて回答者数が増え，最も多いのが最大値という特徴的な分布を呈している。単純に両者の積率相関係数を求めると $r=.53$ と比較的高い正の値をとるのだが，この分布を見ると，両者の関係は単純な線形構造ではないことが分かる。政治関与は，自ら政治に積極的に関わるべきだという意志をどの程度持つかを反映しているのに対して，選挙関心に対する回答は，「民主主義国家の市民である以上，選挙には関心を持ってしかるべきである」という社会的望ましさを強く反映していたために，こうした違いが生まれたのではないだろうか。

　このことから考えると，政治について批判的に考えるための能力やスキルを示す政治意識としてふさわしいのは，選挙関心ではなく政治関与であろう。そして，批判的思考態度が，熟慮的投票行動を導く傾向が政治関与の高い群においてのみ見られたということは，批判的思考と熟慮的投票行動の関連は，当初の予測に従うものであったことを示しているといえるだろう。

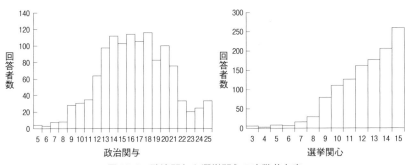

図10-2　政治関与と選挙関心の度数分布表

（3）「正確な投票」認知に関する分析

　「正確な投票」認知項目に対する回答の分布は，まったくない（16.8%），あまりない（36.7%），少しはある（21.9%），十分にある（2.3%）であった。これを従属変数とし，独立変数は熟慮的投票行動に関する分析と同じものを投入した，順序ロジスティック重回帰分析を行った（近似 $R^2 = .31$）。

　批判的思考態度が投票者の「正確な投票」認知に及ぼす影響は，有意ではないがそれを高める方向の効果（$\beta = .07$, $p < .08$）を持っていた。その他の独立変数では，主観的幸福感（低いほど自信がある），政治関与・政治への信頼・争点関心（いずれも高いほど自信がある）が，有意な効果を持つことが示された。批判的思考態度と政治関与，選挙関心の交互作用項は，いずれも有意な効果を持たなかった。

　「正確な投票」認知についても，高い批判的思考態度を持つ人においてより高い傾向が見られた。ただし，その効果はやや弱いものであり，政治意識との交互作用も有意ではなかった。熟慮的投票行動と「正確な投票」認知の相関は $r = .18$ で，それほど強くない。つまり，熟慮的投票行動が必ずしも「正確な投票」認知と結びつかない可能性が示されたことになる。この点については，今回は単一項目で測定した「正確な投票」認知について多面的に測定する尺度を作成するなどしたうえで，より詳細な検討が求められる。

第3節　スイング・ボート

　批判的思考と一般的な投票行動と，それに関わるプロセス（熟慮）やアウトプット（「正確な投票」認知）の関わりを実証した前節に引き続いて，投票行動のなかでも，投票のたびに投票先を変える，すなわち「浮動票」を投じる行動（スイング・ボート）に着目し，その特徴を探索的に検討する。

　「浮動票」は現代の日本に特に多いといわれているが，ややもすると政治に対する無関心，あるいは定見のなさを示すものととらえられがちであった。政治に関心を抱き，それに関する知識が豊富な有権者であれば，自らの政治的イデオロギーに適合する確固たる支持政党を持ち，選挙の際はその政

党に「不動票」を投じるはずだ，という理屈である。しかし，戦後長年にわたって，欧米の多くの国のような明確なイデオロギー的差異を持つ二大政党制が確立されることが一度もなく，さらに近年では，時の与野党の両方あるいは互いの間で絶え間ない分裂と合同が繰り返される状況にあっては，「不動」であることのほうがむしろ困難であろう。つまり政党のほうの主義や思想が揺らいでいるのだから，政治に対する関心が強く，確固たる政治的イデオロギーを持つ有権者は，あえて「浮動する」ことを求められているとすらいえるかもしれない。

そこで本節では，現代の日本にあって，とくに自らの積極的な意思決定の所産として投票先を変える有権者，いわば主体的なスイング・ボーターが，そうではない（定見なく揺れ動いている）スイング・ボーターや，投票先を変えない有権者と比べてどのように異なるか，その特徴を探ることを試みる。異なる選挙機会で投票政党が異なるにせよ同一であるにせよ，それが主体的に選択したものならば，熟慮を経た意思決定の所産であると考えられ，それは批判的思考態度に支えられている可能性がある。

1. スイング・ボートと投票先の記憶

こうした問題にアプローチするためには，調査対象者がスイング・ボートをしたかどうかを特定すると同時に，それが主体的に行われたかどうかを推定しなければならない。ここではその指標として，「過去に投票した政党を正確に記憶しているかどうか」を用いた。認知心理学による記憶に関する代表的な理論に，記憶の処理水準説がある（Craik & Lockhart, 1972）。この理論によれば，記憶は対象に向けられた符号化の副産物であり，意味に注意を向けた深い処理を行うほど記憶されやすい。とくに，課題への関与度や自我関与度が高いほど処理の水準が深くなり，記憶成績が促進される（たとえば，Greenwald & Leavitt, 1984）。これを投票行動に当てはめれば，投票先を決める意思決定の際に，選挙を重要な意思決定と考え，投票する政党について熟慮して投票した有権者のほうが，その記憶はより正確になると考えられる。

この議論をまとめると，まず「浮動票」を投じた人，すなわちスイング・ボーターの投票政党の記憶は，「不動票」の投票者（同じ政党に投票してい

る，すなわち数度にわたりその政党に投票し，自我関与度が高い処理が行われている）有権者と比べると不鮮明であり，その結果として，投票直後の調査における回答（実際）と後日調査の回答（記憶）が，一致しない有権者の比率が高いと考えることができる。一方で，スイング・ボーターのなかでの記憶と実際の一致／不一致と投票行動の関係は，以下のように考えられる。一貫して同じ政党に投票しているわけではないが，それぞれの投票に際する意思決定において，主体的に投票政党を選択している有権者であれば，その際の投票という課題への関与度は強く，投票先の記憶はある程度鮮明であろう。

　では，以前自分がどの政党に投票したかを正確に記憶していない有権者はどうかといえば，選挙の都度，転変する情勢に流されるままに投票する政党を選択しており，投票という課題や政党への自我関与度が弱いため，記憶処理が浅い可能性があると考えられる。投票に対する自我関与の程度は，有権者に主観的認知を問うことも可能であるが，その場合は社会的望ましさの影響（一般に，国民の直接的政治参加の権利である投票は熟慮して行うべきものであり，熟慮するほうが望ましいとされるだろう）から，実際よりも過大評価される可能性が危惧される。その点，記憶についてはそうした人為的操作が入る余地が非常に少ない。

　これらを踏まえて本節では，2 回の国政選挙（2012 年衆院選と 2013 年参院選）に際する調査データを用いて，ある有権者がスイング・ボーターであるかどうかと同時に，彼らの投票先の記憶と実際の一致も確認して，主体的スイング・ボーターの特徴にアプローチする。

　また，批判的思考態度に加えて，リスクに対する態度とスイング・ボートの関わりについても検討する。飯田（2013）は，経済状態認識や政党支持といった，従来の変数によって説明できない投票選択のバリエーションを説明するうえで，有権者のリスク態度に注目している。選挙の結果は，しばしば政権交代など急激な政策変化をもたらし，その政策変化は経済や社会に良くも悪くも不安定性をもたらす可能性がある。つまり，投票先を変えることはある種のリスクテイキングであり，リスク回避傾向の高い有権者はそうすることによる不安定さを嫌って，政権与党に「投票しない」選択をあまりしな

い一方で，リスクテイク傾向の高い有権者は，政権に不満を感じれば率先して投票先を変えることを厭わないだろうというのである。実際，2009 年に民主党に投票したリスク受容的な有権者は，2012 年に自民党あるいは日本維新の会に投票先を変える傾向が強かった一方で，民主党に留まる傾向は弱かったことが示されている（飯田, 2013）。これをここまでの論に当てはめれば，自らの積極的な意思決定に基づいて投票政党を変える主体的スイング・ボーターは，リスクを進んで取る（リスク回避しない）傾向が強いことが予想される。

２．オンライン調査

（１） 実施時期と対象者
第 2 節で述べたオンライン調査の参加者のうち，741 名（男性 389 名，女性 352 名。平均年齢 47.1 歳）は，第 46 回衆議院議員総選挙投票日（2012 年12 月 16 日）の 20 時から実施された同様の調査にも回答している。本節の分析は，この 2 回のデータを対応づけることによって行った。

（２） 質問項目
本節の分析に用いた項目で，第 2 節で言及していないものは三つある。一つ目は比例代表区の投票政党で，これはスイング・ボートの有無を特定するために，2012 衆院選時と 2013 参院選時のそれぞれで問うたものを用いた。次に，投票先の記憶と実際の一致を特定するために，2013 参院選時に 2012衆院選比例区投票政党の記憶を問うたものを用いた。そしてリスクに対する態度については，リスクテイク傾向を「幸せになるためには，リスクがあってもチャレンジをする」，リスク回避傾向を「幸せとはリスクがない状態だと思う」という項目で測定した。

（３） スイング・ボーターの特定
2012 衆院選と 2013 参院選での比例代表区投票政党のクロス集計を，表10-1 に示す。いずれかで棄権とした回答者と，参院選で投票政党を「覚えて

164　第Ⅲ部　社会における批判的思考と市民リテラシー

表 10-1　2012 衆院選と 2013 参院選での比例代表区投票政党

| | | 13 年参院選投票政党 | | | | | | | | | | | | |
		自民党	民主党	生活の党	公明党	日本維新の会	共産党	みんなの党	社民党	みどりの風	その他の政党	棄権した	覚えていない	合計
12年衆院選投票政党	自民党	116	1	1	2	5	4	7	1	0	0	0	4	141
	民主党	6	35	2	1	6	1	12	2	2	0	0	5	72
	生活の党（当時，日本未来の党）	9	8	16	0	3	4	7	3	1	2	0	3	56
	公明党	3	0	0	22	1	1	1	0	0	0	0	2	30
	日本維新の会	35	7	0	4	51	4	16	0	0	1	1	3	122
	共産党	2	1	0	0	0	33	1	0	0	1	0	1	39
	みんなの党	17	5	1	2	2	7	35	0	1	2	0	7	79
	社民党	0	0	0	0	0	0	0	3	0	0	0	0	4
	新党改革	3	1	0	0	0	2	0	1	0	0	0	0	7
	新党日本	0	0	0	0	0	0	0	0	0	0	0	1	1
	その他の政党	0	0	0	0	0	1	1	0	0	3	1	1	7
	棄権した	4	1	1	0	0	2	1	1	1	1	4	2	18
合計		195	59	21	31	70	58	82	10	5	10	6	29	576

いない」とした回答者を除外した 526 名を抽出し，そのうち比例代表区投票政党がそれぞれで異なる回答者を，スイング・ボーターと見なした。スイング・ボーターは 215 名で，40.9％を占めていた。選挙のたびに投票先を変える層の「厚さ」が確認された。

　主要政党について，2013 参院選でのスイング率（1―両選挙で同一政党に投票したサンプルの比率）を求めたところ，自民 17.7％，民主 51.4％，生活の党（2012 衆院選時，日本未来の党）71.4％，公明党 26.7％，日本維新の会 58.2％，共産党 15.4％，みんなの党 55.7％であった。2012 衆院選で民主党と，いわゆる「第三極」と呼ばれた政党に投票したサンプルにおいて，スイング率が相対的に高かった。政党側の立ち位置と同様に，有権者の支持も定まらない様相が如実に示された。

表 10-2　2012 衆院選での比例代表区投票政党（実際と記憶）

		12 衆院選投票先（13 参院選調査時回答・記憶）													合計
		自民党	民主党	日本未来の党	公明党	日本維新の会	共産党	みんなの党	社民党	新党大地	国民新党	新党日本	その他の政党	棄権した	覚えていない	
12年衆院選投票政党（実際）	自民党	120	13	0	0	3	2	4	0	0	0	0	1	2	8	153
	民主党	5	58	0	0	1	1	6	0	0	0	0	0	0	6	77
	日本未来の党	2	20	13	1	3	1	8	1	0	1	0	2	2	4	58
	公明党	2	4	0	19	1	1	1	0	0	0	0	0	2	1	31
	日本維新の会	26	30	0	1	64	2	3	0	0	0	1	0	2	10	139
	共産党	2	5	0	0	0	32	0	1	0	0	0	0	0	2	42
	みんなの党	12	18	0	0	5	0	38	0	1	0	1	0	1	8	85
	社民党	0	0	0	0	1	1	0	4	0	0	0	0	0	0	6
	新党改革	5	0	0	0	0	0	1	0	0	0	0	2	0	1	9
	新党日本	0	0	0	0	0	0	0	0	0	0	0	0	0	1	1
	その他の政党	1	0	0	0	0	1	0	0	0	0	0	3	1	1	7
	棄権した	0	2	1	0	0	3	0	0	0	0	0	1	9	4	20
合計		175	150	14	21	78	45	61	6	1	1	2	9	19	46	628

（4）　投票政党の記憶

　2012 衆院選での投票政党について，2012 年 12 月調査での回答（実際）と，2013 年 7 月調査での回答（記憶）のクロス集計を表 10-2 に示す。主要政党について記憶不一致率（1―両調査での投票政党が一致した回答者の比率）を求めたところ，自民 21.6%，民主 24.7%，日本未来の党 77.6%，公明党 38.7%，日本維新の会 54.0%，共産党 23.8%，みんなの党 55.3% であった。記憶不一致率は，2012 衆院選で「第三極」に投票した回答者において相対的に高いことがわかる。

　実際と記憶の対応を，実際も記憶も「棄権」で一致していた回答者を除いたうえで，①一致（実際と記憶が同じ政党），②不一致（2012 衆院選調査でどこかの政党に投票したと回答しているのに，2013 参院選調査の回答がそれとは異なる政党あるいは「棄権」，衆院選調査の回答が「棄権」なのに参院選調査の回答でどこかの政党に投票したと回答），③忘却（参議院選時調査

166　第Ⅲ部　社会における批判的思考と市民リテラシー

表10-3　スイング・ボート傾向と記憶との一致

| | 投票政党 記憶との一致 | | | 合計 |
	一致	不一致	忘却	
非スイング・ボーター	252	55	4	311
スイング・ボーター	74	137	4	215
合計	326	192	8	526

の回答が「覚えていない」）のいずれかに分類し，スイング・ボーターかどうかとのクロス集計を行った結果を，表10-3に示す。独立性の検定結果は有意（$\chi^2(2) = 118.64$, $p < .001$）で，スイング・ボーターにおいて実際と記憶で回答が一致しないサンプルの比率がより高い（調整済み標準化残差10.8）ことが示された。この結果は，投票先を決める際に，自我関与度の高い意思決定を行ったほうが，その記憶はより正確になっているということを意味しており，記憶の処理水準説が再現されたといえる。

（5）　主体的スイング・ボーターの特徴

　次に，2012衆院選と2013参院選で投票政党が異なり，なおかつそれを正しく記憶している有権者を，自分自身の投票行動を明確に把握したうえで投票政党を変えている，「主体的」なスイング・ボーターと見なして，その特徴を批判的思考態度やリスクに対する態度との関連から，探索的に検討した。スイング・ボーターかどうかと，記憶の一致／不一致（ここでは忘却群は分析対象から除外した）を独立変数，批判的思考態度と2種類のリスクに対する態度をそれぞれ従属変数とする，被験者間2要因分散分析を行った。

　まず，批判的思考態度については，4群の平均値にほぼ差がなかった。主体的に投票先を変えた有権者の批判的思考態度が他よりも強いという知見は得られず，予測は確かめられなかった。しかし一方で，浮動票を投じた有権者が，「不動」の有権者より批判的思考態度が劣るというわけではない，ともいえる結果であった。

　次に，リスクに対する二つの態度については，まずそれら自体のデータを概観しておこう。まず，男性のほうが女性よりもリスクに対して積極的，つ

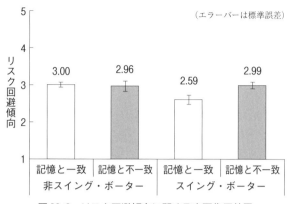

図 10-3　リスク回避傾向に関する交互作用効果

まりリスクテイク傾向が高く、リスク回避傾向が低いという性差が見られたが、年齢とは有意な相関がなく、居住地域による差は見られなかった。リスクテイク傾向とリスク回避傾向の相関係数は $r=-.26$ で、有意ではあるが弱い負の相関しか持っていなかった。また、批判的思考態度とリスクに対する態度の関連については、リスクテイク傾向とは有意な正の相関（$r=.41$）が見られたが、リスク回避傾向とは相関がなかった（$r=-.03$）。

リスクに対する態度のうち、リスク回避傾向（$F(1, 514)=3.98, p<.05$）に対して、スイング・ボーターかどうかと記憶の一致／不一致の交互作用効果が見られた。各群の平均値を図 10-3 に示す。主体的スイング・ボーターは他 3 群よりもリスク回避傾向が低かった（$p<.05$）。これは、飯田（2013）で示された、リスク受容傾向と投票先の変えやすさとの関連と、軌を一にした結果であるように思われる。一方で、リスクテイク傾向と批判的思考態度については、両変数の主効果・交互作用効果ともに有意ではなかった。リスク回避傾向とリスクテイク傾向の間には、両者の負の相関の低さも含めて考えれば、リスクを進んで取るか回避するかは、同一線上の両極となるような態度ではないのかもしれない。

第4節　まとめ

　本章では，市民リテラシーとしての批判的思考が，私たちにとって典型的かつ重要な意思決定のひとつである投票行動を支える心理・社会的メカニズムや特徴的な投票行動と，どういう関わりを持つのかについて，有権者を対象としたオンライン調査データに基づいて実証的に検討した研究を紹介した。一般的な投票行動と，それに関わるプロセス（熟慮）やアウトプット（「正確な投票」認知）には，批判的思考態度の高さが正の影響を持つことが示され，とくに熟慮して投票する傾向への効果は，政治関与の高さに支えられてこそ得られるものであることが分かった。また，「浮動票」を投じるスイング・ボートについては，それが必ずしも市民リテラシーの低さによるものではないこと，また，主体的に投票先を変えた有権者は，リスク回避をしない傾向が強いことが示された。

　本研究の限界は主に二つある。まず，サンプルにおける投票率が実際の投票率よりもかなり高く，一般的な社会調査と比較するとサンプルの代表性が低いことである。しかしこれは，選挙終了直後に政治や選挙に関わる設問を含むオンライン調査を行うとなれば，たとえ調査の目的を詳らかにしなかったとしても，不可避の偏り（選挙に関心が低く，投票しなかったモニタは，調査への協力意図も低い）かもしれない。また，政治に関する重要なリテラシーである，政治や選挙の争点に関する知識について問うていないのも，欠点であろう。政治意識よりも政治知識のほうが，「批判的に考えるための能力やスキル」により近い。今後の検討課題である。

　このように，得られた結果の一般化可能性に制約を置くべき点はいくつかあるが，本研究では，個人的態度としての批判的思考態度（およびリスクに対する態度）と，投票行動やそれに関する認知との関わりの一端を実証的に明らかにすることができた。今後は，スイング・ボートのパタンをより詳細に分類できるだけの，大規模サンプルを対象とした調査を実施することなどによって，投票行動と個人的態度との関連について，より精緻な解明を試みたい。

■文献

Craik, F. I. M. & Lockhart, R. S. (1972). Levels of processing: A framework for memory research. *Journal of Verbal Learning and Verbal Behavior*, 11, 671-684.

Greenwald, A. G. & Leavitt, C. (1984). Audience involvement in advertising: Four levels. *Journal of Consumer Research*, 11, 581-592.

平山るみ・楠見　孝 (2004). 批判的思考態度が結論導出プロセスに及ぼす影響——証拠評価と結論導出課題を用いての検討　教育心理学研究, 52, 186-198.

楠見　孝・田中優子・平山るみ (2012). 批判的思考力を育成する大学初年次教育の実践と評価　認知科学, 19, 69-82.

飯田　健 (2013). リスク志向有権者がもたらす政治的帰結——2012年総選挙の分析　日本選挙学会2013年度総会・研究会報告

三浦麻子・楠見　孝 (2015). 批判的思考態度・リスクに対する態度と投票行動——2012年衆議院選挙と2013年参議院選挙のswing vote分析　選挙研究, 30, 49-59.

第11章　批判的思考と科学コミュニケーション：
東日本大震災後の一般の人々による探求活動

●原　塑●

第1節　はじめに

　2011年3月11日に発生した東北地方太平洋沖地震と，それに続く津波，さらに福島第一原子力発電所の事故による放射性物質の拡散による被害（東日本大震災）は甚大であり，死者と行方不明者を合わせて約18,000人，避難者は震災発生直後で40万人以上，震災が発生してから4年以上経過した現在（2015年）でも，20万人を超える。経済的打撃も巨大である。この震災で失われたり，毀損されたりしたものは多いが，そのなかには行政や科学技術の専門家に対する一般の人々の信頼も含まれる[*1]。

　東日本大震災からの復興の過程では，破壊した福島第一原子力発電所を，安全を確保しつつ解体し，東日本の広範囲に飛散した放射性物質の動態を調べ，必要に応じて除去する必要がある。また，放射性物質による環境や食品の汚染の程度を継続的に調査し，健康被害が生じないように対策を講じなけ

---

*1　たとえば，2012年『平成24年版 科学技術白書』（文部科学省，2012）の第1章第2節「科学技術政策に問われているもの」によれば，科学者の信頼性を問う質問紙調査に対して，「科学者の話は信頼できる」と回答した国民の割合は，震災前には12〜15％であったのに対して，震災後は6％と半減し，さらに「信頼できる」「どちらかというと信頼できる」のいずれかの選択肢を選んだ人の割合は，震災前には76〜85％であったが，震災後には65％に落ち込んでいる。「科学技術の研究開発の方向性は，内容をよく知っている専門家が決めるのがよい」という問いに，「そう思う」と回答した国民の割合は，震災前には約59％に達したのに対し，震災後には約19％に急落している。このデータから示唆されることは，東日本大震災によって，一般の国民が科学者に対して持つ信頼の程度は大きく低下し，また科学技術研究の方向性の決定を科学者だけに任せることに，国民は納得しなくなったことである。

ればならない。将来起こりうる地震や津波の被害を食い止めるため，都市や原子力発電所に高い防災機能を持たせることも重要である。

このような対策は，国民の不安をなくし，安全な生活を送れるようにすることを目標とするが，さまざまな対策が有効性を発揮し，その結果として社会から不安がなくなるためには，国民が行政のみならず，行政に助言を与える専門家を信頼していなければならない。専門家の行いに国民が不信を抱いている場合，復興のために行われるさまざまな政策が効果を十分に発揮することは難しい。このような事態を避けるため，とくに行政にとっては，震災後に低下した行政や専門家に対する国民の信頼を回復することが重要である。

国民からの行政や専門家に対する信頼を取りつける役割を果たすと期待されているのは，科学コミュニケーションである。実際，科学コミュニケーションが注目を集め，その必要性が強く主張されるのは，科学技術に対する信頼が揺らぐときであるといえる。たとえば，1990年代にイギリスを中心にして起こったBSE（牛海綿状脳症）による社会不安が深刻化したのは，イギリス政府による広報の失敗のために，行政と専門家に対する不信感が高まったためである。

この信頼の危機に対する対処法として注目されたのが対話型科学コミュニケーション，つまり，科学技術上の政策的意思決定を下す際に，行政や専門家と一般市民とが対等な立場で科学技術について対話し，合意形成を図るという手法だった（藤垣・廣野，2008）。東日本大震災後の日本は，信頼の危機に直面しているといわれることがある（田中，2013）。この理解に基づくと，信頼の危機を克服するために，対話型科学コミュニケーションを推進することが求められることになる。しかし，対話型科学コミュニケーションは，行政や専門家に対する一般の人々の信頼を取り戻すことに有効なのだろうか。

本章では，科学技術に対する信頼の回復と対話型科学コミュニケーションとの関係を明らかにするために，対話型科学コミュニケーションを実践する際の手引きとなる理論，すなわち対話型科学コミュニケーション理論の整合性を検討する。

標準的な対話型科学コミュニケーション理論では，科学の不確実性を克服するために科学者と一般の人々が対話を行う必要があり，対話を通じて科学

172 第Ⅲ部 社会における批判的思考と市民リテラシー

技術に対する一般の人々の信頼が回復されるとされる。この理論のことを
「トランス・サイエンス理論」と呼ぶことにする。トランス・サイエンス理
論を分析することで，この理論では東日本大震災後に行われた科学コミュニ
ケーションを適切にとらえることはできず，したがって，この理論を科学コ
ミュニケーションの実践のための手引きとすることもできないことを明らか
にする。

　次に，トランス・サイエンス理論とは異なる仕方で，科学技術における対
話を理論化することを試みる。ここで参照されるのは，ジョン・デューイ
(Dewey, J.) の議論である。デューイは，批判的思考力を備えた人々による集
団的な探求に焦点を当てる。このような科学コミュニケーションの理論を，
「探求共同体理論」と呼ぶことにしよう。探求共同体理論は，信頼の回復を
コミュニケーションの目的とせず，トランス・サイエンス理論が直面した問
題を回避することができる。最後に，探求共同体理論が今後解決すべき問題
を明示する。

第2節　東日本大震災後の科学技術への信頼の失墜

　東日本大震災によって科学技術への信頼が失墜したのはなぜだろうか。
2012年刊行の『平成24年版 科学技術白書』(文部科学省，2012) には，震災か
ら9カ月程度経過した2011年12月に科学技術政策研究所（現・科学技術・
学術政策研究所）が実施した，「科学技術に関する意識調査」の結果が紹介
されている[2]。

　質問項目の一つとして，震災前に抱いていた期待がはずれ，実際には震災
時に役立たずに終わった科学の具体例を挙げてもらうというものがある。そ
の質問への回答を見ると，震災前の段階では回答者の半数以上（53％）が，
原子力発電所の過酷事故を回避する技術を日本が備えていると考えていたの
に，そのように考えていた人々の86％以上が，その期待が裏切られたと見な
している。この事例と同様に期待はずれに終わった科学技術として挙げられ

＊2　同白書の第1章第2節「科学技術政策に問われているもの」を参照。

ているのは，震災時のライフラインの維持・回復，マグニチュード9クラス
の地震やそれに起因する津波被害に対応したハザードマップと避難経路の確
定，震災時でも使用可能な情報通信網の整備などである。

地震・津波の被害を小さくするために，十分な科学技術上の対策が行われ
ていたわけではなかったことに，不満を感じている人々は少なくない。

とはいえ，行政や専門家に対する信頼が失墜したのは，震災の被害を押さ
えこむのに科学技術が失敗したためだけではない。むしろ，震災前後での行
政や専門家の言動が，誠実性を欠いていたためだろう。実際，信頼に値しな
い言動を行った専門家は少なくない。原子力工学の専門家や物理学者のなか
には，原子力発電所建屋が水素爆発を起こした際，また炉心溶融が生じた
際，これらの出来事が生じたことをなかなか認めようとはせず，否定する発
言をメディアやSNSで行った者がいた。また低線量放射線被曝による健康
被害を過小評価する発言を繰り返した放射線医学研究者もいた[*3]。行政は，
緊急時迅速放射能影響予測ネットワークシステム（SPEEDI）によるシミュ
レーションにより，福島第一原子力発電所事故後，早い段階で放射性物質の
拡散状況を把握していたにもかかわらず，その情報を迅速に発表することは
なかった[*4]。

科学者や行政が過度に楽観的な情報を流して，人々の現状認識を誤らせた
り，人々が行動決定をするうえで必要になる情報を公表しなかったりしたこ
とは，実際に生じた出来事との離齬や事後的検証を通じて明らかになって
いった。

行政や専門家による情報操作には，少なくとも二つの点で問題がある。

まず，行政や専門家のような権威性を持つ組織や人物が，情報を公開しな
かったり，過度に楽観的な情報を流通させたりすることで，一般の人々が信

---

*3　これらの発言については影浦（2013）が収集し，紹介している。

*4　NHKの報道「SPEEDIで実測も非公開」（2012年6月11日）による。しかし，東
　　京電力福島原子力発電所における事故調査・検証委員会（政府事故調）に参加してい
　　た吉岡は，SPEEDIを運用し，防災に活用すれば，避難計画を立てるために有益な情
　　報が得られたはずだったのに，文部科学省や原子力安全・保安院は，そもそも
　　SPEEDIを利用しなかったと述べたうえで，そのような行政の対応を批判している
　　（吉岡・名和，2015，pp. 55-59）。

頼できる情報に基づいて，自分自身の行為を自主的に決定することを困難にさせたことである。つまり，自律的な自己決定を行う機会を，一般の人々から奪ったのである。次に，仮に原子力工学や放射線医学の専門家と行政が協力し，原子力発電所の事故状況や放射性物質の拡散に関する情報を，適切な時期に公開し，適切な対策をとっていれば，震災初期の段階で広範囲に拡散した放射性物質による無用な被曝を，人々が避けることができた可能性が高い。その意味で，行政や専門家は，一般の人々の健康を危険にさらしたといえる。

　行政は，被災地域の食品を人々が避ける傾向のことを「風評被害」と呼び，それを「克服すべき誤った態度」と見なす[5]。行政や専門家が発する情報が信頼を失っている以上，一般の人々が危険回避的行動を選択することは合理的である[6]。情報操作を行い，それに合理的に反応した人々を不合理だとして非難する行政や専門家が，信頼を得ることは難しい。というのも，行政・専門家は信頼に値しないからである。

第3節　トランス・サイエンス的問題としての東日本大震災

1．日本学術会議報告書

　東日本大震災以降，行政や専門家が信頼を失ったのは，彼らがそもそも信頼に値しないからだという主張は，広く受け入れられているわけではない。震災後の行政や専門家による情報発信に問題があったことを認めながらも，行政や専門家が信頼を失った主な原因を，彼らの信頼性の欠如に求めず，別の原因によるとする見解をとる者は多い。その多くが注目するのが，科学技術にともなう不確実性である。

---

[5]　たとえば，農林水産省の PR 誌『Aff』2011 年 5 月号では，風評被害の「風評」とは，「人が『今後起こりうるかもしれない』という漠然とした不安を持っているときに広まりがちな，根拠の無い噂のこと」とされている（農林水産省，2011）。

[6]　三浦（2015）によれば，東日本大震災後に生じた風評被害は消費者の合理的な判断によると考えることができる。

たとえば，日本学術会議の報告書『提言　科学と社会のよりよい関係に向けて』では，以下のように述べられている。

> 福島原発事故以降における状況をめぐって，異なった知見がある問題であるにもかかわらず，科学者が科学者自身の科学的・社会的信念に基づき，「科学的な客観な事実」であるかのような表現で自らの見解を表明することが行われてきた。不確実性があり，科学者の間で判断が分かれる事柄について，ある立場からの判断を科学的に正当化された判断であるかのようにして表明するという事態が生じたわけであり，そうした事態こそが科学者自身の信頼を失墜させたのである。
>
> （日本学術会議第一部福島原発震災後の科学と社会のあり方を問う分科会，2014，pp. 9-10）

解決にあたってただちに利用可能な，確実性の高い科学的知見が存在しないため，不確実性の高い解決案が複数並立する状態をもたらす科学技術的問題は，しばしば「トランス・サイエンス的問題」と呼ばれる。

トランス・サイエンスは原子力工学者の A. M. ワインバーグが 1972 年に発表した論文「サイエンスとトランス・サイエンス」（Weinberg, 1972）において使用した概念であり，「科学に対して問うことはできるが，科学によって答えをうることができない」問題群のことをさす。その具体例としてワインバーグが挙げているのが低線量放射線被曝の生体への影響，原子力発電所の過酷事故である。

トランス・サイエンス的問題群の特徴は，科学的方法によって獲得しうる，ある事象に関するデータに高い不確実性があるため，その事象が発生するかどうか，またその頻度や確率がどれくらいなのかを，一意に決定できないことである。このような特徴を持つため，トランス・サイエンス的問題が生じる可能性や，その帰結に関する専門家の意見は分かれることになる。

日本学術会議の報告書が主張するのは，低線量放射線被曝の深刻度に関して，立場を異にする複数の専門家が社会に対して異なるメッセージを発した場合，そのメッセージを受け止める一般の人々は，誰が述べる意見が科学的

176 第Ⅲ部 社会における批判的思考と市民リテラシー

に根拠を持つかを判断することができず，混乱し，確実性を持つ統一見解を述べてくれない科学者に対して信頼を失うだろう，ということである。

2．トランス・サイエンス理論

トランス・サイエンス的問題群に対して，科学技術は確実な解決案を与えることはできない。では，どのような仕方で科学技術的意思決定を行えばよいのだろうか。

トランス・サイエンス理論によれば，専門家と非専門家である一般の人々が対話し，一般の人々の意見を科学技術的意思決定に反映させることが必要である。というのも，トランス・サイエンス的問題群に対しては，科学的合理性だけに基づいて解決案を作ることができないため，人々の社会生活のなかにある，社会的合理性を考慮に入れる必要があるからである。

ここで，社会的合理性とは何かに関して，少なくとも二つの見解がある。一つは，社会的合理性は，一般の人々のローカル・ノレッジに依拠するとする見解である。ローカル・ノレッジとは，一般の人々がそれぞれの居住地域に関して持つ，日常的体験に裏打ちされた知識，とくに科学技術の専門的知識と対照的な知識のことである（藤垣，2003，p.129）。科学技術はしばしば，それが使われる現場の局所的環境条件が考慮されなかったために失敗する。したがって，科学技術的意思決定においては，科学技術が使用される現場の局所的環境条件を，必要な限り考慮しなければならない。この局所的環境条件に関する知識は，専門家よりもその現場で生活している一般の人々が持っていることが多いと考えられる。一般の人々が持っているローカル・ノレッジを専門家が発見し，科学技術的意思決定に反映させるためには，専門家が一般の人々と対話し，彼らの意見を対等な立場で聞く必要があるのである。

また，別の見方では，一般の人々が持つ価値観が，社会的合理性の核心である（小林，2007，p.140）。科学的合理性の観点から見ると，トランス・サイエンス的問題群の解決方法は複数存在し，一つに決めることはできない。ただ，それら複数存在する解決案自体や，それを実行したときの社会に与える帰結は，異なる社会的価値を持つはずである。したがって，科学技術的意思決定の場に一般の人々に参加してもらい，複数存在する科学技術的解決案の

社会的価値を評価してもらえば，採用すべき案を一つに定めることができると考えられる。このため，科学技術をテーマとして，専門家と一般の人々が対話する必要がある。いずれの立場をとるにせよ，専門家と一般の人々との対話はトランス・サイエンス的問題の解決に貢献する。

　トランス・サイエンス理論によれば，一般の人々が行政や専門家に対する信頼を失うのは，トランス・サイエンス的問題群に対する科学的に妥当な解答が複数存在するにもかかわらず，行政や専門家がそのなかの一つを勝手に（つまり，一般の人々との対話というプロセスを経ずに）選択し，その案を実行に移そうとする場合である。行政や専門家の立場から見ると，彼らが選択した解決案は科学的合理性を保持しているのであり，その案が科学的に妥当であることを一般の人々に理解してもらうことができれば，一般の人々は行政や専門家の判断の正しさに納得するはずである。このような想定に基づいて，行政・専門家は一般の人々の理解を求め，一般の人々の意見を聞こうとはしない，一方的な科学コミュニケーションを行うのである。

　しかし，実際のところ，このような一方的な科学コミュニケーションを通じて一般の人々からの信頼を獲得することはできない，という知見が集積されてきた。そこで，トランス・サイエンス理論は，一方向的な科学コミュニケーションが立脚する想定，つまり，科学や専門家に対して一般の人々が不信を抱くのは科学的知識が欠けているからであり，一般の人々に正しい科学的知識を与えてそれを正確に理解してもらえば，彼らは科学や科学の専門家を信頼するようになるだろう，という想定を「欠如モデル」と呼び，批判する。トランス・サイエンス理論によれば，行政や専門家に対する信頼は，彼らが一般の人々と対話し，科学技術的意思決定において一般の人々の意見や価値観を考慮することで，獲得されるのである。

　トランス・サイエンス理論に基づくと，東日本大震災後に行政や専門家が一般の人々の信頼を失ったのは，行政や専門家が一方的な科学コミュニケーションを行ったからであり，対話型科学コミュニケーションを推進し，一般の人々の意見や価値観を考慮していけば，行政や専門家に対する信頼が回復するはずだと考えられる。実際，先に挙げた日本学術会議の報告書「提言　科学と社会のよりよい関係に向けて」では，科学技術的意思決定への市民参

178 第Ⅲ部 社会における批判的思考と市民リテラシー

加（つまり，「科学技術のシビリアン・コントロール」）が推奨されている。

3．トランス・サイエンス理論の問題点

とはいえ，この提案が有効かどうか，つまり行政や専門家と一般の人々が対話を行うことで，行政や専門家が信頼されるようになるかどうかに関しては疑問がある。その第一の理由として，トランス・サイエンス理論が行政や専門家に対して有効な指針を与えることができるのは，行政や専門家が信頼に値する場合に限られることがある。トランス・サイエンス理論によれば，行政や専門家が提案する政策は，少なくとも科学的合理性を持つと想定されている。また，行政や専門家が，たとえ欠如モデルに基づいて一方向的な科学コミュニケーションを行うにしても，保持している科学情報を一般の人々に開示せず，秘匿したり，あるいは科学的合理性を欠く情報を流通させたりすることはないことが前提となっている。

しかし，東日本大震災後に行政や専門家が行ったことは，先に述べたとおり，原子力発電所事故による放射性物質の拡散に関する情報を公開しなかったり，低線量放射性被曝のリスクを過剰に楽観視した情報を流したりすることである。このような行政や専門家の行為から推測されることは，行政が，多くの住民が放射線に被曝することを容認する決定を，事前に下していただろうということである。このように，行政や専門家の判断や行為は合理性を欠き，信頼に値しないのだから，行政や専門家が一般の人々から信頼されないのは当然である。したがって，なぜ行政や専門家が一般の人々から信頼されないのかをトランス・サイエンス理論によって説明しようとするのは，的外れである。

では，行政や専門家が一般の人々と対話型科学コミュニケーションを行うことで，一般の人々からの信頼を獲得していくことができるのだろうか。実際のところ，相互に不信感を持つ者が，たとえ対話の席につき，言葉を交わしたとしても，それにより相互信頼を醸成していくことは難しいと考えられる。というのも，対話に参加する者が何らかの仕方で相互に信頼していないのならば，この両者の間でコミュニケーションが成立するとは考えられないからである[7]。

対話において，話し手が述べた見解を聞き手が正しいものと見なして受容し，その受容した意見に基づいて聞き手が自分自身の意見や態度を変えるという出来事が，聞き手と話し手の立場を交換しつつ重層的に生じている状態が，コミュニケーションが成立している状態である。このような状態が成立するためには，話し手が本心を誠実に話しているだろうと聞き手が想定できる，つまり聞き手が話し手を信頼できなければならない。そのため，相互信頼が欠けている者同士が言葉を交わしても，コミュニケーションは成立しない。トランス・サイエンス理論は，対話型科学コミュニケーションを，専門家に対する信頼の危機を克服するための手段と位置づけるが，仮に一般の人々が専門家をまったく信頼していないのなら，対話によって相互信頼をもたらすことはできない。というのも，相互信頼は，対話によるコミュニケーションの成立条件であるからである。

　現在において，行政や専門家が一般の人々を信頼しているようには見えない。それは，行政が用いる「風評被害」という表現に現れている。放射性物質が拡散し，広範囲の環境が汚染されているという現実があるのだから，汚染されたと考えられる地域で生産される食品の摂取を人々が避けたり，環境汚染が生じた地域に居住する人々が体調の不良を懸念したり，その地域から避難しようとしたりするのは当然である。行政や専門家は，このような一般の人々の振る舞いを理解しようとはせず，あくまで克服するべき風評被害の原因をなすものと見なしている。行政や専門家が一般の人々を信頼しなければ，当然，一般の人々も行政や専門家を信頼しない。このような条件下では，両者の対話は相互信頼をもたらすことはないと考えられるのである。

＊7　人々の間に成立する相互信頼が，コミュニケーションが成立するための主要な条件であるという見方を強く打ち出したのは，影浦（2013）である。影浦は，この見方に基づいて，福島第一原子力発電所事故発生以降，行政や専門家が主導した言論活動が，どのように一般の人々と行政・科学者との間の相互信頼を破壊してきたかを詳細に分析している。

180　第Ⅲ部　社会における批判的思考と市民リテラシー

第4節　探求共同体と科学コミュニケーション

1. 批判的思考と科学コミュニケーション

　東日本大震災発生後，一般の人々は，政府や専門家から発信される情報に不信感を持つ一方で，必要な情報を大手メディアやそれ以外のインターネットから調達しようとした。また，一部の人々は，自主的に土壌汚染に起因する空間放射線量を測定し，必要があれば除染を行うように専門家や行政に働きかけを行った[*8]。インターネット上にあふれる情報は，その信頼性がばらばらであり，信頼できる情報を選び出すのは容易ではなかったし，一般の人々が自主的に線量を測定し除染をする際に，信頼できる専門家を見つけることも容易ではなかったと考えられる。

　この状況で重要なのは，一般の人々それぞれが身につけている批判的思考力である。どの専門家なら信頼に値するか，どの情報が確からしいかが明らかではないときに，人々は批判的思考力，とくに情報信頼性を評価する能力を発揮し，頼りになる専門家や信頼できる情報を選び出すしかない。信頼できそうだと判断した専門家がインターネット上で発表する情報に耳を傾け，双方向のメディアを利用して議論を深めたり，その専門家に依拠しつつ線量を測定したり除染したりする際には，一般の人々は，自分自身の考えや判断の根拠を専門家の見解と照らし合わせて検討し，また専門家の見解の妥当性も検討する。このようなときに，批判的思考力が発揮され，批判的思考が実践されているのである。

　トランス・サイエンス理論では，専門家と一般の人々との対話が，科学技術的意思決定の過程で不可欠なものとして重視される。その意味では，東日本大震災後に行われた一般の人々が主導する探求は，専門家と一般の人々との対話を組み込んでいる点で，トランス・サイエンス理論が推奨する科学コミュニケーションの形式に則っているように見える。しかし，実際には，ト

---

　*8　たとえば，環境倫理学者の鬼頭秀一は，東京大学柏キャンパス内にある柏どんぐり保育園の園庭の除染を，園児の保護者グループの要請に応じて行っており，そのときの経緯を詳細に報告している（鬼頭, 2013）。

ランス・サイエンス理論は，一般の人々が主導する科学コミュニケーションを扱ってはいないし，この活動の意義を説明したり，どのようにこのようなタイプの活動を行うべきなのかについて示唆を与えたりするものではない。というのも，トランス・サイエンス理論は，応用される科学技術上の不確実性を補うことを目的として，その目的を実現する限りにおいて，一般の人々が持つ知識や価値観を参照しようとする科学コミュニケーションを理論化したものだからだ。

　行政や専門家と一般の人々の間で対話が行われるにせよ，その対話の目的を設定するのは科学技術を応用する行政や専門家であり，一般の人々のなかで誰を，どのような仕方で，対話への参加者として選び出すのかという基準の策定も，行政や専門家が定める必要がある。また，対話により得られた知見をどのように利用するのかも，行政や専門家の判断に任されている。つまり，トランス・サイエンス理論において，一般の人々が対話へ参加することが求められるものの，彼らは受動的な立場に置かれているのである。

　それとは対照的に，東日本大震災後，一般の人々が行う探求活動において成立した専門家と一般の人々との対話は，自分たちが直面した問題を解決するために一般の人々が自発的に行うものであり，信頼できる専門家を彼らが選択して共同体を形成し，対話を通じて相互学習を行いながら，問題解決を図っている。

　この際，科学技術が不確実であるかどうかが，専門家と一般の人々とが対話を行う理由になるのではない。したがって，科学技術の不確実性を克服するために，対話の場に参加する人々の選別が行われるわけではない。問題を共有する人々が集まり，その解決を図るために，自主的に専門家との対話を行う。つまり，一般の人々は科学コミュニケーションを実行する主体であり，このようなコミュニケーション活動を主導する一般の人々の能力が，批判的思考力である。

　このように，トランス・サイエンス理論は，東日本大震災後に一般の人々が主導した科学コミュニケーションを記述したり，説明したりしうるものではない。そこで，彼らの実践を説明する，新しい科学コミュニケーションの理論が必要である。そのような理論は，一般の人々が探求活動を遂行する能

182　第Ⅲ部　社会における批判的思考と市民リテラシー

力である批判的思考力と，探求活動を組織化する科学コミュニケーションの
関係を，明らかする必要があるだろう。

2．探求共同体理論

　歴史を振り返ってみると，批判的思考と科学コミュニケーションは，互い
に密接な関係を持つ概念として形成されている。批判的思考という概念を考
え出したのは，プラグマティズムの哲学者，ジョン・デューイである。
デューイによると，日常的に自動的に生じていく思考を保留し，反省的態度
を取って，直面する問題を解決するために熟慮的判断を行うことが，批判的
思考である。つまり，批判的思考とは，直面した問題を解決しようとする際
に，既存の知識や考えを無反省に当てはめるのではなく，最終的な結論を出
す前にさまざまな案を考え，その妥当性を慎重に検討する態度や習慣のこと
である（Dewey, 1910）。デューイはこの批判的思考の概念を科学教育の場面に
おいて展開し，科学教育の目的を科学的態度の涵養，つまり学習者が「開か
れた心を持ち，知的な統合性があり，観察し，自分の意見や信念をテストす
ることに興味を持つ態度」を身につけることに置く（Dewey, 1934）。

　一般の人々が批判的思考や科学的態度を身につけることは，個人の自由に
とってだけではなく，社会の発展にとっても極めて重要である。というの
も，批判的思考を持つからこそ，各人は自分なりの生の構想を自由に試すこ
とができるからであり，さらに，倫理的に正しい行為や社会のあり方も，
人々が実験的に行う探求により明らかにすることが可能だと考えられるから
である。このような一般の人々による社会的探求を可能にするのが，民主主
義的価値，つまり「社会的探求とその探求の結果を広める自由」（Dewey, 1927,
p. 166）であり，そのような自由を保障する民主主義社会である。

　また逆に，批判的思考により駆動される社会的探求は，民主主義社会を支
えるものでもある。というのも，社会的探求は人々がばらばらに孤立して実
践するものではなく，共同体を形成して行うものであるからである。デュー
イによれば，コミュニケーションとは，このような共同体を形成する人々の
相互作用のことである。もちろん，体系化された自然科学は，一般の人々に
はなじみのない語彙で記述され，それを理解するためには高い専門性を必要

とする。しかし，デューイの考えでは，探求活動において科学が応用される場合，専門的な知識でも一般の人々の間で共有され，コミュニケーションを支える基盤になりうる。「科学が生活のなかで応用されることは，科学が人々に取り入れられ，行きわたっていることを意味し，また，純然たる有効な市民の存在の前提条件をなす，共通理解と徹底的なコミュニケーションの手段であることを意味する」(Dewey, 1927, p.174) のである。

デューイが念頭に置いている科学コミュニケーションは，批判的思考力に支えられる活動であり，探求を目的として形成される共同体の構成員を結びつけ，科学的知識の共有や，探求における科学的知識の使用と検証を促進する機能を果たす。このような多様な機能を持つものとして科学コミュニケーションを規定する見方を，「探求共同体理論」と呼ぶことにしよう。探求共同体理論は，批判的思考力を保持する主体が集まり，直面する問題を専門家と協力しつつ解決しようとする活動の意味や特徴を明らかにしようとするものであり，東日本大震災後に一般の人々が行ったさまざまな探求活動や，そこで行われた科学コミュニケーションを適切にとらえることを可能にする。

最後に，探求共同体理論に基づいて，一般の人々の行政や専門家に対する信頼を，どのように回復すればよいかという問題を考察しよう。探求共同体は，目的を共有する人々が一緒に問題解決にあたるために作られた組織であり，この共同体に属しているメンバーは，相互に信頼し合っている。また，このメンバーにより共同体に参加するよう求められた専門家は，共同体のメンバーに能力や人柄を評価されているため，信頼されている。行政や探求共同体の外にいる専門家が，探求共同体からの信頼を獲得するには，すでに共同体に属している専門家が仲介する必要がある。この仲介する専門家が，探求共同体の活動への助力を求めて行政に働きかけ，その結果として行政が有益な助力を探求共同体に与えることができれば，行政は探求共同体からの信頼を得ることができる可能性が高まる。

第5節　まとめ

一般の人々が，専門家を交えて共同体を形成して実施する探求活動は，

人々の批判的思考と科学的態度，科学的知識に基づいて行われるために，一定程度の科学的合理性を持つ。ただ，共同体を形成し維持するには，財政的裏づけに加えて，地縁・血縁を持つ者からの協力や支持，その他のさまざまな条件が満たされることが必要であり，それによって探求共同体による探求活動の合理性が歪められる可能性がある。また，仲介的専門家の活動により行政と探求共同体の協力が可能になったとしても，それにより探求活動の信頼性が向上するとは限らず，かえって探求共同体による活動が阻害されることも考えられる。

　科学者共同体による探求活動と，一般の人々による探求共同体の活動とを比べたときに，それらが科学的合理性の観点からどのような差異を持つのか，また探求共同体の活動の合理性を高め，維持するには，どのような条件が満たされなければならないか，探求共同体と社会的合理性がどのような関係に立つのかといった問題は，探求共同体理論が答えるべき課題として残されている。

■文献

Dewey, J. (1910). *How we think*. Boston, D.C.: Heath & Company.

Dewey, J. (1927). *The public and its problems*. New York: Henry Bolt & Company.

Dewey, J. (1934). The supreme intellectual obligation. *Science*, **79**, 240-243.

藤垣裕子 (2003). 専門知と公共性——科学技術社会論の構築へ向けて　東京大学出版会

藤垣裕子・廣野喜幸（編）(2008). 科学コミュニケーション論　東京大学出版会

影浦 峡 (2013). 信頼の条件——原発事故をめぐることば　岩波書店

鬼頭秀一 (2013). 福島原発事故由来の低線量被曝問題にかかわる科学者の倫理　福島大学原発災害支援フォーラム・東京大学原発災害支援フォーラム（編）　原発災害とアカデミズム——福島大・東大からの問いかけと行動　合同出版　pp. 80-104.

小林傳司 (2007). トランス・サイエンスの時代——科学技術と社会をつなぐ　NTT 出版

三浦麻子 (2015). 流言と風評被害——東日本大震災の事例から　楠見 孝・道田泰司（編）　ワードマップ 批判的思考——21 世紀を生きぬくリテラシーの基盤　新曜社　pp. 264-269.

文部科学省 (2012). 科学技術白書〈平成 24 年版〉強くたくましい社会の構築に向けて——東日本大震災の教訓を踏まえて　日経印刷

NHK ニュース（2012 年 6 月 11 日）．SPEEDI で実測も非公開　〈http://www3.nhk.or.jp/news/genpatsu-fukushima/20120611/〉（2015 年 7 月 1 日確認）

日本学術会議 第一部 福島原発災害後の科学と社会のあり方を問う分科会 (2014). 提言 科学と社会のよりより関係に向けて——福島原発災害後の信頼喪失を踏まえて

農林水産省（2011）．Aff 〈http://www.maff.go.jp/j/pr/aff/1105/watashi_01.html〉（2015 年 7 月 1 確認）

田中幹人（2013）．科学技術をめぐるコミュニケーションの位相と議論　中村征樹（編著）ポスト 3・11 の科学と政治　ナカニシヤ出版　pp. 125-175.

Weinberg, A. M.（1972）．Science and trans-science. *Minerva*, **10**(2), 209-222.

吉岡斉・名和小太郎（2015）．技術システムの神話と現実——原子力から情報技術まで　みすず書房

第12章　コミュニケーションにおける信頼感

●小倉加奈代●

第1節　はじめに

　科学コミュニケーションのような，高度な専門知識を持つ専門家と専門知識を持たない非専門家のコミュニケーションにおいて，小菅（2011）は，「熟議を経てなされる決定が，参加者に非対称性がない場合と非対称性がある場合とで比較すると，後者がより質の高いものとなる」という点が，専門家と非専門家の対話の意義の一つであると述べている。1980年代の科学コミュニケーションで重要視されていた専門家から非専門家への一方的な説得が主体である単方向コミュニケーションよりも，双方向コミュニケーションのほうが，両者の立場や状況に基づいたより質の高い合意をもたらすということである。

　質の高い合意を促進するという点から，コミュニケーションでは，情報伝達そのものを円滑に進め，情報の信頼性を高めるという視点だけではなく，コミュニケーションに関わる行為を円滑に進めるという視点からも，信頼感を高めることは重要である。本章では，後者のコミュニケーションに関わる行為の視点から，信頼感を取り上げる（なお，前者の情報伝達に関わる信頼性については，科学コミュニケーション〈第11章〉や，投票行動〈第10章〉を参照）。

　コミュニケーションにおける信頼感を考える場合，言語情報・非言語情報を基盤とした表層的な情報からのアプローチと，会話が相互信念に基づく共同活動であるという会話の本質的な深層部分に対するアプローチが存在する。本章では，表層的情報からのアプローチ，会話の深層部分に対するアプ

ローチの二つのアプローチから，コミュニケーションにおける信頼感を概観，検討する。

第2節　表層的情報からのアプローチ

　コミュニケーションにおける信頼感に関する研究は，信頼関係に基づいたコミュニケーションが要求される医療場面，特に患者-医者間を対象としたコミュニケーションについて多く行われている。コミュニケーションは，発話の内容や意味に関する言語情報と，発話時の音声的特徴やタイミング，そして視線やジェスチャーに関する非言語情報の，二つの情報から構成される。一般的なコミュニケーション研究において，前者の言語情報に着目した研究が多く，後者の非言語情報に着目した研究は前者に比べると多くはない。患者-医者間コミュニケーションもこの例に漏れず，言語情報を対象とした研究が主流であり，非言語情報に着目した研究は多くは行われていないのが現状である。

　本節では，最初に，患者-医者間コミュニケーションを対象とした言語情報，非言語情報を取り扱い，コミュニケーションにおける信頼感と密接に関係がある患者の満足度に着目した研究を概観する。次に，筆者らが行った，言語情報，非言語情報の両面からアプローチした，がん患者コミュニティ内のコミュニケーションにおける信頼感構築過程に関する研究を紹介するとともに，患者の満足度に着目した患者-医者間コミュニケーション研究の知見との差異を検討する。

1．言語情報を基盤とした患者-医者間コミュニケーション研究

　言語情報を基盤とした患者-医者間コミュニケーションにおける研究では，ローター（Roter, D.）によって開発された，ローター式相互作用分析システム（RIAS: Roter Interaction Analysis System）（Roter & Larson, 2002）の枠組みを使用した分析研究が多く見られる。RIAS は，会話を発話単位に区切り，各発話に対し，あらかじめ用意されている笑い・冗談や相槌から，各種情報提供に関する 41 のカテゴリーに分類し，分析を行う枠組みである。

188　第Ⅲ部　社会における批判的思考と市民リテラシー

　RIAS を用いた研究において，患者-医者間のコミュニケーションの信頼
関係の評価指標となりうる，患者の満足感に着目した多くの研究では，医師
によるオープン型の質問（5W1H 型の，回答者の言葉で自由に答えられる質
問），支持的・共感的な受け答えが患者の満足感につながると示されている。
とくに石川・中尾（2007）では，医師のコミュニケーションにおいて，オープ
ン型質問の割合が多いほど患者満足感が高くなり，逆に，助言や情緒的対応
が多いほど満足感が低くなること，患者のコミュニケーションにおいて，質
問の割合が多い患者ほど満足感が有意に低いことが示されている。
　また，情緒的対応部分を詳細に検討すると，情緒的対応に類する発話の多
くが励まし・楽天的態度であり，ベンシング（Bensing, 1991）による，共感を
示す発話が患者の満足感と正の関連を示すが励ましはそうではないという結
果を考慮すると，共感に類する発話は患者の満足感に良い影響を与えるが，
同じ情緒的対応でも，励ましや楽天的な態度に類する発話は悪影響を与える
といえる。

2．非言語情報を基盤とした患者-医者間コミュニケーション研究

　医療コミュニケーションに関する研究をはじめ，コミュニケーションに関
する研究では言語情報が分析対象となることが多く，非言語情報を分析対象
とした実証的な検討，とくに量的な分析はほとんど行われてこなかった。し
かし，石川ら（Ishikawa, Hashimoto, Kinoshita, Fujimori, Shimizu, & Yano, 2006）で
は，非言語情報を客観的かつ量的に評価することを目標とし，医師のコミュ
ニケーションにおいて重要であり，患者に影響を与えうるとされる非言語情
報に焦点を当て，以下に挙げる 11 の非言語情報に関する評価項目を作成し
た。

　(1)　話の内容に同調した表情の動き
　(2)　患者への視線の量
　(3)　自分が話しているときと相手が話しているときの視線の分布
　(4)　患者の話し終わりに相槌・同意を示す際の視線の移動のタイミング
　(5)　患者の話を促すための頷き

(6) ジェスチャー

(7) セルフタッチングや不自然な動き・表情

(8) 身体の傾き

(9) 身体の向き

(10) 話す速度・声の大きさの患者との一致

(11) 話の内容にあった声の調子・抑揚

　また，石川ら（Ishikawa, Hashimoto, Kinoshita, Fujimori, Shimizu, & Yano, 2006）はこの評価項目を用い，客観的臨床能力試験（OSCE: Object Structured Clinical Examination）における医療面接場面で，医学生の非言語コミュニケーションが模擬患者による面接評価に与える影響を調べたところ，上記の(3)，(4)，(5)，(7)，(9)，(11)項目に対する面接評価が高くなることを報告した。この結果は面接の質を制御しても有意であり，面接の質とは独立の影響を持つと述べられている。

3．長期コミュニティ内のコミュニケーション変遷と信頼感形成

　1．および2．では，コミュニケーションにおける信頼感形成過程に密接に関係するコミュニケーションの満足度について，信頼感の構築が要求される医者-患者間コミュニケーションに関する研究を中心に取り上げた。本項では，筆者らが実施した，がん患者コミュニティを対象とした医療従事者ファシリテータ-がん患者間コミュニケーションの分析研究（Kusumi, Ogura & Miura, 2014）を取り上げ，長期間にわたる定期的なコミュニケーション機会を持ち，信頼関係が構築されてきたコミュニティにおけるコミュニケーションの変遷を見ることで，どのような要素が信頼感形成過程に関係するのかを検討する。

　なお，前項までに概観した研究はいずれも対面コミュニケーション（FTF: Face-to-Face Communication）が対象であったが，本項で取り上げる事例は，コンピュータを介したコミュニケーション（CMC: Computer-Mediated Communication）である。そのため，前項で取り上げた表情や視線ジェスチャー，発話音声特徴の非言語情報を用いた分析項目は使用できない。よっ

て本事例では，発言内容に関する言語情報と，発言の時系列パタンといっ
た，発言の形式的属性に関わる非言語的情報（大坊，1998）を中心に取り扱う。

（1）　対象コミュニティとコミュニケーション場面

　本事例は，野村総合研究所によるバーチャルリアリティ（VR）コミュニ
ケーション・システム（3D-ICS: 3Dimensional Interactive Communication
System）を用いた CMC である。3D-ICS は，インターネット上の仮想空間
に，参加者自身の分身であるアバター（avatar）が参加してチャットを行う
システムである（濱辺，2000）。

　参加者は，がん患者サポートグループの会員 15 名（男性 9 名，女性 6 名）
と，ファシリテータ 3 名（医師，歯科医師，看護師）である。ファシリテー
タはがん患者サポートについて熟練し，豊富な知識を持っていた。

　実施期間は，2004〜2009 年までの約 6 年間，週 1 回 1 時間のペースで 158
回，各回 2 〜 6 名が参加して行われた。なお，各参加者の参加頻度は，患者
については，15 名中 8 名は 1 〜 5 回の参加，残り 7 名は 1 年以上継続して参
加しており，そのうち患者Ａ，患者Ｂ，患者Ｃの 3 名は，それぞれ 4 年，5
年，6 年と長期にわたり継続して参加していた。ファシリテータについて
は，3 名中 1 名は，開始から終了までの 6 年間，継続して参加していた。な
お，分析対象は，長期にわたり継続して参加していた患者会員の 3 名と，
ファシリテータの 1 名とした。

（2）　発話内容の変遷

A．発話の分類　　まず，すべての発話に対し，個々の発話の役割を見るた
めに，「働きかけ」と「応答」の 2 種類に分類した。次に，バンビーナ
（Bambina, 2007）の社会的サポートに関するコーディング・スキーマを利用
し，励ましや心配，賛同を表す類の「情緒的サポート」，病状や病気に関する
アドバイスの類の「情報的サポート」といった，以下 4 種類に分類した。

　　⑴　情緒的サポート──病状が悪い人だけではなく，病状にかかわらな
　　　　い他者に対する励ましの発話，心配する発話，他者の行動に対する賛

同や期待を表明する発話（例：「Ｇさん，お疲れですか？」）。

(2) 情報的サポート——がんの病状，健康法等の医療関連情報，チャットグループに関わるメンバーの近況に関する情報に関する発話（例：「Ｇさんの腰痛対策は？」「一応シップは貼っているのですが」）。

(3) 友好——がんに関係しない雑談，あいさつ，ユーモアなど。

(4) システム——使用するシステムのトラブルや使いやすさといった，システムに関する発話（例：「サーバーの不調でしょうね」）。

B．発話の種類の変遷：「働きかけ」と「応答」　　長期参加している患者Ａ，Ｂ，Ｃのうち，最も長期間参加している患者Ａと１名のファシリテータの，全期間の「働きかけ」と「応答」の発話比率を見ていく。

患者Ａの参加初年度は，「働きかけ」が約２割，「応答」が約８割で，参加２年目の「応答」の割合が９割弱まで増加した後，４年目まで「働きかけ」が２割前後，「応答」が８割前後を推移するが，最終年度６年目は，「働きかけ」が４割強，「応答」が６割強と結果的に「働きかけ」が増加，「応答」が減少する結果となった。

一方，ファシリテータの参加初年度は，「働きかけ」と「応答」を比べると，「応答」が若干多い程度でほぼ半々の割合であり，２年目には「働きかけ」が２割強，「応答」が７割強と「働きかけ」が減少し，「応答」が増加する結果となり，５年目まで同様の割合を推移するが，最終年度は初年度と同様に「働きかけ」と「応答」がほぼ半々の割合であった。

これは，石川・中尾（2007）の「患者のコミュニケーションにおいて，質問の割合が多い患者ほど満足感が有意に低い」という結果を併せて考えると，患者Ａの参加初期に質問に類する発話を含む「働きかけ」が多く見られなかったということから，ファシリテータに対する満足度は少なくとも低くはなかったことがいえる。さらに，初年度から４年目までの発話比率に同様の傾向が見られることから，ファシリテータに対する不満や不信が特になかったことで，信頼感の形成，醸成が進んだと考えられる。一方，患者Ａの最終年度は「働きかけ」の割合が急激に増加しており，石川・中尾（2007）の結果からすると，満足度が低下した可能性があるように見える。しかしこれは，

192 第Ⅲ部 社会における批判的思考と市民リテラシー

患者Aがコミュニティ内で新規参入者を迎えることを繰り返し，患者Aの役割がファシリテータ側に移行してきた結果であると考えるほうが，自然である。

C．社会的サポート発話の変遷　　前項同様に，長期参加者の患者A，B，Cうち，最も長期間の参加者である患者Aと1名のファシリテータの，全期間の「情緒サポート」「情報サポート」「友好」「システム」の発話比率を見ると，ファシリテータの初年度から3年目までを除き，「情報サポート」「友好」のほぼ2種類で構成されていた。

それぞれについて詳しく見ると，患者Aについては，参加初年度は，「情報サポート」が7割強，「友好」が2割強であったが，2年目に「情報サポート」が約4割と急激に減少し，「友好」が6割弱と急激に増加した。3年目以降は，「情報サポート」が微減，「友好」が微増し，最終年度6年目には，「情報サポート」が約3割，「友好」が約7割であった。

一方，ファシリテータについては，参加初年度は，「情緒サポート」が1割強，「情報サポート」が2割強，「友好」が6割弱，「システム」が1割弱であり，3年目まで「情緒サポート」「友好」「システム」が微減，「情報サポート」が微増と推移するが，4年目に「情報サポート」が約2割減少し，「友好」が約2割増加，「情緒サポート」と「システム」がゼロに近い状況で，最終年度までほぼ横ばいで推移していた。

石川・中尾（2007）の，「助言や情緒的対応が多いほど満足感が低くなる」という結果を考慮すると，本事例は「情緒サポート」が一番多い場合で初年度の1割程度であったことから，患者の満足度が低くなることにつながる「情緒サポート」に類する発話が少数であったため，信頼関係形成を阻害するものがなく，円滑に信頼関係の形成が進んだと推測できる。

また，本事例では，患者の満足度に焦点を当てた医師–患者間のコミュニケーションの研究結果としてはあがっていない，「情報サポート」と「友好」に関して，患者Aについては，参加初年度から2年目において「情報サポート」の大幅な減少，「友好」の大幅な増加が一つの特徴であるといえる。これは，参加初年度は，「情報サポート」に属する自身の病状について多く語ることで自己開示を行い，コミュニティ内での信頼感形成を図り，2年目以

降，信頼感がある程度形成され，「友好」に属する雑談のようなごく日常的な発話が増加したと推測できる。なお，これは，患者B，Cについても同様の傾向が見られた。

（3） 発話の形式的属性に関わる非言語情報の変遷

Ａ．発話間の時間長　対面コミュニケーションでは，言語情報だけではなく，非言語情報もコミュニケーション時の印象形成を左右する要素となり，その一つとして，石川ら（Ishikawa, Hashimoto, Kinoshita, Fujimori, Shimizu, & Yano, 2006）の非言語情報に関する評価項目には含まれない，発話間の時間長を示す交替潜時（長岡・Draguna・小森・中村，2002）が挙げられる。日常会話を考えると，返答が難しい質問を投げかけられた場合に，返答するまでの時間長が長くなることがしばしばある。これは，FTFだけではなく，CMCにも当てはまる。

　長期参加者の患者A，B，Cと1名のファシリテータの，それぞれの発話間の時間長の平均の変遷（秒単位での時間情報取得をしていなかった参加初年度を除く）を見ると，全員が参加初期から最終年度の間に，発話間の時間長が5〜10秒程度長くなっていることが確認できた。しかし，本事例のようなキー入力によるテキストベースCMCの場合，対面コミュニケーションとは異なり1発話がどこで終了したかは，Enterキーが押され，ディスプレイに入力した発話が表示されてはじめて分かる。つまり，入力した発話がディスプレイ上に表示されるまでの時間は，発話内容を入力しているのか，手を止めて発話内容を考えているのか，別の作業をしているのかはまったく分からない。そこで，発話間の時間長が5〜10秒増加した理由が単純に1発話の文字数が増えたためか，そうでないかを調べるために，3名の患者と1名のファシリテータの1発話中の文字数（実際はバイト数）を求めた。

　その結果，参加初期から最終年度の間に，ほぼ横ばい，最大で10バイト（半角で10文字，全角で5文字分）増加していることを確認した。テキストベースCMCの打鍵行動の分析研究（Ogura & Nishimoto, 2004）によると，テキストチャットを高頻度で利用するヘビーユーザであれば，1秒あたり4バイト程度の入力が可能であることが説明されている。本事例の対象参加者は，

テキストチャットのヘビーユーザではないことを考えると，発話間の時間長の増加を発話量の増加として説明することは難しく，交替潜時にあたる時間が増加したのか，発話の入力スピードが遅くなったのか，チャット以外の作業をしながら参加しているかの原因特定までにはいたらないが，1発話の発話完了までの時間が長くなっていることが明らかとなった。また，対象参加者のうち参加年数が最も長い患者Aとファシリテータの，5年目，最終年度6年目の発話間の時間長と，1発話中の文字数がほぼ同じであり，2人の発話生成行動が同調している可能性があることが分かった。

対面コミュニケーションにおいて，発話速度や反応潜時の同調傾向は，有能で魅力的である評価や，親しみやすさの評価を導くと考えられており (Feldstein, Dohm, & Crown, 2001; Welkowitz & Kuc, 1973)，本事例における発話生成行動の同調傾向は，経年により参加者間の親しみやすさが高まったためであると考えることもできる。

B．発話順序　長期参加者の患者A，B，Cとファシリテータ間で，特定の人同士での発話機会が多いのか，特定の人が発話を投げかけられる機会が多いのか，全参加者が平衡して会話を進めているのかという発話の方向性を知るために，初年度，2年目，3年目の上記の4名が参加する会話の発話順序推移を算出した。とくに推移確率が4割以上となる場合に着目すると，初年度については，患者A，B，C全員が，ファシリテータに向けて発話を投げかける推移確率が4割以上であった。

2年目は初年度と傾向が変わり，患者A，Bがファシリテータに向けて発話を投げかける推移確率が4割以上，患者Cとファシリテータが患者Aに向けて発話を投げかける推移確率が4割以上，患者A，Cが患者Bに向けて発話を投げかける推移確率が4割以上と，患者Cを除く2人の患者に発言が投げかけられる機会が増加した。これは，開始から1年が経過し，患者-ファシリテータ間の信頼感形成だけではなく，患者-患者間の信頼感形成が進んだ結果であると推測できる。

（4）　発話内容

本事例の発話内容の分類作業において，医者-患者間コミュニケーション

における患者満足度の指標となりうるとされる，「オープン型質問」「共感」の分類は行っていないため定量的検討はできないが，実際に参加初年度，2年目の発話データから，「オープン型質問」「共感」に該当する発話例を以下に挙げる。例は少数であるが，実際のデータから，とくにファシリテータの発話にオープン型質問が多く見られること，患者の病状や健康状態，日常生活で何かを失敗した私など，ネガティブな内容の発話に対して共感に類する発言が多くみられることが確認できた。

A．発話例1

患者A：今一番のウィークポイントは膀胱なんです。

ファシリテータ：なぜ？【オープン型質問】

患者A：良い薬がなくて。

ファシリテータ：どういった問題ですか？【オープン型質問】

患者A：腹痛や血尿が治らないんです。

ファシリテータ：むむむ……

B．発話例2

ファシリテータ：Dさん，今までAさんの閉所恐怖症の話をしていたのです。

患者D：あら。では検査のとき大変ですね。

患者A：です。

患者A：MRIはムリです。

患者A：CTもかなりがまんが必要です。

ファシリテータ：ですよね?!【共感】

ファシリテータ：先ほど放射線治療のときからだと話があって。

4．表層的情報を用いたコミュニケーションにおける信頼感

本項では，信頼関係が要求される医師-患者間コミュニケーションにおいて，信頼感形成に密接に関係すると考えられる患者の満足感に焦点を当てた研究を概観し，オープン型質問の割合が多いほど患者満足感が高くなり，逆に，助言や情緒的対応が多いほど満足感が低くなること，情緒的対応のうち，共感に類する発話は患者の満足感によい影響を与えるが，励ましや楽天

的な態度に類する発話は悪影響を与えること，患者のコミュニケーションにおいて，質問の割合が多い患者ほど満足感が有意に低いことが，大半の研究で示されていることを確認した。

　また，筆者らが取り組んできた，長期間にわたる定期的なコミュニケーション機会を持ち，信頼関係が構築されてきたコミュニティにおけるコミュニケーションの変遷を見ることで，どのような要素が信頼感形成過程に関係するのかを検討した。その結果，言語的情報に関わる分析からは，前述の医師-患者間コミュニケーションにおいて，満足度に悪影響を及ぼす類の情緒的対応に関する発話比率が低いことから，コミュニティの信頼感形成を阻害する要因がなかったこと，患者のコミュニケーションにおいて，とくに開始初期では質問を含む働きかけの発話比率は2割と低く，患者の満足度が低い状況にはなかったことが確認できた。

　さらに，本事例から観察できた特徴として，参加初年度では，「情報サポート」の割合が高く，「友好」の割合が低かったが，2年目で前者は大幅な減少，後者は大幅な増加があり，3年目以降は，それぞれ微減，微増しながら，最終年度である6年目には初年度とほぼ逆の割合になることが確認できた。これは，初年度は，患者が自己開示のために病状に関する話を積極的に行うことで信頼感を形成し，2年目以降は，病状には関係のない雑談のような友好的な発話により初年度で高まった信頼感を醸成していると推測できる。

　また，対面対話の非言語情報に対応する発話間の時間長，発話順序に関わる発話の言語的属性は，前者については，参加から時間が経過し信頼感形成が進むと時間長が長くなり，それは，発話量以外の時間の長さとして寄与していること，信頼感形成が進んだ最終年度になると，相手への好印象を示すと考えられている同調行動が観察できた。発話順序については，開始年度は，どの患者もファシリテータへ発話を投げかける機会が多かったが，2年目以降は患者間の信頼感形成が進み，患者間で発話を投げかける機会も増えていることが確認できた。

第3節　深層的情報からのアプローチ

　会話は相互信念に基づく共同活動であるとされ，「すべての対話参加者が
ある命題について信じているといったを互いに信じており，さらにその状況
を互いに信じている」というような対話を共同で成立させているという相互
信念は，言語による情報伝達を基盤とし，対話の進行を通じて蓄積され，蓄
積された相互信念を使って対話は進行する（Clark, 1996）。この相互信念の共
同化過程が，信頼感に関係すると考えられる。

　本節ではまず，信頼感形成とコミュニケーションの関係性を説明し，次
に，コミュニケーションにおける相互信頼感形成の枠組みに関する研究を概
観し，さらに相互信頼感形成の枠組みを，前述の筆者らが行ったがん患者コ
ミュニティにおけるコミュニケーションデータに適用し，枠組みの妥当性を
検証する。

1．信頼感形成とコミュニケーションとの関係

　信頼とは，「相手の人格や相手が自分に対してもつ感情についての評価に
基づく期待である」（山岸，1998）と定義されている。また，一般的な信頼を醸
成する場合，高信頼者は単なるお人好しではなく，特定の相手が信頼できる
かどうかについての情報に敏感であるだけではなく，相手が実際に信頼に値
する行動をとるかどうかをより正確に予測することが，実験で示されている
（菊池・渡邊・山岸，1997；小杉・山岸，1996）。しかし，実際は，相手が信頼でき
るかどうか，相手が信頼に値する行動をとるかどうかは，コミュニケーショ
ンを通じて判断されるため，信頼感の形成はコミュニケーションを切り離し
て考えることはできない。

2．コミュニケーションにおける相互信頼感形成過程

　片桐ら（片桐・石崎・伝・高梨・榎本・岡田，2015）は，会話コミュニケーショ
ンを通じた人間関係構築・維持のなかでも，とくに他者に対する信頼感の相
互的な形成と維持の過程・機構に着目し，「複数の個人がお互いに相手に対

198　第Ⅲ部　社会における批判的思考と市民リテラシー

して信頼感を抱く」相互信頼感形成過程を記述するための基本概念として，「関心擦り合わせ」の概念に基づく「共関心モデル」を構築し，その有効性を保健師-受診者間の特定検診保健指導会話において確認した。

　コミュニケーションは複数の対象間でのやりとりであり，会話コミュニケーションに置き換えて考えると，話し手と聞き手が存在し，話し手が伝えたい内容を発話し，聞き手はそれを理解し，理解したことを話し手に伝えるために発話する。このような過程を会話参加者が共同して繰り返すことで，会話は進行する。また，会話は，一方が質問すれば他方はそれに答えるという発話対で構成され（隣接ペア），直前の発話とは異なる話者により順番に発話される（話者交替）という暗黙的ルールが存在する。

　このルールを遵守しさえすれば，表向き会話は成立するが，私たちは日常的に「やりとりがしっくりこない感覚を持つこと」や，「結果的に相手の真意と自分の理解内容に食い違いを感じること」をしばしば経験する。対話は一種の共同活動としてとらえられ，発話の産出や理解には，「すべての対話参加者がある命題について信じているということを互いに信じており，さらにその状況を互いに信じている」といった，対話を共同で成立させているという相互信念が必要である。その相互信念は，言語による情報伝達を基盤とし，対話の進行を通じて蓄積され，蓄積された相互信念を使って対話は進行する（Clark, 1996）。この相互信念の共同化が円滑に進まない場合，会話の深層部分に違和感を感じると考えられる。よって，複数の対象間で相互に合意を形成することは，会話コミュニケーションの主要機能の一つであるといえる。

　また，片桐ら（片桐・石崎・伝・高梨・榎本・岡田，2015）はこの合意形成について，「議論などを通じて関係者の根底にある多様な価値観を顕在化させ相互の意見の一致を図る過程のことと規定されており，人間同士の相互信頼感の形成にはこのような価値観擦り合わせが重要な役割を果たしていると考えられる」と述べている。

3. 合意形成・相互信頼感の機能要素と信頼感構築過程の共関心モデル

片桐らは，会話進行における合意形成と相互信頼感構築の構造をとらえるため，会話内の談話イベントの果たす機能要素として，以下三つの概念を設定している。

(1) 論点（issue）──コミュニケーションのなかで合意を形成すべき事柄（例：治療方針〈手術と保存療法のどちらを選ぶか〉）。

(2) 関心（concern）──参加者それぞれの論点に関する主観的価値判断準（例：再発可能性，苦しさ，治療費）。

(3) 提案（proposal）──合意対象となる提案（例：保存療法を行ってよくならなければ手術する）。

上述の論点・関心・提案の概念を想定すると，合意形成および相互信頼感形成過程は，特定の論点のもとでの関心擦り合わせと提案交換の，二つの過程に分けてとらえることができ，これを，会話を通じた信頼感構築過程の共関心モデルと定義している。

4. 合意形成・相互信頼感の機能要素を用いた分析

前述の合意形成・相互信頼感の機能要素を用い，筆者らの研究で利用した長期間にわたるがん患者コミュニティの，3D チャットシステムを用いたコミュニケーションデータの分析を試みる。なお，発話例の行は，発話番号（U＊），話者名（アルファベット 1 文字），発話内容の順で記述されており，発言に付記されている下線は論点，点線は関心，波線は提案に該当する箇所である。さらに点線内の太字は，各話者の価値判断基準を示す。

A．発話例 1

U1：患者 C：東京近辺の方はおやりにならないんですか？

U2：ファシリテータ：誘っているのですけどね，時間的な問題と体験しないものはわからないという状況ですかね？？？

U3：患者Ｃ：**けっこう忙しい時間帯**ですよね。**この時間*は……**

U4：ファシリテータ：これより後ろにすると，また大変なんですよ

U5：患者Ｃ：Ｂさんはこの時間帯，大丈夫ですか？

U6：患者Ｂ：まあまあです

U7：Ｉ患者Ｃ：ファシリテータさん，**管理の問題ですか？**

U8：ファシリテータ：いいえ，遅くてもかまわなければ遅くできますが……

U9：ファシリテータ：いかがですか？　Ｂさん？

U10：患者Ｃ：患者Ｅさんも私も一応主婦ですが……

U11：患者Ｂ：9時からやってみませんか

U12：ファシリテータ：Ｃさん，いかがですか？

U13：ファシリテータ：9時？

U14：患者Ｃ：私はどちらかというと遅いほうが……

U15：患者Ｂ：何時でもかまいません

U16：患者Ｃ：Ｅさん・Ａさんに聞いてみてはいかがですか？　ファシリテータさん！

U17：ファシリテータ：了解

U18：患者Ｂ：さっきのは夜9時です

U19：ファシリテータ：ははは……了解してます。

U20：患者Ｃ：ハイ！　私も夜9時のほうがいいです。

（*：この時間は当該発話が開始された20時を指す）

　発話例3は，典型的な合意形成・相互信頼感形成場面の例である。この例では，論点は明示されておらず，U2以降で時間に関する議論をしていることから，U2が論点の役割を起点となる発話と考えられる。その後，U3で，患者Ｃが「この時間（20時）だと忙しい時間帯」，U6で患者Ｂが，前発話U5で患者Ｃからの誘導を受け，「まあまあ」，U8でファシリテータが，前発話U7で患者Ｃからの誘導を受け，「遅れてもかまわなければ遅くできる」という個々の価値判断基準を示し，関心の擦り合わせを行っている。そして，ここまでの価値判断基準を踏まえU11で患者Ｂが「9時」という提案をし，

提案に対する受諾がなされている。なお，提案受諾の過程で，U12とU13において チャット対話特有の話題の交錯が起こったため，「9時」という提案に対する受諾と，「9時は夜9時」という補足説明とそれを踏まえた受諾が起こり，提案の過程で冗長性が生じている。

なお，上記発話例はコミュニティ開始初期の発話であるが，発話例に登場する話者である，患者B，Cおよびファシリテータは，4年，5年，6年と長期間継続して参加していた。長期間のコミュニケーション過程において，相互信頼感の形成が十分に行われた結果，脱落することなく長期間の参加が継続したと考え，最終的には，相互信頼感の構築は成功したものと想定する。

5．深層的情報を用いたコミュニケーションにおける信頼感

本項では，会話参加者相互の合意形成・信頼感構築過程について，片桐ら（片桐・石崎・伝・高梨・榎本・岡田，2015）が提案した会話内の談話イベントを果たす機能要素であり，「関心擦り合わせ」と「提案交換」の二つの過程からなる共関心モデルの基礎となる，「論点」「関心」「提案」の概念を用い，筆者らの研究で使用した，長期間にわたるがん患者コミュニティの3Dチャットシステムを用いたコミュニケーションデータに対し，合意形成・相互信頼感構築過程の分析を試みた。その結果，合意形成・相互信頼感構築過程で重要な役割を果たすとする，「関心擦り合わせ」を含んだ合意形成・相互信頼感構築が生じることを確認できた。

第4節　高次リテラシーとしてのコミュニケーションにおける信頼感

本章では，専門家と非専門家のコミュニケーションである患者-医者，患者-ファシリテータ（医療従事者），受診者-保健師間のコミュニケーションを対象とし，それぞれのコミュニケーションにおける言語情報・非言語情報を基盤とした表層的な情報からのアプローチと，相互信念に基づく共同活動であるという会話の本質的な深層部分に対するアプローチから，コミュニケーションにおける信頼感を概観，検討した。

専門家と非専門家による双方向コミュニケーションによってもたらされる質の高い合意に至る過程では，高い専門的知識と批判的思考力に基づいたコミュニケーション能力といった高次リテラシーに加え，相互の信頼感に基づいた発話の積み重ねが要求される。専門家と非専門家のコミュニケーションにおいて，本章で扱った表層的情報，深層的情報を，コミュニケーション改善方策や，評価指標として利用することで，より質の高い合意の実現が可能となる。

■文献

Bambina, A. (2007). *Online social support: The interplay of social networks and computer mediated communication.* New York: Cambria Press.

Bensing, J. (1991). Doctor-Patient communication and the quality of care. *Social Science & Medicine*, **32**, 1301-1310.

Clark, H. H. (1996). *Using Language.* New York: Cambridge University Press.

大坊郁夫 (1998). しぐさのコミュニケーション——人は親しみをどう伝えあうか　サイエンス社

Feldstein, S., Dohm, F. A., & Crown, C. L. (2001). Gender and speech rate in the perception of competence and social attractiveness. *Journal of Social Psychology*, **141**, 755-806.

濱辺　徹 (2000). 3次元空間双方向教育システム　知的資産創造（野村総合研究所），**7**, 12-13.

Ishikawa, H., Hashimoto, H., Kinoshita, M., Fujimori, S., Shimizu, T., & Yano, E. (2006). Evaluating medical student's nonverbal communication during the OSCE. *Medical Education 2006*, **40**, 1180-1187.

Ishikawa, H., Hashimoto, H., Kinoshita, M., Fujimori, S., Shimizu, T., & Yano, E. (2010). Can nonverbal communication skills be taught? *Medical Teacher*, **32**(19), 860-863.

石川ひろの・中尾睦宏 (2007). 患者-医師間コミュニケーションにおける EBM と NBM ——Roter Interaction Analysis System を用いたアプローチ　心身医学, **47**(3), 201-211.

片桐恭弘・石崎雅人・伝　康晴・高梨克也・榎本美香・岡田将吾 (2015). 会話コミュニケーションによる相互信頼感形成の共関心モデル　認知科学, **22**(1), 97-109.

菊地雅子・渡邊席子・山岸俊男 (1997). 他者の信頼性判断の正確さと一般的信頼——実験研究　実験社会心理学研究, **37**, 23-36.

小菅雅行 (2011). 専門家と非専門家との対話型コミュニケーション活動の意義ならびに，その実現に向けた設計方針の分析と検討　臨床哲学, **12**, 47-58.

小杉素子・山岸俊男 (1996). 信頼と騙されやすさ　日本社会心理学会第37回大会発表論文集　pp. 288-289.

Kusumi, T., Ogura, K., & Miura, A. (2014). Development of a support group using a virtual space. *International Journal of Web Based Communities*, **10**(4), 445-465.

長岡千賀・Draguna, R. M.・小森政嗣・中村敏枝 (2002). 音声対話における交替潜時が対人認知に及ぼす影響 ヒューマンインタフェースシンポジウム 2002 論文集 pp. 171-174.

Ogura, K. & Nishimoto, K. (2004). Is a face-to-face conversation model applicable to chat conversations? Proceedings of the 18th PRICAI2004 Workshop on "Language Sense on Computer". pp. 26-31.

Roter, D. & Larson, S. (2002). The Roter interaction analysis system (RIAS): Utility and flexibility for analysis of medical interactions. *Patient Education and Counceling*, **46**, 243-251.

Welkowitz, J. & Kuc, M. (1973). Interrelationships among warmth, genuineness, empathy, andtemporal speech patterns in interpersonal interaction. *Journal of Consulting and Clinical Psychology*, **41**, 472-473

山岸俊男 (1998) 信頼の構造――こころと社会の進化ゲーム 東京大学出版会

第13章 群衆の批判的思考と情報システム

●田中優子●

第1節 これまでの批判的思考研究の諸問題

　批判的思考の研究は，しばしば教育への応用と関連づけて語られる。批判的思考の概念や認知プロセスに焦点を当てた研究も数多くあるが，それらもその研究の意義づけとして教育に言及していることはめずらしくない。たとえば，批判的思考研究において頻繁に引用されるエニス（Ennis, 1987）の批判的思考構成要素の分類研究においても，批判的思考概念のコンセンサスを整理しようとアメリカで行われた大規模なデルファイプロジェクトの報告書（Facione, 1990）を見ても，いたるところに教育と関連づけられた記述がある。

　批判的思考は大きく能力と態度に分けてとらえられることが多く，批判的思考教育においては，批判的思考の主要な要素と考えられているこれらを高めていくことが目指される。また，批判的思考の能力や態度をテストや尺度によって測定し，効果的な教授法やカリキュラムの開発につなげていく研究もある。教育によって批判的思考を高めるという立場を，ここでは教育的アプローチと呼ぶことにする。教育的アプローチは批判的思考研究における主要なアプローチであるが，万能ではなく限界もあると思われる。

　本章では，教育的アプローチだけでは対処し難い側面を見ていくとともに，批判的思考を支える相互補完的アプローチの必要性について検討する。その際，以下2点を前提として考察を進める。第一に，教育的アプローチに限界があるとしても，教育的アプローチの重要性や必要性が損なわれるものではないという点である。どのようなアプローチにも，利点があり限界がある。限界を明らかにすることで，アプローチの独自性がより明確になると予

想する。第二に，本章では，批判的思考が必要であるのに個人では遂行することができない状況が出てくるが，これは必ずしも，すべての人が批判的思考をすべきであるという考えや，個々人は常に批判的に考えなければならないという考えを意味するものではない。これら考えにおけるの区別については後述する。

1．教育的アプローチの限界

批判的思考教育の潜在的対象者の範囲は拡大しつつある。一方で，現時点においては，その対象とならない人たちも無視できない規模で存在している。たとえば，批判的思考教育実践が最も活発に行われている高等教育への進学率は，大衆化段階に達したと言われて久しいものの，平成20（2008）年以降は55％前後を推移しており，毎年4割以上は高等教育に進まずに社会に出る[*1]。進学率の低い地域では，その数は6割を超える。このような人々にとっては，初等中等教育段階での教育が重要になってくるが，この段階における批判的思考教育実践は限られている。

批判的思考教育の対象者の範囲を拡大していくことは，教育的アプローチのひとつの対応策となると予想される。しかし，その過程においては，教育の対象とならない人々が少なからず存在する。また，教育は時間のかかる営みであるため，まだ学習なかばの段階で，批判的思考が必要な場面に遭遇することも予想される。上述のように，そのような教育を受けずに社会に出た人々も存在する。このような存在の人々について，これまでの批判的思考研究はどのような知見を提供できるだろうか。

2．個人内変化の問題

批判的思考は認知的コストがかかる思考方略であるため（Halpern, 2003），批判的思考能力をある程度獲得した人であっても，状況によってはその能力を十分発揮できないという現象が起こりうる。

災害発生時を例にとってみると，自分自身が直接被災しなくても，不安な

＊1　総務省統計局統計データ「日本の統計（22-17　進学率と就職率）」〈http://www.stat.go.jp/data/nihon/22.htm〉（2015年6月8日確認）。

206　第Ⅲ部　社会における批判的思考と市民リテラシー

どの感情から心理的に強いストレス下に置かれる場合がある。通信手段が確保されていない状態では，親しい人全員が安全かどうか確認できるまでは，落ち着かない気持ちになることもあるだろう。また，災害時は，誤情報も含めて情報が錯綜するため，慎重に判断するうえで批判的思考が必要とされる状況であるにもかかわらず，強いストレスのため，平時に比べて自身の持っている批判的思考能力が十分発揮できないおそれもある。このような災害時に限らず，病気にかかったり，不幸な出来事や災難に見舞われたときなど，批判的に考える必要はあるのに，その余裕がないという状況は，現実的には想定されることである。

　このような意図に反して批判的思考が発揮されない状況に加えて，批判的思考の個人内変化が意図的に生じる可能性もある。ハルパーン（Halpern, 2003）の批判的思考プロセスモデルでは，状況を考慮して批判的思考の必要性を判断するプロセスはメタ認知的機能によるものと想定されている。メタ認知的に批判的思考が必要ないと判断されれば，その判断の適切性にかかわらず，批判的思考のパフォーマンスは抑制される。

　批判的思考の個人内変化が意図的に生じる例として，日本の大学生を対象に行った研究（田中・楠見, 2007）がある。この研究では，大学生は目標や文脈によって，批判的思考を使うかどうかをメタ認知的に判断していることが明らかになった。たとえば，大学生は，「ワイドショーを見るとき」「高価なものを買うとき」などの文脈では，批判的思考を行うと効果的だと考えており，逆に「検討する時間がないとき」「リラックスしたいとき」などの文脈では，批判的思考を行うことは効果的ではないと考える傾向があった。また，「楽しい雰囲気にしたい」という目標下でも，批判的思考の使用判断は抑制される傾向にあり，目標や文脈に応じて批判的思考を使い分けようとしていることが示された。この傾向は，批判的思考能力の高低にかかわらず，全体的に見られる傾向である。

　ただし，これらは大学生の回答から示された判断傾向であり，必ずしも規範的な判断と合致するとは限らないという点に注意をしておく必要がある。たとえば，「検討する時間がないとき」であっても，効率よく物事を吟味するべきだと考える人もいるだろう。また，批判的に考えた結果得られる楽し

さというものもあるかもしれず，楽しい雰囲気にするために常に批判的思考を抑制しなければならないというわけではない。

このように，批判的思考は，意図的または非意図的に，状況要因の影響を受けることがある。それにより，個人内で変化することによって，批判的思考が必要な状況においてもうまく働かないことがある。このような現象については，これまでの批判的思考研究では十分な議論がなされてこなかった。

3．個人主義的バイアス

前節までに述べた教育的アプローチの限界についても，個人内変化の問題が十分検討されてこなかったことについても，これらの背景には，従来の研究では，批判的思考が個人を分析の単位としているという意味で，個人主義的な観点のみから検討されることが多かったことが共通して存在しているように思われる。批判的思考の構成概念研究，認知プロセス研究，教育研究のいずれにおいても，批判的思考は個人が獲得するものであること，獲得していない場合は教育によって個々人が獲得できるよう支援することが暗黙のものとして想定されている。このような想定によって，個人としては批判的思考をまだ獲得していないけれども，教育の効果を待つことができないときにはどうしたらよいのか，ある程度獲得しているけれども必要性に照らして個人の能力が十分でないとき，状況要因の影響で個人の能力が十分発揮できないときにはどうしたらよいのか，といった問題が十分検討されてこなかった。

あらゆることに対して，個人が自力で批判的思考を行うと想定することは妥当なのだろうか。これは，戸田山（2002）の指摘する，「個人主義的バイアス」と類似した問いである。たとえば，テレビで「喫煙は肺がんの原因になる」と言っているのを聞いたとする。その場合，それを知識と見なすためには，テレビでそのように言っているのを聞いたからというのでは不十分で，「喫煙は肺がんの原因になる」とする根拠を個人が持っていなければならないと考えるというように，ある事柄が知識であるための正当化についても個人が所有していなければならないとする考え方を，「個人主義的バイアス」と呼んでいる。

戸田山は，このような個人主義的な認識論では，科学的知識が研究者同士

の共同作業として構築されていることと相容れないことを指摘する。そして，あらゆる知識に対して，完全な個人主義による正当化を行おうとすることは非合理的であるため，ある事柄に関してエキスパートと素人といった認識論的な地位に関する非対称性があるときには，他者の証言を頼りに知識を正当化することを認めるとするような認識論的依存をある程度前提に組み込む必要があると述べている。

批判的思考においても，何かを批判的に考えるためには，判断する材料の一部あるいはその多くを他者が提供する情報に頼らざるを得ないことは多い。よって，あらゆる事柄を完全に自分一人で批判的に考えているとは想定しづらい。従来の批判的思考研究における個人主義的な考え方では，これらの問題に対応することが困難である。

4．批判的に考える他者の存在

ある事柄について，自分一人では批判的に考えることが難しいとき，私たちにはどのような手段が残されているだろうか。たとえば，ふと周りを見回してみると，その分野に詳しい人が隣にいるかもしれない。本を紐解けば，その事柄について批判的に考えた人が過去にいたことを知ることができるかもしれない。さらに探索を続ければ，その事柄について，批判的に考える複数の立場があることに気がつくかもしれない。このように，自分の批判的思考能力が十分発揮できない場合において，他者の批判的思考を参照したり，他者の力を借りながら批判的思考を達成したりするのは有効な方法である。

このような方法は，先に述べた教育的アプローチと必ずしも矛盾するものではない。むしろ，個々人の批判的思考能力を高めることが重要であることを前提としつつ，それらが十分でない可能性があること想定したうえで，相互補完し合うアプローチとしてとらえることが可能である。

第2節 「共助」としての批判的思考

防災や医療福祉などの分野で用いられる区分として，「自助，互助，共助，公助」という言葉がある。自助とは，自分の力で自分を助けること。互助と

は，身近な人同士のインフォーマルな助け合いのこと。共助とは，地域コミュニティで共に助け合うこと。公助とは，行政による支援のことを意味する。

　これらの枠組みから批判的思考について考えてみると，まず，自助は，自分の力で批判的に考えることや，自分の批判的能力を伸ばすために勉強することである。教育的アプローチによって，大学などの授業で学生の批判的思考力を育む営みは，公助に該当することになるだろう。一方で，批判的思考に関して，互助や共助に該当するのはどのような事柄になるだろうか。ここでは，互助を直接的で双方向性も仮定される助け合い，共助を双方向性を仮定しない間接的な営みを含む助け合い，として区別することにする。

　たとえば，批判的思考の教育実践におけるディスカッション中の生徒同士の関係は互助的なものといえる。共通のテーマについて，批判的に考えた互いの主張や根拠に耳を傾けながら，一緒に考えを深めていく。ディスカッションという営みを通じて，自分一人では得られなかった視点や知識を参加者は獲得する。一方で，見知らぬもの同士であっても，他者の批判的な考え方から恩恵を受ける場合も想定される。そのような恩恵は必ずしも直接的・双方向的である必要はないため，互助と区別し，共助的な営みととらえられる。間接的または一方向的であっても，ある人の批判的思考が他の誰かが批判的に考えることに対してプラスの影響をもたらす場合，共助が成り立っていると考えることにする。

　本節では，とくにこの共助の関係に焦点を当て，批判的思考を共助という観点からとらえると何が可能となるかについて具体例を用いて検討する。

1．抑制要因のある環境において

　前節において，批判的思考パフォーマンスは，状況要因の影響を受けることにより個人内で短期的に変化することについて述べた。状況要因の影響を受けて，自分一人で批判的に考えることができない場合，比較的余裕がある人に意見を尋ね，その人がどのように批判的に考えているのか知ることは有効な手段であるだろう。身近にそのような人がいなければ，書籍やネットなどのメディアを通じて探索することもできるし，そうすることによって複数

の批判的な考え方に接触することも可能となる。

　また，批判的に考えるうえで専門的知識が必要な場合には，まずは自力で考えてみようと試みることも重要ではあるが，専門的知識を持った人々が，どのような観点から批判的に吟味しているのか参照することも重要である。たとえば，「喫煙は肺がんの原因になる」という先ほどの命題について，喫煙と肺がんの因果関係を判断するには，医学や疫学の知識が求められる。最先端の研究結果のような一次情報にアクセスするには，専門的な論文を読む必要がある。ところが，医学や疫学の論文を専門外の人が理解するのは容易ではない。研究手法に関する専門的知識だけでなく，英語などの外国語で書かれている場合は言語も障壁となりうる。論文を理解する能力に乏しかったり，論文にアクセスできる環境にないとすると，個人主義的に考えるならば，一次情報にアクセスできない限り判断は保留とせざるをえないことになる。

　しかし，一次情報にアクセスできる専門家たちの批判的考え方を二次情報として参照してもよいと仮定すると，喫煙と肺がんの関係を裏づける知見や相反する知見を得ることができる。後者においては，専門家に対してある程度認識論的な依存をしなければならないが，後者のほうが喫煙と肺がんについて批判的に考えるための情報が多く得られると予想される。

2．教育プロセスにおいて

　このように，他者の批判的思考を参照することによって，教育に対する効果も期待できる。誰しも最初は批判的に考えることがどういうことなのか分からない状態から学習は始まる。批判的思考教育を受けることによって，スキルを学んだり，それを自分で使う練習をしながら，徐々に自身の批判的思考能力や態度を獲得したり，それらを高めていくというのが従来の教育的アプローチの考え方である。しかしながら，自ら批判することができるようになるまでのプロセスにおいて，他者が行っている批判的思考を観察したり，そのロジックを理解するプロセスも存在するはずである。

　たとえば，大学院に入ったばかりの学生について考えてみよう。学生は，研究発表や文献紹介を行う上級生も参加する合同ゼミに出席する。最初は，

研究の内容を理解することで精一杯である。なるほどと思って聴いている。ところが，発表後の質疑応答の時間になると，博士課程の学生や先生方が研究内容について，研究手法の妥当性や結果の解釈，研究ロジックの欠点などについて指摘する。そこではじめて，今聴いた研究内容が，批判的に考える対象になりうるのだということに気がつく。批判的に考える観点を他者の発言から学ぶ。批判的思考を明示的に教える授業ではないにもかかわらず，間接的に他者の思考から批判的なものの見方を学ぶ。質の高い他者の批判的思考を観察することができれば，獲得される批判的思考の質も高くなると予想される。また，批判的思考を行う他者の指摘によって，研究が建設的に発展していくようなポジティブな結果につながっていくところも観察できれば，この学生は批判的思考をポジティブなものとしてとらえ，批判的思考態度も高まっていくと期待できる。

　他者の批判を観察する機会が多くなれば，何が質の高い批判で何が些末的なものなのか判断する材料が増える。結果として，一見批判的な形式をとりながらも実は揚げ足取りのような内容であったり，議論の内容とは関係のない発言者の人格否定のような指摘は，相対的にあまり質が高くないということに徐々に気づくことになる。

　他者の批判的思考から学ぶ能力を獲得できると，学習者は教育現場以外でも批判的思考を学習する機会を得る。ある事柄について身近に批判的に考える人がいない環境でも，書籍やメディアを通じて，地域や文化，時代や言語を超えて，その事柄について批判的に考えている人はいないか探索することができる。

3．「批判する人，される人」という対立構造を超えて

　共助としての批判的思考が行われる集団においては，批判的に考える他者の存在は自身が批判的に考えるうえで助けとなる。それは直接的な場合もあれば，間接的な場合もある。歴史上の人物の書物からその人の考え方を学ぶときのように，批判的思考を行う人自身は，いつ誰の助けになっているのか気づかない場合も含まれる。同様に，自分が批判的に考えることは自分自身が情報を吟味するうえで役に立つというだけでなく，いつか誰かが類似した

問題に出会った際に批判的に考えるうえで役に立つ可能性も出てくる。このように，共助としての営みという観点から批判的思考をとらえると，批判的思考に対する価値観も変わるように思われる。

批判的思考の重要性への認識が普及する一方で，批判的思考を行うこと，行う人に対して，ネガティブな印象を抱く人もいる。前述のように，日本の大学生は，「批判的思考をすると，楽しい雰囲気にするという目標が達成できない」と認識する傾向がある。また，日本の大学生を対象とした廣岡ら（廣岡・小川・元吉, 2000）の研究結果は，大学生が批判的思考を社会的には望ましいものであるが親しみにくいと考える傾向があることを示している。これらの背景には，批判という行動を中心として，「批判をする人」と「批判される人」を敵対関係としてとらえることが影響しているように思われる。このような対立関係が想定されれば，批判的思考をすることで「楽しい雰囲気にできない」と考えたり，そのような行為をする人に対して「親しみにくい」などの印象を持つのは自然なことだろう。

共助の営みとして批判的思考をとらえることで，「批判をする人，される人」という対立関係は，ともに第三者が批判的に考える助けとなる議論の参加者として再定義することが可能となる。それによって，批判をしている人への印象は変わってくる。それでもなお，直接批判をされる側にとっては，批判をする人に対して抱く親しみにくい印象を拭うことは難しいかもしれない。しかし，この批判が第三者にとっては有益な知見をもたらしうるという可能性を考慮することで，二人称の相手としては親しみにくさを拭うことはできないとしても，共助の観点からは有益性を見いだすことはできる。

第3節　群衆の批判的思考と情報システム

1．ネット集合知

インターネットを利用して相互交流しながらつくる，有機的に編成された知のことを集合知（collective intelligence）という（西垣, 2008）。この「集合的（collective）」という言葉は，断片的な情報の集積以上のことを意味する。そこには，群衆の生み出す知恵や知性などが含意される。インターネットに

は，「発足当時から，中央の集権に抵抗し，一般市民が交流して民主的に知を構築していこうというリベラルな文化があった」（西垣，2013）ことを踏まえると，インターネットは共助としての知的活動を支える技術と見なすことができる。

　しかしながら，単にこれらの人々から断片的に集めるだけで，集合知が生み出されるわけではない。ペイジ（Page, 2008）は，群衆が知性を生み出すにあたって多様性の重要性を強調する。情報通信システムの発展により，パソコンやスマートフォンなど，インターネットにアクセス可能な情報通信端末を持つ人は皆，潜在的な情報受信・発信・伝達者となった。2014年の時点で，世界のインターネット利用者数は30億人に迫ろうとしている。日本の総人口のおよそ25倍である。しかも，この数は，今後も増加してくと予想される。国や文化や年齢などの属性が異なる30億の人々が持つ知識や発想は膨大かつ多様なはずである。ただしペイジは，多様な人間を集めれば常に個人より高い生産性につながるとは限らないことを指摘する。多様な集団が共通の資源をめぐって争えば，生産性よりも損失のほうが高くなるし，集団間のコミュニケーションがうまく機能しなければ，互いの恩恵は受けられないからである。インターネットを通じて多くの人々とコミュニケーションをとっていても，相手の属性が自分の属性と非常に類似していれば，受信する情報量は多くても，そこから得られる多様性という恩恵は限定的である。また，情報探索において，自分の仮説を支持する情報のみを探し出すといった確証バイアス（confirmation bias）などの影響を受ければ，多様性は一層限定される。

　さらに，集合知の成立には，多様性を確保するだけでは十分とはいえない。膨大な情報を集めれば，その段階ですでにある程度優れた意見が含まれている可能性はある。しかし，ネット集合知を一般市民の相互交流による知的活動と見なすならば，複数の情報が互いに作用することによって，そこから優れた知性が紡ぎ出されるプロセスがあると思われる。そして，その相互作用プロセスには，情報の補完，修正，発展などが含まれているはずである。インターネットを通じてつながる人々の批判的思考は，この情報の補完，修正，発展プロセスにおいて，重要な役割を果たすと思われる。

２．新しい情報システムのリスク

　新しいメディアの普及にはリスクもともなう。従来のマスメディアを経由した一方向的な情報伝達と異なり，ユビキタス環境で流通する情報の質は，不特定多数の一般ユーザーの認知プロセスに大きく依存する。同時に，ユーザーの認知処理は情報のシステムデザインの影響を受ける。

　とくに，災害のような緊急時において，情報が果たす役割は極めて大きい。先の東日本大震災は，新しい情報システムによって多くの人命が救助される一方で，流言やデマが瞬時に拡散し社会的混乱を招くなど，情報システムの脆弱性を浮き彫りにした。東日本大震災時にソーシャルメディアで伝播した流言を用いて，群衆の批判的思考の効果を検証した研究 (Tanaka, Sakamoto, & Matsuka, 2013) では，通常時系列で情報が表示される既存のソーシャルメディアのデザインにおいては，約７割が流言拡散行動をとることが示されている。一方で，流言への反駁や不確かさを指摘する批判的情報へ先に接触するよう情報提示順序を変更した実験条件では，その割合は約５割まで減少する。

　このことは，同じ量の情報を処理したとしても，呈示順序という情報システムデザインを改善するだけで，ユーザーの情報処理およびシステムを通じて伝播される情報の質が改善されることを示唆する。また，誤情報を吟味せずに拡散するユーザー行動をヒューマンエラーの一種と見なすならば，既存のSNSは，このようなヒューマンエラーに対して脆弱な設計になっているとも考えられる。すなわち，後続して発生する批判的情報を十分活用するデザインになっておらず，情報の判断はユーザーの自助努力のみに委ねられている。

　自動車，鉄道，飛行機など人間が使用する機械は，誤りうる存在としての人間をヒューマンファクターとして設計に組み込みながら発展してきた。たとえば，自動車のなかには，キーを外さずに運転席のドアを開けるとアラームがなる機能がついているものがある。電車はすべてのドアが閉まらないと発車できない。このように，ユーザーがエラーを起こすことを前提としたうえで施される安全策はフールプルーフ（fool proof）と呼ばれている。

新しい情報システムは今後，ユーザーの認知プロセスや心理的要因を
ヒューマンファクターとして組み込んだ設計へと発展していくと予想され
る。ただし，自動車のように特定の機能を持った機械と比べると，情報シス
テムが果たす機能は幅広い。ユーザーの年齢制限もない。利用目的も多岐に
わたる。したがって，SNS ひとつとっても，不特定多数のユーザーが遭遇す
るエラーは複雑多様で予測も困難なものになると思われる。

3．批判的思考研究の展望

　これまでの批判的思考研究は自助と公助の観点に偏りがちであり，他者の
批判的思考を活用したり，自身の批判的思考を他者と共有するという共助の
視点が乏しかった。教育により個々人の批判的思考を高めていくことも重要
であるが，それらを社会のなかでいかに活用していくのかについて，今後さ
らに議論されるべきである。批判的思考が社会のなかで循環することによっ
て，批判的思考が苦手な人だけでなく，批判的思考をある程度身につけた
人々も，抑制要因のある状況において他者の批判的思考の恩恵を受けること
が期待できる。
　情報通信技術の発展と普及によって，多くの人々がインターネットを通じ
て結びつくことが可能となりつつある現代社会は，私たちが多様な他者の批
判的思考にアクセスすることを可能にする。しかし現状では，玉石混交の情
報のなかから他者の批判的思考を発見できるかどうかは，ユーザー個人の自
助努力に委ねられている。今後の批判的思考研究においては，個々人の批判
的思考を高めるための認知的，教育的研究に加えて，他者の批判を活用する
認知メカニズムや，情報システムデザインとユーザーの認知プロセスの交互
作用なども解明されることが期待される。

■文献

Ennis, R. H.（1987）. A taxonomy of critical thinking dispositions and abilities. In
　J. B. Baron & R. J. Sternberg（Eds.）, *Teaching thinking skills*. New York: W H
　Freeman. pp. 9-26.
Facione, P. A.（1990）. *Critical thinking: A statement of expert consensus for purposes of
　educational assessment and instruction*. Millbrae, CA: The California Academic

Press.

Halpern, D. F. (2003). *Thought and knowledge: An introduction to critical thinking* (4th ed). Mahwah, New Jersey: Lawrence Erlbaum Associates.

廣岡秀一・小川一美・元吉忠寛 (2000). クリティカルシンキングに対する志向性の測定に関する探索的研究 三重大学教育学部紀要 (教育科学), 51, 161-173.

伊勢田哲治 (2011). 科学技術と社会をつなぐ哲学的思考法 楠見 孝・子安増生・道田泰司 (編) 批判的思考力を育む――学士力と社会人基礎力の基盤形成 有斐閣 pp. 169-177.

西垣 通 (2008). 続 基礎情報学――「生命的組織」のために NTT 出版社

西垣 通 (2013). 集合知とは何か――ネット時代の「知」のゆくえ 中央公論新社

Page, S. E. (2008). *The difference: How the power of diversity creates better groups, firms, schools, and societies.* Princeton, NJ: Princeton University Press.

田中優子・楠見 孝 (2007). 批判的思考の使用判断に及ぼす目標と文脈の効果 教育心理学研究, 55, 514-525.

Tanaka, Y., Sakamoto, Y., & Matsuka, T. (2013). Toward asocial-technological system that inactivatesfalse rumors through the critical thinking of crowds. In Proceedings of the 46th Hawaii International Conference on System Sciences. pp. 649-658.

戸田山和久 (2002). 知識の哲学 産業図書

第 14 章　ネット情報の信頼性判断の技術的支援

●乾　健太郎●

第 1 節　ネット情報の価値と信頼性

　インターネットやウェブの爆発的な普及によって，誰でも大量の情報を入手し，蓄積し，発信できる時代になった。しかし，その一方で，あまりにも多くの情報がネット上に無秩序に分散しているために，欲しい情報をうまく探せなかったり，重要な情報の存在に気づかなかったり，情報が信用できるかどうか分からなかったり，といった問題も日常的に起こっている。

　たとえば，医療に関する膨大な情報がネットに散らばっている状況を想像すると，分かりやすい。病気や医療に関する情報を求める患者や家族にとって，第一の，そして最も信頼できる情報源は，受診先医療機関等の専門家である。これは今後も変わることはないだろう。一方，ネットには，自分と似た状況にある他人の経験や意見など，通常の診療では得にくいきめ細かな情報が大量に蓄積されている。受診先医師に確認すべき質問事項などのアドバイスから，最新療法のシステマティックレビューのような学術情報まで，セカンドオピニオン，サードオピニオンになりうる有用な情報も流通している。こうした情報を求めて，人はネットに向かう。この傾向は今後モバイル環境やタブレット端末の普及で，さらに加速すると予想される。

　しかし，ネットの情報は，言うまでもなく玉石混淆である。誤解や誤信に基づいて発信される情報や，営利目的で発信される偏った情報も少なくない。たとえば，アトピー性皮膚炎を含むいわゆる「アトピー」は，数多くの民間療法が宣伝され，さまざまな混乱を生んでいることはよく知られている。ネットでの情報収集行動が増えれば，誤った情報が誤った意思決定を招

くリスクも大きくなる。少しでも有効な治療法を，とネット検索に向かう患者や家族を，こうした品質の低い情報からどうやって守るか。これが拡大するネット社会の喫緊の課題となっている。

インターネットの性質を考えると，ネットでは情報のクオリティ・コントロールは，実質的にはほとんど不可能である。ネットのユーザは基本的には自分で自分の身を守るしかない。Facebook で Twitter で，あるいはどこかの Web サイトで，今見ている情報が信頼できるものか，自分自身で判断することが求められる。情報の信頼性を判断するためには，その発信源の信頼性を調べる必要もあるだろう。また，情報の中身を他の情報源のものと照らし合わせて，十分な根拠があるか，対立する情報がないかなど，信頼性の裏づけとなる情報を集めることも重要である。

こうした背景から近年，ネットユーザの情報収集や批判的思考を，技術の側から支援しようとする試みが広がっている。代表的な方向性には，①ネット上の個々の情報の信頼性や発信者の信頼性を自動推定する情報信頼性評価，②偏りのない情報収集や意見の俯瞰を支援する情報組織化がある。以下，本章では，これら二つの方向性について近年の動向を概観する。

第2節　ネット情報の信頼性の推定

1．クラウドソーシング

クラウドソーシングは，ネット上で不特定多数の人を募り，目的のサービスやコンテンツを作るプロセスである。個々の参加者ができる寄与は質量ともに限られるが，それらの小さな寄与が多数集まると，全体として高度で大規模なサービスやコンテンツを作り上げることができる。情報や発信者の信頼性の評価についても，ネットユーザに直接クラウドソーシングする試みがいくつか出てきている。たとえば，Web of Trust[*1] では，多数のネットユーザが個々のウェブサイトに対して信頼できるかどうかを投票できる仕組みを用意し，投票結果を閲覧時に参照できるブラウザアドオンツールを提供して

＊1　https://www.mywot.com/

いる。また NewsTrust[*2] では，オンラインニュースについて，ボランティアが中立性の観点から評価した結果を，読まれた回数などの統計情報とともに提供している。

　ネットユーザが情報の誤りに気づいたら，それを通報し，ユーザ間で共有できるような仕組みがあると，信頼性判断には有効であろう。そうした試みの先駆けに Dispute Finder（Ennals, Trushkowsky, & Agosta, 2010）が挙げられる。Dispute Finder ではまず，"Vaccines contain toxins" のような世の中で論争になっている言明をクラウドソーシングによって収集し，それらの言明を肯定するページや否定するページの情報とともにデータベースに登録しておく。そして，ウェブユーザが閲覧中のページとデータベースを自動的に照合する仕組みをウェブブラウザに組み込んでおき，閲覧中のページにデータベースと合致する言明が含まれていたら，そのことをユーザに警告する（図14-1）。

　今後は，こうしたネットの集合知を利用して，一部の発信者や情報を格付けしておき，それをもとに，より広い範囲の発信者や情報の信頼性を推定する試みが，広がっていくだろう。ただし，発信者の特性や情報の中身の解析に踏み込むことなく，投票によって信頼性を数値化するアプローチには，偏った人気投票に陥る危険性や，スパム攻撃に対する脆弱性も指摘されている。また，ユーザの通報に頼るだけでは規模耐性に限界があり，ネット情報の急速な拡大に追従するのは容易でない。

図 14-1　Dispute Finder の動作例（Ennals et al., 2010）

＊2　http://newstrust.net/

2. 情報信頼性の自動推定

ネットでは，多数の発信者がそれぞれ複数の情報を発信し，また同じ情報が複数の発信者から発信される場合もある。信頼できる発信者が発信した情報は，信じてよい可能性が高い。また，質の高い情報を常に発信している発信者は信頼できる。情報の信頼性と発信者の信頼性のこうした関係を利用して，個々の情報や発信者の質を自動的に推定する試みがいくつか報告されている。

基本的な方法は，「複数の信頼できる発信者から発信された情報は，信頼できる。信頼できる情報を多数発信した発信者は，信頼できる」という仮定をおいて，個々の情報の信頼性の計算と発信者の信頼性の計算を交互に繰り返す（Richardson, Agrawal, & Domingos, 2003; Mohan, 2005; Traupman & Wilensky, 2006）というものである。個々の情報と個々の発信者の間で，重み付きの票を仮想的に投票し合うモデルをイメージすればよい。こうしたモデルはリンク解析（グラフ解析）として定式化することができ，GoogleのPageRankアルゴリズムのようなリンク解析の発展と見なせる。クラインバーグ（Kleinberg, 1999）のHITSアルゴリズムをはじめ，TruthFinder, Pooled Investment, TrustRankなど，さまざまな解析モデルが提案されている（Pasternack & Roth, 2011）。

例として，TrustRankのイメージを図14-2に示した。TrustRankは，スパムページの自動判定を目的に提案された解析モデルである。解析対象の

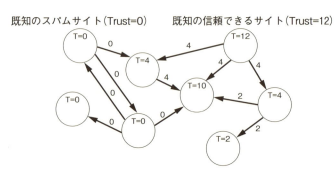

図14-2　TrustRankのイメージ

個々のウェブサイトについて，信頼性の高さを表す Trust 値を考え，すでに
スパムであることが分かっているサイト（ブラックリスト）の Trust 値を
0，スパムでないことが分かっているサイト（ホワイトリスク）に高い
Trust 値を与える。サイト同士はリンクでつながっているので，Trust 値を
リンクに沿って拡散させていくことにより，多くのスパムサイトとつながっ
ているサイトはスパムの可能性が高く，逆に，ホワイトリストのサイトから
たどれるサイトは，スパムでない可能性が高い。ホワイトリストやブラック
リストは，Open Directory Project[*3] のような集合知の情報を利用する。

第3節　ネット情報の内容分析と組織化

　第2節では，ネット上のサイトやページを，信頼性の観点から評価する試
みを紹介した。これに対し，信頼性の格付けには主眼を置かず，膨大なネッ
ト情報の内容をコンピュータで自動的に整理し，偏りのない情報収集や意見
の俯瞰を支援する研究も進んでいる。こうした研究では，互いに関連する情
報や発信者の間の隠れた関係性を自動解析し，ユーザが俯瞰できるように可
視化することによって，偏りのない情報収集や議論の支援をねらっている。
　解析の対象となる情報や意見は，多くが日本語や英語のような自然言語で
表現されている。自然言語で書かれた情報や意見の内容をコンピュータで自
動解析する技術を，自然言語処理という。自然言語処理は，平たくいえば
「言葉が分かる」コンピュータを作る研究分野である。もちろん，人間並み
に言語を解することができるコンピュータは，まだ実現していない。言語を
理解するには単語や文法の知識に加えて，この世界に関するさまざまな常識
的な知識が必要であるが，そうした膨大な知識をコンピュータに教え込むの
がこれまで困難だったことが最大の要因である。
　ところが，インターネットが普及し，数億から数十億もの文書からなる超
大規模言語データがネットから入手可能になった今日，それらのデータから
広範な言語知識や世界知識を，コンピュータ自体が自動で獲得できるように

＊3　http://www.dmoz.org/

なりつつある。これによって知識不足のボトルネックが解消され，これまで難しかったテキスト情報の意味的な処理が少しずつ実現可能になってきた。ネット情報の内容分析と組織化を指向するアプローチには，こうした技術的な進歩の後押しがある。

1. 情報や意見の内容分析

情報分析の対象となる情報は，事実の報告などの客観的情報と意見や感想などの主観的情報に大別できる。客観的情報の分析は，テキストマイニングと呼ばれる研究開発領域のなかで発展してきた（Hearst, 1999）。これに対し，主観的情報の分析は，意見マイニング（opinion mining）や評判分析（sentiment analysis）などと呼ばれ，近年急速な発展と広がりを見せている（Pang & Lee, 2008）。分析の対象は，掲示板やブログ，マイクロブログなどのサイトなどを通して発信しているもののほか，自由回答アンケートで収集され，企業のコールセンターに寄せられたメッセージなど，多岐にわたる。意見マイニングは，米国 NIST の TREC[*4] や TAC[*5]，あるいは日本の国立情報学研究所が中心となって開催されている NTCIR[*6] などの学術活動においても，関連タスクが設定されている。

こうした技術は，意見や関連情報をネットから賛否両論偏りなく収集し，俯瞰するのに役立ち，ネット社会における批判的思考を根底で支える社会基盤になりうるものと期待できる。この考えを具現化した先駆的な例に，情報分析システム WISDOM（加藤・河原・乾・黒橋・柴田，2010；Kawada, Akamine, Kawahara, Kato, Leon-Suematsu, Inui, Kurohashi, & Kidawara, 2011; Miyamori, Akamine, Kato, Kaneiwa, Sumi, Inui, & Kurohashi, 2008）が挙げられる。WISDOMは図 14-3 のように，ユーザから与えられた分析対象トピックについて，ウェブから関連する情報を検索し，発信者の特性や賛否の観点から分類・整理・可視化するもので，多様な関連情報の俯瞰的分析や気づきの機会を，ユーザに提供できるように設計されている。さまざまな立場の人によってバ

＊4　http://trec.nist.gov/

＊5　http://www.nist.gov/tac/

＊6　http://research.nii.ac.jp/ntcir/index-ja.html

第 14 章　ネット情報の信頼性判断の技術的支援　　223

ラバラに発信された情報を，ソフトウェア的に比較分類し，類似情報（類似意見）ごとに整理することによって，ユーザの信頼性判断を支援することができる．

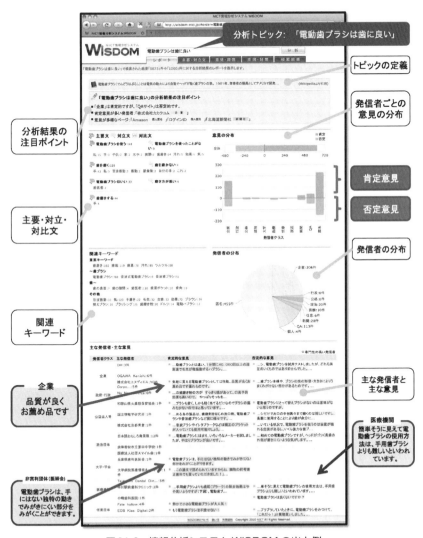

図 14-3　情報分析システム WISDOM の出力例

2. 情報の「裏」をとる支援

図14-4は，筆者ら（水野・渡邉・ニコルズ・村上・乾・松本，2011）が開発したプロトタイプシステムの出力例である。ユーザが「コラーゲンは肌に良いか」のような質問文を入力すると，このシステムは，それを肯定する文やその根拠，あるいは否定する文をウェブ上のさまざまな情報源から探し出し，その一覧を左右に分けて提示する。現在の一般的な検索サービスとは異なり，肯定情報と否定情報のどちらかに大きな偏りがあっても，少数派の情報（意見，見方）を拾い上げて横並びに提示することができる。これによって数によるバイアスを軽減し，また「裏づけ情報」の探索を支援することができる。

こうしたサービスを実現するには，図14-5，「コラーゲンは美肌効果がある」と「コラーゲンを飲んでも，肌をきれいにする効果は期待できない」のような文が対立関係にあることを，自動的に判別できなければならない (Watanabe, Mizuno, Nichols, Narisawa, Nabeshima, Okazaki & Inui, 2012)。それには，「美肌効果」と「肌をきれいにする効果」の意味的な類似性を判別したり，「効果は期待できない」の否定的意味を認識したり，文中に隠れたさまざまな省略を補完したりといった，高度な処理が必要になる。

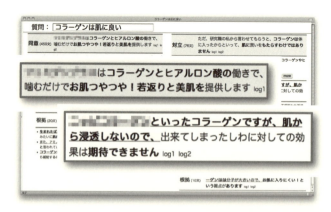

図14-4　言論マップ：与えられたトピックに関する言明・意見を賛否で整理

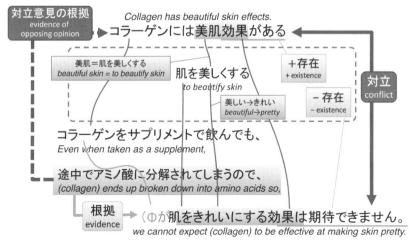

図 14-5　二つの文の意味が対立関係にあることを認識する過程

　こうした自然言語の「意味」に立ち入る処理の自動化は，これまでの技術では実現が困難だった。最大の問題は，冒頭で述べたように，人間が自然言語の理解に使っていると思われる膨大な「知識」を，コンピュータに教える術がなかったことである。図 14-5 の例でいえば，「美肌」と「肌を美しくする」や，「美しい」と「きれい」が，それぞれ概ね同じ意味の表現であるという知識を与えなければ，コンピュータは対立関係を認識することができない。

　しかし，今やこうした知識は，ネット上の超大規模な言語データから，自動的に大規模に獲得できるようになりつつある。筆者らのシステムには，「キシリトール」が「糖アルコール」の一種で，「非う蝕性甘味料（虫歯になりにくい）」であるといった知識が，数百万件の規模で入っている。こうした広範な知識の自動収集によって自然言語の「意味的な」処理が少しずつ可能になり，図 14-5 のような処理の現実性も高くなってきている。

3．信頼性分析の支援環境へ

　WISDOM や言論マップのねらいは，立場の違う人たちによって別々に発信された言明を解析し，それらの間に隠れた同意・対立・根拠等の意味的関係を同定して，ユーザに提示することである。多様な言明を論理的関係およ

び発信者情報によって組織化し，個々の情報が相互の関係性のなかで裏付けられる，新しい言論空間を構成しようとするもので，世界的にも新しい試みといえる。

こうした技術が発展すると，さまざまな利用方法の展開も考えられるようになる。たとえば図 14-6 のように，ネット上の広範な情報を絶えずモニタリングしておき，隠れた意味的関係と発信者情報によって互いに関係づけることができれば，ネットの「言論空間」を俯瞰できるようになる。そこでは，図 14-6 の誤情報と訂正情報の対立関係のように，現在のウェブ空間のハイパーリンクではたどれないページにも，意味的関係のリンクが仮想的に張られ，裏づけ情報の探索が可能になるだろう。

図 14-7 のように，閲覧中のページ（左側のウィンドウ）の個々の情報に対して，別のページから得られた裏づけ情報を，右のウィンドウのように自動的に提示するインタフェースを用意しておき，誰でも負担なく情報の裏づけを確認できるような世界を考えることもできる。裏づけ・対立情報の提示を自動化することによって，ユーザに信頼性判断の必要性を自覚させ，質の低い情報が誤った判断を招くリスクを回避できることが期待できる。発信者

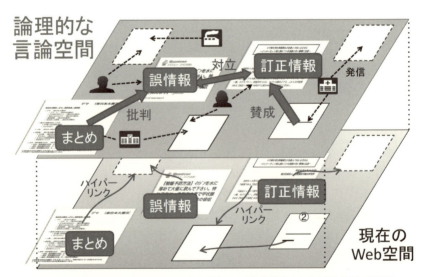

図 14-6　言明間の意味的関係と発信者情報から自動構成される言論空間（構想）

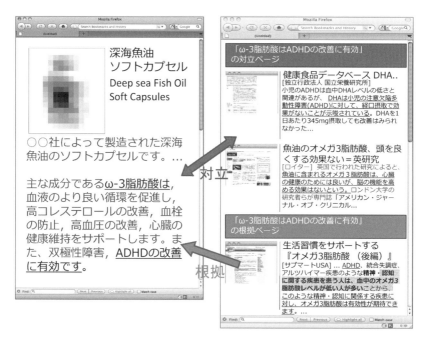

図 14-7　閲覧中のページに対して右のような裏付け情報を自動提示（構想）

　情報を利用すれば，官・学・専門家の発信する情報を優先的に表示するようなことも考えられる．重要なのは，ユーザに裏づけ情報をプッシュ型で提示する点である．これにより，ユーザに対して誤情報のリスクへの気づきを与えることができる．

　誤りの可能性が高い情報を自動収集して，一箇所に集めておき，ユーザがさまざまな観点から分析できるツールを提供する，といった方向性も考えられる．表 14-1 は，東日本大震災当時に Twitter 上で拡散した誤情報を，筆者らがソフトウェア的に自動収集した結果の一部である．ソーシャルメディアでは，「イソジンを飲むと放射線予防になる」のような誤情報が拡散する一方で，「イソジンで放射線予防というのはデマ．イソジンを飲むと下痢・嘔吐の危険があります」のような訂正メッセージも，さまざまなユーザから発信され，それが誤情報の拡散を収束させる．そこで筆者らは，「○○というのはデマ」「○○という情報はソースが不明」など，誤情報を訂正する言明

228　第Ⅲ部　社会における批判的思考と市民リテラシー

表 14-1　東日本大震災時に拡散した誤情報をコンピュータで自動収集した結果

誤情報	デマツイート	訂正ツイート	その他	最初の訂正情報までの時間
クリエーターの A さんが死去	2	36	3	0.5
○○石油の爆発で有害な雨が降る	382	499	98	2.0
放射線対策にイソジン（うがい薬）が効く	162	700	63	9.5
埼玉の水道水が異物混入で危ない	134	44	57	4.0
トルコが 100 億円支援	100	43	17	1.5
マンガ作者 B さんが 15 億円寄付	170	134	7	2.0
阪神大震災では三時間後に最大の揺れが来た	506	84	20	0.5
支援物資の空中投下が認められていない	38	58	69	0.5
サーバーラックが倒れて動けない	742	401	12	0.0
△△テレビの募金は日本ユニセフに行く	82	64	7	0.0
□□大が合格発表の入学取り消し	140	81	28	0.5
天皇陛下が京都御所へ避難	25	129	17	12.0
福島第一原発が核爆発の恐れ	16	45	13	0.0
C 補佐官が米軍の救助活動に抗議	28	16	2	2.0

を自動で収集し，要約するシステムを開発した（鍋島・渡邉・水野・岡崎・乾,
2013）。これによって，ネットに拡散した誤情報をある程度網羅的に集めるこ
とができる。震災時の誤情報を人手でまとめた Web サイトはいくつか存在
するが，大量のツイートデータから誤情報を自動的かつ網羅的に掘り起こす
のは，この試みが初めてである。

　これを発展させると，図 14-8 のように，誤情報や訂正情報の拡散状況を，
時系列で可視化することもできるようになる。これによって過去にない規模
の情報拡散の分析が可能になり，そこから，誤情報対策には公式発表による
迅速な対応，誤情報の定常的なモニタリング，訂正情報を末端の受信者に迅
速に届ける仕組みが重要，などの知見が得られている。今後はこうしたさま
ざまな分析ツールの規模耐性を確保し，図 14-9 のようなポータルサイトと
して一般ユーザに提供する方向で，研究開発を進める計画である。

第 14 章　ネット情報の信頼性判断の技術的支援　229

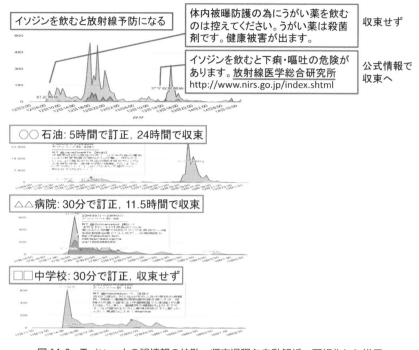

図 14-8　Twitter 上の誤情報の拡散・収束過程を自動解析・可視化した様子

第 4 節　まとめ

　情報を求めてネットに向かう人々を止めることはできない。オーソリティからの公式情報だけを信じよ，と呼びかけるのもナンセンスである。クオリティ・コントロールの極めて難しいネットで，健全な情報の利活用ができる環境をいかに作るかが問われている。近年，長足の進歩をとげつつある自然言語処理をうまく活用すれば，ネット上の幅広い情報を自動的に整理することができ，偏りのない情報の収集と俯瞰が可能になる。ウェブを閲覧中のユーザが，他の情報源からの裏づけ・対立情報に常にさらされるような環境が実現できれば，多角的な視点からの情報分析と信頼性判断が常に促され，習慣化する可能性が出てくる。こうした習慣がネットユーザ全体に根付け

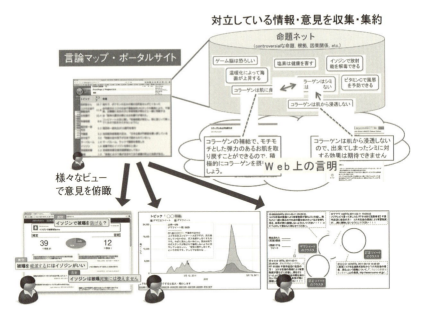

図14-9 情報の真偽の分析ツールを提供するポータルサイト（構想）

ば，メディアリテラシー，科学リテラシーを含むより高次のリテラシーと批判的思考が，高等教育のなかだけでなく，日常生活のなかで，生涯にわたって自然に涵養されることも期待できよう。

　課題は，こうした技術の実用化である。WISDOMや言論マップに見られるような言語情報の意味内容に踏み込む情報分析は，ドメインや文体などの影響を受けやすく，現在の技術では高い精度を確保するのは容易でない。また，処理の計算コストも高いため，一般ユーザに無制限にサービスを提供するとなると，企業にとってもハードルが高いのが現状である。処理の過程がユーザから見えにくくなるぶん，分析結果の中立性を担保する仕組み作りも重要性を増すだろう。情報学，心理学，社会学，教育学等を含めた学際連携，産学連携を展開し，実践的な試行を重ねていく必要がある。

■文献
Ennals, R., Trushkowsky, B., & Agosta, J. M. (2010). Highlighting disputed claims on

the Web, WWW2010. pp. 341-350.

Feldman, R. & Sanger, J. (2007). *The text mining handbook*. Cambridge, NY: Cambridge University Press.

Gyongyi, Z., Garcia-Molina, H., & Pedersen, J. (2004). Combating web spam with trustrank. In Proceedings of the 30th International Conference on Very Large Data Bases, VLDB'04. pp. 576-587.

Hearst. M. A. (1999). Untangling text data mining. In Proceedings of the 37th annual meeting of the Association for Computational Linguistics. pp. 3-10.

Johansson, R. & Moschitti, A. (2013). Relational features in fine-grained opinion analysis. *Computational Linguistics*, 39(3), 473-509.

加藤義清・河原大輔・乾 健太郎・黒橋禎夫・柴田知秀 (2010). Web ページの情報発信者の同定 人工知能学会論文誌, 25(1), 79-82.

Kawada, T., Akamine, S., Kawahara, D., Kato, Y., Leon-Suematsu, Y. I., Inui, K., Kurohashi, S., & Kidawara, Y. (2011). Web information analysis for open-domain decision support: System design and user evaluation. Proceedings of the Joint WICOW/AIRWeb Workshop on Web Quality, 13-18.

Kleinberg, J. M. (1999). Authoritative sources in a hyperlinked environment. *Journal of ACM*, 46(5), 604-632.

Krishnan, V. (2006). Web spam detection with anti-trust rank. In Proceedings of the 2nd International Workshop on Adversarial Information Retrieval on the Web. pp. 37-40.

Mohan, B. K. (2005). Searching association networks for nurturers. *IEEE Computer*, 38(10), 54-60.

Miyamori, H., Akamine, S., Kato, Y., Kaneiwa, K., Sumi, K., Inui, K., & Kurohashi, S. (2008). Evaluation data and prototype system WISDOM for information credibility analysis. *Internet Research*, 18(2), 155-164.

水野淳太・渡邉陽太郎・エリック ニコルズ・村上浩司・乾 健太郎・松本裕治 (2011). 文間関係認識に基づく賛成・反対意見の俯瞰 情報処理学会論文誌, 52(12), 3408-3422.

鍋島啓太・渡邉研斗・水野淳太・岡崎直観・乾 健太郎 (2013). 訂正パターンに基づく誤情報の収集と拡散状況の分析 自然言語処理, 20(3), 461-484.

大塚裕子・乾 孝司・奥村 学 (2007). 意見分析エンジン──計算言語学と社会学の接点 コロナ社

Pang, B. & Lee, L. (2008). *Opinion mining and sentiment analysis*. Hanover, MA: Now Publishers.

Pasternack, J. & Roth, D. (2011). Making better informed trust decisions with generalized fact-finding. Proceedings of the 22nd International Joint Conference on Artificial Intelligence, 2324-2329.

Perez-Rosas, V., Mihalcea, R., & Morency, L.-P. (2013). Utterance-level multimodal sentiment analysis. Proceedings of the 51st Annual Meeting of the Association for

Computational Linguistics. pp. 973-982.

Richardson, M., Agrawal, R., & Domingos, P. (2003). Trust management for the semantic web. *Lecture Notes in Computer Science*, **2870**, 351-368.

Traupman, J. & Wilensky, R. (2006). Robust reputations for peer-to-peer marketplaces, trust management. 4th International Conference, iTrust 2006. *Lecture Notes in Computer Science*, **3986**, 382-396.

Watanabe, Y., Mizuno, J., Nichols, E., Narisawa, K., Nabeshima, K., Okazaki, N., & Inui, K. (2012). Leveraging diverse lexical resources for textual entailment recognition. *ACM Transactions on Asian Language Information Processing (TALIP)*, 11(4), 39:1-39:21.

Yang, B. & Cadre, C. (2013). Joint inference for fine-grained opinion extraction. Proceedings of the 51st Annual Meeting of the Association for Computational Linguistics. pp. 1640-1649.

あ と が き

　本書の企画を楠見孝先生から相談されたのは，2014 年 11 月，日本教育心理学会第 56 回総会が行われた神戸でのことでした。楠見先生とは，『ワードマップ 批判的思考』（2015 年，新曜社）を一緒に編集させてもらっています。『ワードマップ』は，批判的思考とリテラシーに関する基本ワードを解説した本でした。幅広い執筆陣の下，批判的思考やリテラシーについて知ることができる本なので，これ以上，どんな本が作れるのだろうというのが，話をうかがう前の私の正直な思いでした。

　本書は，科学研究費補助金基盤研究（A）「21 世紀市民のための高次リテラシーと批判的思考力のアセスメントと育成」（研究代表者：楠見　孝）の研究成果を活かした本にする，というお話でした。前著は，誰でも読めて批判的思考やリテラシーのことがわかる，いわば“お行儀のよい”本でした。それに対して本書では，各著者が第一に書きたいことを自由に書けるように，という企画でした。

　企画の趣旨については大賛成でした。楠見先生もおっしゃっていましたが，わが国で批判的思考は研究分野としてはかなり新しく学際的で，研究者人口はさほど多くないこともあってか，時として学会誌で受け入れられにくいこともあります。そのような状況で，好きなことが書けるのはありがたいことです。

　好きなことといっても，好き勝手にいい加減に書くのとは違います。科研費研究での成果が存分に活かされた，オリジナルな内容となっています。科研費の分担研究者も，心理学だけでなく，哲学，神経科学，情報学などから第一線の研究者が集められています（ですから，当初の想定とは違い，学会誌に発表された研究成果が元になっている章もたくさんあります）。本書のタイトルを相談されたとき，素敵な執筆陣のことを考え，また 5 年にわたる研究成果が活かされることを考え，『批判的思考研究の最前線』というタイ

トルはどうでしょうか，と即答した記憶があります。

　本書のタイトル自体は，さまざまな事情から現在のものに落ち着きましたが，私は今でも，本書の内容を最もよく表すのは，『批判的思考研究の最前線』という表現ではないかと考えています。「研究の最前線」といっても，私見では，大きく二つの方向がありそうです。多くの研究者が参入しているホットなトピックの場合は，さまざまな研究が乱立していますので，それらを整理して「最前線はここだ」と示すかたちになります。一方，先ほど述べたように研究者人口がさほど多くない場合は違ってきます。そもそも批判的思考を視野に入れた研究はさほど多くありません。つまり未知の原野が広がっているのです。しかし，批判的思考自体は未知の概念ではありません。古代哲学からの長い伝統もありますし，さまざまな学問分野のあちらこちらに，批判的思考的な考え方は潜んでいます。そういったものを踏まえながらも，研究できる可能性はいろいろな方向に広がっています。そこで各研究者が，自分なりに自由に批判的思考について探究を深めていっています。それがわが国における批判的思考研究の現状であり，「各自が自由に研究している」現状の最前線が詰め込まれているのが本書だと思っています。

　本書がきっかけとなって，21世紀の教育やメディア，社会を変える可能性をもつ批判的思考・市民リテラシーが深まっていくことを，そして批判的思考研究に興味を持つ研究者が増えることを願ってやみません。

　　2016年5月

　　　　　　　　　　　　　　　編者の一人として　道田　泰司

人名索引

ア 行

アトキンソン（Atkinson, D.）………………104
アリストテレス………………31
アンソニー（Anthony, L.）………………114
アンダーソン（Anderson, J. R.）………………110
飯田健………………162, 163, 167
生田淳一………………63, 64
石川ひろの………………188, 189, 191, 192, 193
板倉ひろ子………………107
上市秀雄………………11
ウォーフ（Whorf, B. L.）………………107
宇佐美寛………………63
エナルズ（Ennals, R.）………………219
エニス（Ennis, R. H.）………63, 64, 91, 96, 204
太田紘史………………36
大野木裕明………………97
岡本信一………………123, 126
沖林洋平………………96, 98
小口峰樹………………39, 49
小倉加奈代………………193

カ 行

カーネマン（Kahneman, D.）………………24, 36
影浦峡………………173, 179
片桐恭弘………………197, 198, 199, 201
川口義一………………111
木下直子………………113
ギブソン（Gibson, J. J.）………………41
キューリア（Ciurria, M.）………………25, 26
キング（King, A.）………………63
楠見孝…3, 8, 9, 10, 12, 13, 14, 15, 16, 17, 82, 83, 84, 85, 91, 96, 105, 119, 136, 154, 156, 189
久原恵子………………82, 84
クラーク（Clark, H. H.）………………197, 198
クラインバーグ（Kleinberg, J. M.）………………220
グリーンウォルド（Greenwald, A. G.）………161
グリフィン（Griffin, P.）………………13, 103
クルーズ（Crews, K.）………………136

クレイク（Craik, F. I. M.）………………161
河野稠果………………141
コキドウ（Kokkidou, M.）………………119, 124
国立教育政策研究所………………14
小菅雅行………………186
小杉素子………………197
小林傳司………………176
子安増生………………142, 145
ゴルディ（Goldie, P.）………………32

サ 行

サガード（Thagard, P.）………………36
酒井聡樹………………93
佐藤望………………89
サリバン（Sullivan, T. A.）………………136
シェパード（Sheppard, C.）………………114
島崎篤子………………124
ジョンソン（Johnson, J. E.）………………84
白井利明………………89
スペルベル（Sperber, D.）………………45
ゼックミスタ（Zechmeister, E. B.）………15, 84

タ 行

大坊郁夫………………190
高野陽太郎………………108
武田明典………………82
田中共子………………89
田中幹人………………171
田中優子………………7, 119, 132, 133, 206, 214
谷岡一郎………………90
タポレット（Tappolet, C.）………………27
ダマシオ（Damasio, A. R.）………………22, 29
中央教育審議会………………12, 75
デーリング（Döring, S. A.）………………27
デューイ（Dewey, J.）………………172, 182, 183
戸田山和久………………207
トロウ（Trow, M.）………………89

ナ 行

中川正 …………………………… 75, 76, 78
永岑光恵 …………………………………… 9
西垣通 ……………………………… 212, 213
日本学術会議 …………………………… 175
農林水産省 ……………………………… 174
信原幸弘 ……………………………… 22, 24, 31
野元菊雄 ……………………………… 111, 112

ハ 行

ハースト（Hearst, M. A.）…………………… 222
パスカレッラ（Pascarella, E. T.）…………… 62
パスターナック（Pasternack, J.）………… 220
服部裕幸 ……………………………………… 22
林創 ……………………………………… 92, 95
ハルパーン（Halpern, D. F.）…… 103, 205, 206
パン（Pan, X.）…………………………… 50, 51
パン（Pang, B.）……………………………… 222
バンビーナ（Bambina, A.）………………… 190
ビーヴァン（Bevan, R.）…………………… 25
ヒギンズ（Higgins, E. T.）……… 104, 105, 115
平山るみ……… 7, 14, 16, 82, 84, 91, 92, 93, 96,
　97, 156
ピリシン（Pylyshin, Z.）…………………… 35
廣岡秀一 ……………………………………… 212
ファシオーネ（Facione, P. A.）………… 7, 204
フィッシャー（Fisher, A.）………………… 103
フェルドシュタイン（Feldstein, S.）……… 194
フォーダー（Fodor, J. A.）……………… 37, 38, 39
藤垣裕子 ……………………………… 171, 176
藤木大介 …………………………… 85, 91, 92
藤田篤志 …………………………… 131, 133
プリンツ（Prinz, J. J.）…………………… 22, 32
フレーゲ（Frege, F. L. G.）…………… 37, 38, 39
フロイド（Floyd, C. B.）………………… 108, 109
ペイジ（Page, S. E.）……………………… 213
ヘイズ（Hayes, J. R.）……………………… 80

ペイトン（Paton, M.）………………… 104, 108
ベルムデス（Bermúdez, J. L.）… 38, 39, 41, 42,
　43, 44, 45, 46, 47
ベンシング（Bensing, J.）………………… 188
ポストン（Poston, D. L. Jr.）……………… 136

マ 行

マーカス（Markus, H. R.）……………… 104, 114
マナロ（Manalo, E.）… 103, 104, 105, 106, 109,
　111, 112, 114, 115
三浦麻子 …………………………… 153, 154, 174
道田泰司 ……… 60, 61, 62, 63, 64, 65, 66, 84, 96
向居暁 ………………………………… 84, 85
モハン（Mohan, B. K.）…………………… 220
文部科学省 ……………… 14, 124, 170, 172

ヤ 行

山岸俊男 ……………………………………… 197
山下功 ……………………………………… 79, 80
山田剛史 ……………………………… 90, 93, 100
吉岡斉 ……………………………………… 173

ラ 行

ライル（Ryle, G.）…………………………… 39
ラマナタン（Ramanathan, V.）…………… 104
リチャードソン（Richardson, M.）………… 220
ルン（Lun, V. M. C.）…………………… 108, 109
ローター（Roter, D.）……………………… 187

ワ 行

ワインバーグ（Weinberg, A. M.）………… 175
渡辺茂 ……………………………………… 35
渡邊正孝 ……………………………………… 40
ワトソン（Watson, J. S.）………………… 45

事 項 索 引

ア 行

アフォーダンス······················*41, 42, 43*
意見マイニング······························*222*
意思決定·································*7, 153*
イマージョンアプローチ·····················*64*
インフュージョン（導入）アプローチ···*63, 96*
演繹···*6*
オープン型質問·····························*188*

カ 行

懐疑性······································*60*
開放的な心　→開かれた心·················*123*
科学技術のシビリアン・コントロール······*178*
科学コミュニケーション·····*171, 181, 182, 183*
　　一方的な——·······················*177, 178*
　　対話型——·············*171, 177, 178, 179*
科学の態度·····························*182, 184*
学士力·····································*12, 90*
書く力·····································*79, 90*
課題発見力·································*90*
価値判断····································*6*
カテゴリー化能力··········*37, 47, 48, 49, 54, 55*
カリフォルニア批判的思考傾向性尺度·········*7*
含意······································*45*
鑑賞·····································*126*
関連性···································*30, 31*
聞く力······································*90*
擬似相関·································*93, 95*
帰納···*5*
教育
　　英語による——·······················*113*
　　音楽——·····························*119*
　　科学——·····························*182*
　　学士課程——·························*75*
　　工学——·····························*81*
　　市民性——···························*10*
　　大学初年次——·······················*74*
　　中等——·····························*100*

（右段）

　　日本語による——·······················*113*
共助·····································*208*
クラウドソーシング························*218*
グラウンデッドセオリーアプローチ·········*67*
欠如モデル·······························*177*
原-因果·····························*46, 47, 48, 54, 55*
研究の基礎力·······························*89*
言語····································*103, 107*
　　——構造·······························*107*
　　——情報·························*186, 187*
　　——能力·························*108, 112*
原-否定·····························*46, 47, 48, 54, 55*
言論空間·································*226*
後件否定··································*43*
公助·····································*208*
公的年金制度·····························*151*
公的年金問題·····························*138*
幸福感······································*16*
合理性···································*37, 60*
　　科学的——·············*176, 177, 178, 184*
　　社会的——·····················*176, 184*
国勢調査·································*147*
心の理論··································*91*
互助·····································*208*
個人内変化·······························*205*
古典的計算主義·····························*24*
コネクショニズム···························*24*
コミュニケーション能力·····················*13*

サ 行

裁判···*3*
　　——員·····························*10*
作動記憶容量·····························*108*
サピア・ウォーフの仮説····················*107*
ジェネラル（一般）アプローチ·········*63, 84*
思考
　　——の言語·····························*37*
　　技能的——·················*39, 40, 42, 45, 55*
　　道徳的——·························*25, 26*

命題的—— …………………39, 40, 45, 55	総合的な学習 …………………………100
自己制御モード ………………………105	相互信念 ………………………………186
自助…………………………………208	相互信頼感形成 ………………………197
システム1とシステム2 ………………24	創作活動 ………………………………126
自然言語処理 …………………………221	卒業研究 ………………………………100
質問力 …………………………………63	ソマティック・マーカー仮説 ………22
市民参加 ………………………………177	
社会人基礎力 ………………………12, 91	**タ 行**
社会的サポート ………………………190	第二言語 ………………………………109
社会の選択 ……………………………153	探究基礎 ………………………………100
集合知 ……………………………212, 219	探求共同体 ……………………………180
熟慮的投票行動 ……………………157, 158	——理論 ………172, 182, 183, 184
主体的スイング・ボーダー …………166	探究心 …………………………………122
省察性 …………………………………60	知的徳 ………………………………31, 32
少子高齢化 …………………………139, 151	テキストマイニング …………………222
情動 ……………………………………22	データ分析力 …………………………90
——的評価 …………………………28	投票行動 ………………………………153
——論的転回 ………………………28	投票先の記憶 …………………………161
適度な—— ……………………31, 32, 33	トランス・サイエンス ……………175, 177
情報収集力 ……………………………90	——理論…172, 176, 177, 178, 179, 180, 181
情報整理力 ……………………………90	
人口学 ………………………………137, 151	**ナ 行**
身体的評価説 ………………………22, 32	21世紀型能力 ………………13, 14, 103
心的資源 ………………………………103	200字論述 …………………………79, 80
信頼……… 170, 171, 172, 177, 178, 179, 180, 183	認知コスト …………………108, 112, 205
——性 ……………………217, 218, 220	認知欲求 ………………………………122
推論………………………………………5, 35	
推移的—— …………………………52	**ハ 行**
選言的—— …………………………52	バイアス
非言語的—— ………………………42	確証—— ……………………………4, 213
スイング・ボート ……………………160	個人主義的—— ……………………207
スキル学習 ……………………………110	認知—— ……………………25, 27, 38
ステレオタイプ ………………………94	ハムレット状態 ………………………31
スーパーグローバルハイスクール …100	反省性 …………………………………60
スーパーサイエンスハイスクール …100	汎用的技能 ………………3, 12, 76, 90
「正確な投票」認知 …………………157, 160	東日本大震災……12, 170, 171, 172, 174, 177, 178,
政治意識 ………………………………155	180, 181, 183, 214
政治関与 ………………………………156	批判的思考
性比 …………………………141, 145, 146, 148	——態度 …… 7, 14, 62, 84, 85, 92, 122, 153,
選挙関心 ………………………………156	154, 158, 168, 204
前件肯定 ………………………………43	——態度尺度 …………………………82, 92
選言三段論法 …………………………44	——（能）力…62, 180, 181, 182, 204
線条体 …………………………51, 52, 53, 54, 56	
前頭前野 …………………………51, 55, 56	
——の外側部 ………………………50	

――のプロセス……………………3, 119, 206
ヒューマンエラー………………………214
ヒューリスティックス………………24, 36
開かれた心………………………………32
風評被害…………………………………179
不動票……………………………………161
プレゼンテーション力…………………90
フレーム問題……………………………30
文化………………………………………103
――的自己観……………………………104
分節化……………………………………66
報酬推論課題……………………………50

マ 行

マンハッタンビル音楽カリキュラム計画……123
ミニマリスト・アプローチ……37, 43, 46, 47, 55
民主主義…………………………………183
明確化
　定義の――……………………………132
　問題の――…………………………128, 132
命題的思考……………………………39, 40, 45
命題的態度………………37, 38, 40, 41, 42, 44
メタ認知……………………7, 91, 133, 206
問題解決…………………………………7

ヤ 行

抑制要因…………………………………209
読む力……………………………………90

ラ 行

リスク回避傾向………………………162, 167

リスクテイク傾向……………………163, 167
リスクに対する態度……………………162
理性………………………………………22
――主義………………………………20, 24
――的評価………………………………28
リテラシー………………………………2
　インターネット――…………………10
　科学――……………………………9, 230
　学問――………………………………61
　高次――………………………………9
　市民――………………10, 61, 136, 153
　人口学――…………………………136, 151
　心理学――……………………………15
　テクノロジー――……………………9
　メディア――………………………10, 230
　リサーチ――………………………89, 99
　リスク――……………………………11
領域固有知識……………………………8
領域的知識………………………………122
領域普遍知識……………………………8
リンク解析………………………………220
ローカル・ノレッジ……………………176
論理性…………………………………37, 60

アルファベット

ATC21S…………………………………13
CMC（Computer-Mediated Communication）
　………………………………………189, 193
FTF（Face-to-Face Communication）……189
LPFC…………………………………52, 53, 54
OSCE（Object Structured Clinical Examination）
　………………………………………189
WISDOM…………………………………222

■著者紹介

●はじめに・第1章●
楠見 孝（くすみ　たかし）
〈編者紹介参照〉

●第2章●
信原幸弘（のぶはら　ゆきひろ）
1983年　東京大学大学院理学系研究科科学史・科学基礎論専攻博士課程単位取得退学
現　在　東京大学名誉教授

●第3章●
小口峰樹（おぐち　みねき）
2010年　東京大学大学院総合文化研究科広域科学専攻博士課程単位取得退学
現　在　麻布大学獣医学部特任准教授

坂上雅道（さかがみ　まさみち）
1990年　東京大学大学院人文科学研究科心理学専攻博士課程中退
現　在　玉川大学脳科学研究所教授

●第4章●
道田泰司（みちた　やすし）
〈編者紹介参照〉

●第5章●
沖林洋平（おきばやし　ようへい）
2002年　広島大学大学院教育学研究科学習開発専攻博士課程後期修了
現　在　山口大学教育学部准教授

●第6章●
林 創（はやし　はじむ）
2003年　京都大学大学院教育学研究科教育科学専攻博士後期課程修了
現　在　神戸大学大学院人間発達環境学研究科准教授

山田剛史（やまだ　つよし）
2001年　東京大学大学院教育学研究科総合教育科学専攻博士課程単位取得退学
現　在　横浜市立大学国際教養学部教授

●第7章●

MANALO, Emmanuel（マナロ　エマニュエル）
　1997年　マッセイ大学大学院心理学研究科教育心理学専攻博士後期課程修了
　現　在　京都大学大学院教育学研究科教授

SHEPPARD, Chris（シェパード　クリス）
　2007年　オークランド大学大学院応用言語学及び言語学研究科第二言語学習及び教育学
　　　　　専攻博士後期課程修了
　現　在　早稲田大学理工学術院英語教育センター准教授

木下直子（きのした　なおこ）
　2010年　早稲田大学大学院日本語教育研究科博士後期課程修了
　現　在　早稲田大学日本語教育研究センター准教授

●第8章●

平山るみ（ひらやま　るみ）
　2006年　京都大学大学院教育学研究科教育科学専攻博士後期課程単位取得退学
　現　在　大阪音楽大学短期大学部准教授

●第9章●

子安増生（こやす　ますお）
　1977年　京都大学大学院教育学研究科教育方法学専攻博士課程中退
　現　在　京都大学名誉教授，甲南大学文学部特任教授

●第10章●

三浦麻子（みうら　あさこ）
　1995年　大阪大学大学院人間科学研究科行動学専攻博士後期課程中退
　現　在　大阪大学大学院人間科学研究科教授

●第11章●

原　塑（はら　さく）
　2006年　ヨハネス・グーテンベルク大学マインツ博士課程修了
　現　在　東北大学大学院文学研究科准教授

●第12章●

小倉加奈代（おぐら　かなよ）
　2006年　北陸先端科学技術大学院大学知識科学研究科知識社会システム学専攻博士後期
　　　　　課程修了
　現　在　岩手県立大学ソフトウェア情報学部講師

●第13章●

田中優子（たなか　ゆうこ）

2009年　京都大学大学院教育学研究科教育科学専攻博士後期課程修了

現　在　名古屋工業大学大学院工学研究科准教授

●第14章●

乾　健太郎（いぬい　けんたろう）

1995年　東京工業大学大学院情報理工学研究科計算工学専攻博士課程修了

現　在　東北大学大学院情報科学研究科教授

■編者紹介

楠見　孝（くすみ　たかし）

1959年生まれ

1987年　　学習院大学大学院人文科学研究科心理学専攻博士課程単位取得退学

現　在　　京都大学大学院教育学研究科教授

主編著書　『思考と言語』（編著）北大路書房 2010 年，『批判的思考力を育む』（共編）有斐
　　　　　閣 2011 年，『実践知』（共編）有斐閣 2012 年，『科学リテラシーを育むサイエン
　　　　　ス・コミュニケーション』（共編）北大路書房 2014 年，『なつかしさの心理学』
　　　　　（編著）誠信書房 2014 年，『ワードマップ 批判的思考』（共著）新曜社 2015 年，
　　　　　ほか

道田泰司（みちた　やすし）

1962年生まれ

1988年　　広島大学大学院教育学研究科実験心理学専攻博士前期課程修了

現　在　　琉球大学大学院教育学研究科高度教職実践専攻教授

主編著書　『クリティカル進化論』（共著）北大路書房 1999 年，『よくわかる学校教育心理
　　　　　学』（分担執筆）ミネルヴァ書房 2010 年，『批判的思考力を育む』（共著）有斐
　　　　　閣 2011 年，『最強のクリティカルシンキング・マップ』（単著）日本経済新聞出
　　　　　版社 2012 年，『ワードマップ 批判的思考』（共著）新曜社 2015 年，『沖縄で教
　　　　　師をめざす人のために』（分担執筆）協同出版 2015 年，ほか

批判的思考と市民リテラシー
――教育，メディア，社会を変える21世紀型スキル

2016年6月30日　第1刷発行
2021年1月15日　第2刷発行

編　者　楠　見　　　孝

道　田　泰　司

発行者　柴　田　敏　樹

印刷者　田　中　雅　博

発行所　㈱誠信書房
〒112-0012　東京都文京区大塚3-20-6
電話 03(3946) 5666
http://www.seishinshobo.co.jp/

© Takashi Kusumi & Yasushi Michita, 2016

印刷所／創栄図書印刷　製本所／協栄製本

検印省略　　落丁・乱丁本はお取り替えいたします
ISBN978-4-414-30007-9 C3011　　Printed in Japan

JCOPY 〈㈳出版者著作権管理機構 委託出版物〉
本書の無断複写は著作権法上での例外を除き禁じられています。
複写される場合は、そのつど事前に、㈳出版者著作権管理機構
（電話03-5244-5088、FAX 03-5244-5089、e-mail：info@jcopy.or.jp）
の許諾を得てください。